정신건강론

MENTAL HEALTH

김혜련 · 김혜성 · 김희주 · 박수경 · 서홍란
성정현 · 장수미 · 정소연 · 최정숙 공저

학지사

정/신/건/강/론

머리말

현대인의 정신건강은 각종 사회적 불안과 스트레스를 유발하는 환경으로 인해 많은 위협을 받고 있다. 인류 역사의 변곡점이 된 코로나19 팬데믹에 대한 대응은 감염차단을 통한 신체건강에 우선순위를 두고 있지만, 이 과정에서 코로나 블루 등 정신건강의 어려움은 몇몇 취약집단이 아닌 전 국민이 당면한 문제가 되었다. 이에 UN(2020)은 모든 국가에서 코로나19 팬데믹으로부터의 회복과 대응에 정신건강이 선두에 있어야 하며 핵심이 되어야 한다고 언급함으로써, 현대인의 정신건강은 더욱 주목받게 되었다.

그동안 사회복지학에서 정신건강에 대한 교육은 '정신건강론'과 '정신건강사회복지론'의 교과목에서 주로 다루어졌다. 정신건강사회복지론이 다양한 정신건강 현장에서 사회복지사의 역할에 초점을 맞추었다면, 정신건강론은 기초과목으로서 정신건강의 개념에서부터 우리 사회의 다양한 정신건강 이슈를 망라하여 사회복지실천에서 정신건강에 대한 이해 및 그 중요성을 학습하도록 하였다. 이 책은 그에 대한 교재로서 다음과 같은 구성과 특징을 갖는다.

제1장은 정신건강과 정신질환의 개념을 명확히 정의하고, 정신건강의 심

리 사회적 요인을 살펴보았다. 또 의료모델의 관점이 아닌 강점관점에 근거하여 정신적으로 건강한 사람을 어떻게 정의할 수 있는지 학자들의 견해를 살펴보았다. 이 장은 김혜련 교수가 집필하였다. 제2장은 정신건강의 실천에 대한 관점을 정리하고, 정신건강 증진에서부터 치료, 회복과 관련된 이론들을 김혜성 교수가 집필하였다. 제3장은 국제적으로 통용되는 정신장애의 구분 기준으로서 ICD-11과 DSM-5를 소개하고, 주요 정신건강문제로서 조현병, 양극성 장애, 성격장애에 대해 살펴보았다. 이 장은 성정현 교수가 집필하였다. 제4장은 발달단계에서 경험할 수 있는 다양한 정신건강 이슈, 즉 태아알코올증후군, 산후우울증, 애착과 분리불안, 틱장애와 주의력결핍 과잉행동장애 등 생애주기별 이슈와 개입 방안을 김혜성 교수가 살펴보았다.

이어지는 내용에서는 사회복지실천과정에서 사회복지사의 이해가 필요한 다양한 정신건강 이슈, 특히 한국 사회에서 더욱 중요하게 다루어져야 할 이슈를 선정, 소개하였다. 먼저, 제5장 혼란스러운 식이와 정신건강에서는 혼란스러운 식이와 식이장애의 개념 및 예방 프로그램에 대해 김혜련 교수가 집필하였다. 제6장 폭력과 정신건강에서는 폭력의 개념과 유형, 원인, 그리고 피해자들의 정신건강과 개입 방안에 대해 김희주 교수가 제시하였다. 제7장 중독과 정신건강에서는 4대 중독을 중심으로 현황, 서비스 전달체계, 개입 방법과 중독 전문인력을 소개하였다. 이 장은 장수미 교수가 집필하였다. 제8장 외로움과 정신건강에서는 외로움의 개념을 정의하고 혼용되는 유사 개념들을 설명하였다. 또 외로움을 겪는 인구집단의 특성과 생애주기에 따른 외로움의 문제를 김혜련 교수가 살펴보았다. 제9장에서는 자살의 개념과 자살 행동, 청소년을 중심으로 자살 현황 및 자살 관련 요인, 자살 예방을 위한 위험성 사정 방법을 다루었다. 이 장은 서홍란 교수와 정소연 교수가 공동 집필하였다. 제10장 재난과 정신건강에서는 코로나19를 포함한 재난의 의미와 재난으로 인한 정신건강 관련 이슈, 개입 방법, 관련 서비스에 대해 최정숙 교수가 집필하였다. 마지막으로 제11장 일과 정신건강에서는 일이 갖는 의미와 고용환경이 급변하면서 겪을 수 있는 정신건강 이슈, 특히 직무 스트레스를 중심으로 정신건강 관련 정책 및 개입 방안을 살펴보았다. 이 장은 박수경 교수가 집필하였다.

이 책은 서울여자대학교 김혜련 교수님의 정년퇴임을 기념하면서, 정신건강과 사회복지 실천에 관심 있는 학생들이 정신건강의 중요성을 이해하고 전문적 지식의 함양을 통해 실천역량을 강화하는 데 도움이 되기 위해 발간하였다. 지난 20여 년간 알코올 중독 및 다양한 정신건강문제를 연구하고 교육을 통해 사회복지 실무전문가를 양성해 오신 김혜련 교수님의 학문적 열정에 존경과 애정을 갖고 있는 후배 연구자들이 교수님의 퇴임을 기념하고자 함께 마음을 모았다. 김혜련 교수님의 퇴임은 학자로서의 연구와 교육의 종결이 아니라 또 다른 시작이라는 관점에서, 발간되는 이 책이 다양한 사회복지실천 현장의 실무자와 학생들에게 실제적인 도움이 되기를 기대한다. 마지막으로 이 책의 출판을 허락해 주신 학지사 김진환 사장님과 세심하게 편집해 주신 직원분들의 수고에 깊은 감사를 드린다.

2021년 8월

집필자 일동

정/신/건/강/론

차례

●●● 머리말 _ 3

제1장 정신건강의 이해 … 11

1. 정신건강과 정신질환 / 12
2. 의료모델 / 17
3. 정신건강과 심리사회적 요인 / 19
4. 정신적으로 건강한 사람이란? / 22

제2장 정신건강 실천이론과 실제 … 31

1. 정신건강 실천 관점 / 33
2. 치료 및 재활(회복) 이론 / 35
3. 재활과 회복에 유용한 이론 / 46
4. 정신건강증진에 유용한 이론 / 49

제3장 주요 정신건강문제에 대한 이해 … 55

1. 정신장애의 구분 / 56
2. 주요 정신건강의 문제 / 63

제4장 생애발달과 정신건강 … 87

1. 영유아기 정신건강 / 90
2. 아동 · 청소년기 정신건강 / 95
3. 청년기 및 중년기 정신건강 / 102
4. 노년기 정신건강 / 108

제5장 '혼란스러운 식이'와 정신건강 … 117

1. '혼란스러운 식이'에 대한 이해 / 118
2. '혼란스러운 식이'의 정의 / 124
3. '혼란스러운 식이'의 보호요인 / 127
4. '혼란스러운 식이'에서의 성차 / 130
5. '혼란스러운 식이' 예방 프로그램 / 133

제6장 폭력과 정신건강 … 143

1. 폭력의 개념 및 유형 / 144
2. 폭력의 원인 / 151
3. 폭력 피해자의 정신건강 이슈 / 154
4. 폭력에 대한 개입 / 159

제7장 중독과 정신건강 … 171

1. 중독에 대한 이해 / 171
2. 중독과 정신건강 이슈 / 181
3. 중독에 대한 개입 / 183

제8장 외로움과 정신건강 … 197

1. 외로움의 정의 / 198
2. 관련 개념 / 200
3. 외로움과 인구사회학적 특성 / 205
4. 인생주기에서 외로움 / 209
5. '외로운 죽음' / 215

제9장 청소년 자살과 정신건강 … 233

1. 자살 개념 이해 / 234
2. 자살행동 개념 이해 / 235
3. 청소년 자살 현황 / 239
4. 자살의 위험요인과 보호요인 / 246
5. 청소년 자살 위험성 사정 / 251
6. 청소년 자살에 대한 개입 / 257

제10장 재난과 정신건강 … 271

1. 재난에 대한 이해 / 272
2. 재난과 정신건강 이슈 / 275
3. 재난 관련 개입 및 서비스 / 284

제11장 일과 정신건강 … 299

1. 일의 의미 / 300
2. 고용환경의 변화와 정신건강 / 306
3. 직무스트레스와 정신건강 / 310
4. 근로자 정신건강 정책과 개입방안 / 317

●●● 찾아보기 _ 327

제1장

정신건강의 이해

정신건강 서비스는 정신건강을 증진시키거나(mental health promotion), 정신질환을 예방하고(prevention), 정신질환에 걸린 사람을 치료하며(treatment), 치료 효과를 잘 유지하는(maintenance) 것이다(Barry & Jenkins, 2007). 정신건강 서비스는 진단을 받고 병원에 입원을 해야 할 만큼의 심각한 손상을 입은 상태에서부터, 손상의 정도가 가벼운 상태, 그리고 개인의 삶의 질을 추구하기 위해 정신건강을 증진시키는 등 정도에 있어서 다양하다.

정신건강을 어떻게 정의하는가는 철학의 문제이기도 하다. 정신건강을 연속적 혹은 비연속적으로 정의하는가에 따라, 정신건강 서비스를 받게 되는 대상자의 범위가 달라진다. 정신건강의 개념을 살펴보는 것은 사회복지실천의 가치나 관점이 전제하는 매우 중요한 기초 작업이다.

그런 의미에서 이 장에서는 정신건강을 이해하는 출발로, 정신건강에 대한 모델을 살펴보고, 정신건강 관련 개념을 정의하고, 전통적인 의료모델의 문제점을 분석하고, 정신건강과 심리사회적 요인의 관계를 살펴보고자 한다. 마지막으로 '정신적으로 건강한 사람이란?'이란 질문을 던지면서 함께 생각해 보고자 한다.

1. 정신건강과 정신질환

정신건강(mental health)과 정신질환(mental illness)을 어떻게 정의하는가는 입장에 따라서 다르다. 정신건강과 정신질환은 크게 두 가지 모델로 구분하여 정의되고 있다. 즉, 정신건강과 정신질환을 연속선상으로 이해하는 연속적 모델(continuous model)과 정신건강과 정신질환을 이분법적으로 파악하는 불연속적 모델(discrete model)이 있다(Horwitz & Scheid, 1999).

1) 연속적 모델

연속적 모델은 정신건강과 정신질환을 연속선상의 양극단에 위치하고 있다고 본다. 대부분의 사람들은 이 양극단 사이에 있다. 정신이 건강하고 장애가 있고의 경계가 엄격하게 구분되어 있지 않고, 오히려 두 범주의 경계가 흐릿하며, 당시의 환경의 영향을 받기 쉽다. 연속적 모델에 의하면, 모든 개인은 그들이 속한 심리사회적 환경에서 심한 스트레스를 받게 되면 병들게 된다.

정신분석학이나 심리학적 배경을 가지고 있는 치료자들은 장애를 미약(mild)한 것에서부터 심각한 상태까지 다양한 연속선상에서 보아야 한다고 주장하면서 연속적 모델을 선호한다. 정신건강은 역기능적인 측면에서부터 기능적, 최적의 범주를 가지는 심리사회적 기능 상태로 간주할 수 있다. 최적 상태는 긍정적인 정신건강 상태에 있음을 의미한다. 기능적이라 함은 자신을 돌보고, 환경에서 자신만의 살아가는 목표를 가지고, 사회생활에서 자신의 역할을 적극적으로 잘 수행하는 것을 말한다. 역기능적이라 함은 자신을 돌보고 지역사회에 참여하는 능력이 손상되어 있음을 말하며, 자신뿐 아니라 자신에게 소중한 주위의 다른 사람들을 파괴적으로 만드는 패턴을 가지고 있다.

사람들은 개인에 따라 기능상에서 다소 차이를 보일 수 있다. 어떤 사람은 자신의 가정을 관리하는 일이나 교통편을 이용하는 일 등에서는 기능을 잘 하지만, 대인관계나 취업과 같은 영역에서는 역기능적인 수준을 보일 수 있다. 이같이 다양한 경우들을 고려하여 개인에게 맞는 개입의 목표를 설정해야 하며, 개입의 목표는 개인이 구체적인 분야에서 심리사회적 기능을 잘 해 나가고, 유지하고, 향상될 수 있도록 돕는 것에 초점을 두어야 한다.

2) 불연속적 모델

의료모델(medical model)은 불연속적 모델의 전형적인 예로 정신건강과 정신질환을 연속적으로 보는 개념을 거부하고 이분법적으로 보며, 개인은 병들거나 그렇지 않으면 잘 지내는 등 두 범주 중의 하나에 속한다고 본다. 불연속적 모델에 의하면, 정신질환은 구체적인 증상을 가지고 있는 질병 범주에 속한다. 즉, 개인이 구체적인 증상을 가지고 있거나 혹은 가지고 있지 않는지에, 그리고 조현병이나 우울증, 불안장애 등의 정신질환 유형을 보이는지의 여부에 관심을 가진다. 불연속적 모델의 전형적인 예는 정신질환에 대한 기질적이고, 생물학적 접근을 강조하는 생물 의학적(biomedical) 연구이다.

정신건강과 정신질환을 이해하는 데 있어서, 연속적 모델이 적절한지 혹은 불연속적 모델이 적절한지에 대해서는 아직 결론이 나지 않았다. 정신건강은 여러 가지 차원을 포함하고 있다. 예컨대, 개인이 자신의 잠재력을 인식하고, 성취감을 가지고, 의미 있는 관계를 형성하고, 심리적인 안녕을 유지하고자 하는 것 등, 이 모두가 정신건강에서 다루어진다.

정신건강에 대한 이러한 관점은 불연속적 모델에서 말하는 정신장애의 부재 그 이상이다. 대부분의 사람들은 최적의 정신건강 상태에 훨씬 못 미친다. 이는 정신건강은 추구해야 하는 목표임을 의미한다. 따라서 정신건강 옹호자들은 정신적으로 심각하게 문제가 있는 개인들만이 아닌 일반인을 대상으로 하는 광범위한 정신건강 서비스의 전달에 관심을 가진다. 정신건강 옹호자들은 일반인을 대상으로 하는 예방과 교육뿐만 아니라 특정 유형의 정신질환을 가지고 있는 사람들에 대한 개입도 강조한다(Horwitz & Scheid, 1999).

정신질환자들은 그들 특유의 정신병적인 행위들(psychotic behaviors)로 인해, 그들 자신이나 다른 사람들에게 위험하며, 지역사회에서 적절한 기능을 수행하지 못한다고 인식되고 있다. 그리하여 대부분의 사람들은 정신질환자들의 행위가 그 사회의 규범과 조화를 이룰 때까지, 정신질환자들은 제한된 환경에서 생활해야 한다고 믿고 있다. 즉, 정신 질환자들은 일반인과 전적으로 다르다는 것이다.

반면에, 정신건강은 살아가면서 생길 수 있는 스트레스를 수용하고, 대처할 수 있는 능력을 가지고 있다는 의미를 내포한다. 정신건강은 심리적인 안녕(wellbeing) 또는 충분한 적응을 말한다. 정신건강의 특징들로는 적절한 수준의 독립, 자기의존(self-reliance), 자기지향(self-direction), 일할 수 있는 능력, 책임을 가지고 노력을 할 수 있는 능력, 협력, 어려움들이 있는 가운데에서도 일할 수 있는 능력, 친근함과 사랑을 표현할 수 있는 능력, 서로 의사소통을 할 수 있는 능력, 다른 사람과 자신이 가지고 있는 불만을 포용할 수 있는 능력, 유머감각, 헌신, 취미나 휴식을 취할 수 있는 능력 등을 열거할 수 있다(이부영, 1995: 4 재인용). 그리하여 사람들은 이혼이나 가까운 사람의 죽음, 생각지 못한 질병과 같은 어려운 상황에 처해 있을 때 전문가의 도움을 요청하게 된다.

정신건강은 생활상의 변천과정에서 경험할 수 있는 위기에 잘 대처하는 것뿐만 아니라 정신질환에 대한 개입에도 관심을 가진다고 앞에서 언급하였다. 즉, 정신건강은 정신질환의 부재 그 이상을 포괄한다. 다른 표현을 빌려 말하자면, 정신건강은 보다 인간적인 삶을 염두에 둔 삶의 질의 향상을 목표로 한다.

3) 정신건강 관련 개념 정의

앞에서 정신건강과 정신질환을 이해함에 있어서, 정신건강은 정신질환 개념을 포함하고 있으면서 정신건강을 정신질환의 부재로 보는 비연속적 모델과 정신건강을 정신질환의 부재 그 이상으로 보는 연속적 모델을 소개하였다. 정신건강, 정신질환 개념 외에도 정신장애, 정신보건 혹은 정신건강문제 등의 용어들을 접하게 된다. 여기에서는 정신건강, 정신질환, 정신장애, 정신보건, 정신건강문제 등의 개념을 다시 한번 명확히 정의하고자 한다.

(1) 정신건강

세계보건기구(World Health Organization: WHO)는 정신건강(mental health)을 '정신질환이 없는 상태 이상일 뿐 아니라 개인이 자신의 능력을 깨닫고 삶에서 발생하는 정상적 범주의 스트레스에 대처할 수 있으며, 생산적으로 일하여 결실을 맺고 자신이 속한 사회에 기여할 수 있는 안녕의 상태'로 정의하였다(WHO, 2001).

안토노브스키(Antonovksky, 1987)는 정신건강을 다양한 스트레스에 대하여 저항할 수 있는 능력을 주는 정신적 자원이라고 정의하였다. 번턴과 맥도널드(Bunton & Macdonald, 1992)는 정신건강을 행복감 등 긍정적 정서, 자존감과 숙달 등 심리적 자원을 포함하는 성격특성, 역경을 이겨내는 레질리언스(resilience)로 개념화하기도 하였다.

신체적 건강이 중요하고 먹고사는 경제가 중요하다고 생각하는 사람들은 정신건강을 일종의 사치재라고 오해하는 경우가 많다. 하지만 정신건강은 개인과 지역사회의 안녕과 효과적인 기능에 기본이 된다(노은이, 2013).

(2) 정신질환

정신질환(mental illness)의 정의와 관련해서는 2020. 6. 4. 시행된 「정신건강증진 및 정신질환자 복지서비스 지원에 관한 법률」(약칭: 정신건강복지법) 제 3조(정의)에서 '정신질환자란 망상, 환각, 사고나 기분의 장애 등으로 인하여 독립적으로 일상생활을 영위하는 데 중대한 제약이 있는 사람을 말한다.'로 이해할 수 있다.

(3) 정신장애

정신장애(mental disorder)는 보통 개인의 기능(functioning)과 능력(abilities)을 유의미하게 방해하는 진단 가능한 임상적 상태(condition)를 일컫는다. 정신장애는 손상된 무드, 비정상적인 지각(abnormal recognition), 사고과정(thought process)과 인식(recognitions) 등과 같은 증상의 현존에 의해 정의된다. 주요 정신장애는 우울(depression), 정신병(psychosis), 치매(dementia) 등을 포함한다. 정신질환과 정신장애는 같은 의미로 사용되고 있다(Barry & Jenkins, 2007).

(4) 정신보건

현재의 「정신건강복지법」의 전신이라고 볼 수 있는 「정신보건법」이 1995년 시행되면서 최근까지 현장을 비롯하여 학계에서도 정신보건이라는 용어를 사용하였다. 지금의 '정신건강복지센터'의 명칭도 '정신보건센터'에서 시작되어, '정신건강증진센터', 그리고 현재는 '정신건강복지센터'로 부르고 있다.

이러한 배경하에 정신질환자에 대한 치료 및 재활 등을 주요 개념으로 할 때에 '정신보건' 용어를 사용하였으며, 선언적이고 이상적인 개념이면서 정신질환에 대한 낙인을 주지 않기 위해서 정신장애라는 용어를 선호한 경향이 있다(김동배, 안인경, 2004). 그리하여 정신보건, 정신질환, 정신장애를 동일한 의미로 이해해도 무난하다고 본다.

(5) 정신건강문제

정신건강문제(mental health problems)는 정신장애보다 덜 심각하고 기간도 짧은 불안이나 우울과 같은 보다 흔한 정신건강상의 심하지 않은 질환(mental health complaints)을 포함한다. 정신건강문제는 생활상의 스트레스에 대한 반응으로 일시적으로 경험할 수 있다. 하지만 주목하지 않을 경우에는 보다 심각하고 만성적인 정신 상태로 진전될 수 있다. 정신장애와 정신건강문제를 구분하는 기준은 문제의 지속기간과 강도이다(Barry & Jenkins, 2007). 즉, 정신건강문제는 정신장애 혹은 정실질환을 구성하는 증상과 증후가 있되, 그 강도와 기간에서 정신질환에 미치지 못하는 경우를 일컫는다.

2. 의료모델

의료모델은 앞에서 언급했듯이 정신건강과 정신질환을 이분법적으로 이해한다. 불연속적 모델 관점에 의하면, 정신적으로 건강한 사람은 DSM에서 기술하고 있는 정신의학 장애(psychiatric disorders)를 가지지 않고, 망상(delusions)이나 환청(hallucinations)과 같은 정신병리학이 보이지 않거나 관찰되지 않아야 한다.

이같이 의료모델은 정신질환을 진단하는 기준으로 사용하는 DSM(Diagnostic and Statistical Manual)에서 구체화되어 있다. 의료모델에서는 신체적인 역기능의 결과로 디스트레스나 적절하지 못한 행동이 나온다고 생각하는데, 이를 질병(disease)이라고 부른다. 의학에서 역기능은 객관적인 실험검사와 신체적 상상(body imaging)에 의해 기록되고 병력(medical history)이나 신체적 검사로부터 유추된다.

DSM은 정신의학적 상태에 있다고 생각되는 증상들을 경험적으로 기술하고 진단을 내리는 구체적인 기준을 제시하고 있다. DSM은 정신과 의사들이 치료하는 질환들의 메뉴이며, 분류와 기준들은 광범위한 전문직의 합의를 추구하는 위원회 과정을 거쳐 만들어진다. 그런데 흥미로운 점은 동성애나 신경증, 패배주의 성격(defeatist personality) 등과 같은 범주들을 포함시키는 문제는 과학적이라기보다는 정치적인 과정에 의해 이루어졌다(Horwitz & Scheid, 1999: 15 재인용).

DSM은 나름대로의 장점과 단점을 가지고 있다. DSM의 장점은 정신건강 전문직들이 진단을 내리는 데 있어서 구체적인 기준을 가지고 문제를 체계적으로 부호화할 수 있다. 따라서 DSM은 임상가들이 의사소통하는 데 도움이 되었으며, 연구자가 임상집단을 일관성 있게 결정하는 것을 수월하게 만들어 주었다.

DSM의 진단적 매뉴얼은 진단적 실체에 대해 이론적으로 타당성이 확보된 접근이라기보다는 기술적이어서 질병의 원인과 과정 그리고 적절한 치료에 대한 신뢰성 있는 정보를 제공하는 데 한계가 있다. 대부분의 경우 상태의 원인은 잘 알려져 있지 않고 치료도 불명확하다. 진단은 유사성을 보이는 것들이 경험적으로 묶여 있다. 예컨대, 조현병과 같이 많은 연구와 경험에 기반을 두고 있는 진단도 유사한 기이한 행동 유형을 수반하는 많은 다른 특정한 실재들을 포함한다.

정신의학은 과거에 비해서는 특정 약물의 경우 구체적으로 사용되고 있긴 하지만, 많은 치료가 여전히 구체적이지 않다. 그리고 많은 치료 접근이 비슷한 환자들에게도 사용되고 있다. 이러한 문제는 일반 의학에서의 신체적 질환에서도 나타나고 있지만, 정신의학 지식 또한 의학적 지식이 매우 부족한 실정이다(Horwitz & Scheid, 1999).

3. 정신건강과 심리사회적 요인

정신건강 영역에서 사회복지실천이 기여할 수 있는 부분은 심리사회적 요인에 관한 것이다. 정신건강과 관련하여, 사회복지실천은 정신질환의 증상 경감에 직접적인 관심을 가지기보다는 정신질환 혹은 최적의 정신건강을 지향하기 위하여 관련이 있는 환경에서의 스트레스를 경감시키는 데에 온갖 노력을 다한다.

이를 위해서는 여러 가지 접근이 있을 수 있다. 예컨대, 클라이언트에게 직접실천을 제공하기도 하고, 클라이언트가 재정적인 혹은 물질적인 도움을 받도록 자원을 확인 또는 발굴하기도 한다. 필요할 경우에는 다른 기관들로부터 도움을 받도록 연계하기도 하고, 클라이언트의 입장을 옹호하는 사회적 행동도 구사한다. 클라이언트에게 우호적인 환경을 만들기 위하여 클라이언트의 사회적 관계를 이해하여 클라이언트가 그들과 잘 소통할 수 있도록 도우며, 신뢰 형성이 되어 있을 경우에는 클라이언트나 다른 가족성원들에게 조언이나 충고를 제공하는 등의 여러 가지 형태로 개입한다.

심리사회적 요인이 가장 잘 나타나는 정신건강의 문제로 우울증을 예로 들 수 있다. 브라운과 해리스(Brown & Harris, 1978)는 여성이 우울증에 많이 걸리는 현상을 다음과 같이 설명하고 있다.

- 11세 이전에 어머니와 헤어지는 상실을 경험한 경우
- 14세 이하의 자녀가 세 명 이상 있는 경우
- 배우자와 신뢰 관계가 결여되어 있는 경우
- 유급노동이 결여되어 있는 경우

어린 나이에 어머니는 그 자체가 세상이다. 아직 어머니의 품에서 커야 하

는 나이에 어머니의 죽음은 온 세상이 무너져 내리는 것과 마찬가지일 것이다. 14세 이하의 자녀가 세 명 이상인 여성은 혼자의 힘으로는 자녀양육이 매우 벅찰 것이다. 환경에서 누군가가 도와줄 자원이 필요하다고 보인다. 그것도 다른 여건, 예컨대 경제적 상황, 결혼지위 등과 같은 기본적인 여건이 결여되어 있을 경우에는 어려움이 더 가중될 수 있다.

배우자와의 갈등으로 인해 결혼생활의 질이 떨어지고 여성은 우울해질 수 있다. 유급노동 상태가 되어 있지 않을 경우에는 재정적인 불안은 물론이거니와 사회적 동물로서 자신의 사회적 역할을 인정받지 못하는 데에서 오는 불안으로 여성은 더 우울해질 수 있다.

저소득층 여성은 중산층 여성보다 우울증에 걸릴 가능성이 훨씬 높다. 빈곤한 여성은 빈곤하지 않은 여성보다 훨씬 더 우울해질 수 있다. 즉, 빈곤은 정신건강의 위험요인임을 알 수 있다. 사회적 지지는 스트레스를 주는 생활사건으로부터 여성을 보호하거나, 생활사건의 부정적인 영향을 완화시킬 수 있다. 이런 의미에서 사회적 지지는 정신건강의 보호요인이라고 볼 수 있다.

DSM을 근거로 하는 정신의학적 진단에서의 기준은 이론적인 기반으로 이루어지지 않아서 많은 경우 진단을 가르는 선이 명확하지 않다. 예를 들어, 주요 우울증(major depression)의 경우 2주일 동안 아홉 가지 증상 중에 다섯 가지를 충족해야 하는데, 적어도 이들 증상들 중의 한 가지는 '우울한 기분(depressed mood)'이나 '관심이나 즐거움의 상실(loss of interest or pleasure)'이어야 한다. 그 외에도 자살을 시도하거나 자살에 대한 구체적인 계획을 세우는 것에서부터 불면증, 체중 감소나 증가와 같이 증상이 광범위하다(Horwitz & Scheid, 1999).

장애를 연속선상으로 이해하는 전문가들은 우울증을 미약한 정도에서부터 심각한 상태에까지로 보고 있어서, 개인은 생물학적인 취약성, 생활 스트레스 요인, 사회적 지지, 대처능력, 치료적 개입 등의 여러 요인에 따라 그러한 연속선상을 옮겨갈 수 있다고 본다. 그리하여 스트레스를 감소시키기 위해서 초기 개입을 시행하고, 사회적 지지를 제공하며, 효과적인 대처전략을 사용함으로써, 개인이 보다 심각하고 복잡한 우울증으로 진전되는 것을 예방한다.

반면에 질병 개념을 옹호하는 치료자들은 주요 우울증의 원인은 덜 심각한 우울상태의 원인과는 다르다고 본다. 특정 유형의 정서장애는 질병모델의 적용이 더 적절할 수 있다. 예컨대, 양극성 정서장애(bipolar affective condition)는 주요 우울증과 비교하여 생물학적 기반이 더 강하고, 환경적인 스트레스 요인과는 무관하게 나타난다. 그러나 주요 우울증은 사회적 지지가 결여되어 있고, 환경적인 여건이 좋지 않을 때 나타날 수 있다(Horwitz & Scheid, 1999:17 재인용).

질병 개념이 개인을 탈낙인화하는 데 도움을 주고, 개인이 치료를 받을 수 있게 하는 데 기여하였으며, 정신질환을 임의적이고 문화적으로 다르게 규정하고 있지만, 정신질환자들은 다른 일반인과는 구분되는 특성을 가지고 있고 전문적인 방법으로 치료를 받아야 한다는 데에는 모두가 인식을 같이하고 있다.

서구 사회는 정신질환에 대하여 여러 상이한 관점을 가지고 있다. 그러한 관점들은 보완적이면서 갈등적이기도 하다. 여하튼 현재까지 압도적인 관점은 정신질환에 대한 질병모델인 것만은 틀림없다(Horwitz & Scheid, 1999).

많은 연구에서 밝혀졌듯이, 사회는 정신질환자들을 위험하고, 예측적이지 않고, 비정상적이고, 비합리적이고, 역기능적이라고 생각한다. 또한 정신질환자들을 두려워하고 피한다(Horwitz & Scheid, 1999). 정신질환자는 의료 영역에서 가장 낙인찍힌 집단이다. '정상적이다' 혹은 '비정상적이다' 하는 것은 문화적으로 규정될 수 있다.

여러 문화에서 정신건강과 신체적 건강의 구분이 명확하지 않는 경우도 많다. 예컨대, 미국 인디언이나 아시아 문화에서는 정신건강과 신체적 건강이 본질적으로 서로 연결되어 있는 것으로 이해하는 전체주의적 접근(holistic approach)을 수용하고 있다. 따라서 정신건강과 정신질환의 개념을 한 문화에서 다른 문화로 이식하는 것은 매우 어렵다. 특히 정신건강은 주관적인 감정과 경험을 표현하는 특성을 갖고 있기 때문이다(Horwitz & Scheid, 1999).

4. 정신적으로 건강한 사람이란?

정신적으로 건강한 사람은 긍정적인 자존감(self-esteem)과 현실적인 자기인식(self-awareness), 효과적인 대처기술(coping skills), 명확한 의사소통 기술과 좋은 의사결정 기술을 가진다. 또한 정신적으로 건강한 사람은 정서적으로, 신체적으로 혹은 지적으로 성장하기 위해서는 위험을 감수(risk taker)할 수 있어야 한다(Donnelly, Eburne, & Kittleson, 2001).

마음(mind)과 몸은 연결이 되어 있다(Littrell, 2008). 예를 들어, 시험을 앞둔 학생은 몸이 아플 가능성이 매우 높다. 심장병을 가진 사람은 정서적 상태가 좋아지면 빠르게 회복된다. 말기 질환을 가진 사람이 친구와 가족에 둘러싸여 있으면 그들의 삶의 질은 높아진다.

보통 건강이라고 하면 '신체적 건강(physical health)'만을 생각하는 경향이 있다. 그러나 건강은 단순히 신체적인 면만을 의미하지는 않는다. 건강은 신체적인 측면 외의 다른 측면도 포함한다. 세계보건기구의 건강 개념이 이를 잘 반영하고 있다. 세계보건기구는 건강을 '단순히 질병이 없는 상태가 아닌, 신체적 · 정신적 · 사회적 안녕 등을 총괄하는 상태'라고 정의하고 있다.

정신건강은 사고력(reasoning ability)을 함축한다. 개인이 정보에 접근하고, 그 정보를 의사결정 과정에 활용하는 것은 정신건강에서 매우 중요하다. 개인이 현실을 수용하고, 환경에서 가용한 선택을 활용하는 것은 긍정적인 정신건강의 특성들이다(Donnelly et al., 2001).

세계보건기구(1996)는 지금은 미국에서 성격장애(personality disorder)

로 대체된 신경증(neurotic)과 스트레스 관련 질환, 신체형 장애(somatoform disorders)의 합이 세계적으로 볼 때에 질환의 세 번째 원인에 해당한다고 보고하였다. 무드 장애(mood disorders)는 치매와 함께 질환의 중요한 단일 원인으로 일곱 번째에 해당하며, 조현병은 아홉 번째에 해당한다고 보고하였다. 성인 7명 중의 1명 이상은 살아가면서 심리적인 안녕 상태에서 멀어지는 경험을 한다는 주장도 있다(Bourdon, Rae, Locke, Narrow, & Regier, 1992).

정신적으로 건강한 사람은 합리적인 방식으로 책임을 수용하며, 임박한 그리고 미래에 있을 수 있는 책임을 충족시키기 위하여 효과적인 전략들을 계획한다. 그리고 이들은 미래 혹은 알지 못하는 것에 대한 두려움이 있지만, 현재에 몰입하고 현재를 즐긴다.

이들은 책임감을 수용하며, 자신의 재능과 능력들을 최대한으로 사용하고자 한다. 이들은 미래에 대하여 자신들을 위한 합리적인 목표를 세우며, 일반적으로 잘 이끌어 간다. 이들은 할 수 있는 것을 변화시키며, 변화시킬 수 없는 것에는 적응하면서, 인생에서의 요구를 충족시킬 수 있는 능력을 가지고 있다(Donnelly et al., 2001).

자기인식은 자존감 이상을 의미한다. 자기인식은 자기에 대한 지식(self-knowledge)을 의미한다(Donnelly et al., 2001). 정신적으로 건강한 사람은 자신을 해치는 행동패턴을 하지 않으며, 자신을 사랑한다. 정신적으로 건강한 사람은 다음에서 제시하는 열 가지 특징들을 보인다(Donnelly et al., 2001).

1) 인생에 대한 긍정적인 전망

일들이 기대한 대로 잘되지 않으면, 정신적으로 건강한 사람은 일들이 잘될 것이라고 믿는다. 정신적으로 건강한 사람은 일들이 잘될 것이라는 가능성을 볼 줄 아는 능력을 가지고 있고, 문제해결을 가져다줄 수단들을 가시화할 수 있으며, 일이 잘되는 것이 가능하다는 현실적인 신념들을 유지할 줄

안다.

반면에, 문제를 해결하거나 바람직하지 않은 상황을 향상시키는 데에 필요한 단계를 회피하거나, 계획이 없으며 잠재력이 없을 때 더 나은 상황에 대한 희망이나 꿈을 가지는 것은 정신적으로 건강한 지표가 아니다.

2) 인생에 대한 현실적인 기대와 접근

정신적으로 건강한 사람은 세상과 사람들과 조화를 이루면서 살아간다. 만일 어떤 사람이 세상을 비현실적으로 그리고 편협하게 본다면, 이러한 사람들은 세상에서 효과적으로 기능하거나 생산적이기 되기 힘들다. 섀퍼(Schaefer, 1992)는 부정적인 사고를 긍정적인 정신건강과 대조적이라고 보았다. 부정적인 사고는 비관주의, 파국화(catastrophizing), 극단적인 사고(polarized thinking), 무엇을 해야만 한다는 생각, 비난, 극대화 등을 예로 들 수 있다.

여기에서 중요한 점은 사람들이 현실적이지 않은 이슈들에 둘러싸여 있는 요인들에 초점을 둘 때, 사람들은 최선을 다해 기능하지 않는다는 것이다. 현실적이 되자는 의미는 개인들이 대처하고, 상호작용하고, 의사결정하고, 생산적으로 그리고 정직하게 생각하자는 것을 말한다.

3) 효과적인 정서 관리

합리적이고 적절한 판단을 활용하는 논리적 사고는 가장 최선의 증거에 기반하여 가장 적절한 의사결정을 가능하게 한다. 그러나 정서(emotion)는 종종 논리에 반하면서, 개인을 파괴적으로 몰고 간다. 정서가 부족하면 개인은 덜 인간적이고, 삶은 흥이 덜 날 수 있기도 하다. 그렇다면, 어떻게 정서가 개인의 삶에 영향을 미치는가를 고민할 필요가 있다. 정신적으로 건강한 사람은 생산적인 방식으로 정서적 반응에 반응할 수 있다.

정서적 반응은 매우 빠르다. 사람들은 인지적인 과정을 거치기 전에 정서적으로 반응한다. 그리하여 정확성을 잃을 수 있다. 실질적인 정보를 신중하게 분석하기 전에 즉각적인 인상을 연출할 수 있다. 이러한 빠른 반응이 이전에는 살아남는 방식이 되었고, 아직까지도 중요한 요인이기도 하다. 옛 속담에 반응하기 전에 열 번을 세라는 말이 있다. 이 말은 사고가 정서적 반응을 따라잡을 수 있게 하기 위함이다. 정신적으로 건강한 사람은 그들의 정서가 그들의 지성을 좌지우지하지 않게 하며, 생존을 위태롭게 하는 것을 허용하지 않는다.

4) 다른 사람들과 잘 지내는 능력

관계를 형성하고, 유지하며, 종결하는 것이 자연스러운 사람이 있는가 하면, 어떤 사람에게는 어렵다. 친구나 동료와의 관계는 다음의 네 가지 유형으로 범주화할 수 있다(Arkoff, 1995).

- 전적으로 긍정적이고 효과적인 관계
- 대부분이 긍정적이거나 생산적인 관계
- 대부분이 부정적이거나 생산적이지 않은 관계
- 전적으로 생산적이지 않거나 부정적인 관계

다음과 같은 질문을 우리 자신에게 던져 볼 필요가 있다. 당신의 인간관계는 어떠한가? 다른 사람과 어떻게 상호작용하고, 그것이 당신의 정신건강에 어떤 의미가 있으며, 그리고 그것에 관하여 어떻게 생각하는가?

5) 다른 사람들에게 과도하게 의존적이지 않으면서, 다른 사람들의 강점을 이끌어 내는 능력

친구 네트워크는 인생의 짐을 더는 데 도움이 된다. 가깝고 신뢰하는 친구들과 관심과 어려움, 꿈 등을 공유하는 것은 더더욱 의미 있다. 가벼운(causal) 친구관계는 가까운(close) 친구와는 다르다. 평균적으로 남성들의 친구관계는 여성들과는 다르다. 친구의 지지는 인생에서 어려움을 해쳐나가는 데 도움이 될 수 있다.

6) 합리적인 욕구

개인에 따라서 추구하는 욕구들이 다르다. 통제가 되는 욕구는 성취, 즐거움 등을 준다. 그러나 통제를 상실할 때, 욕구는 과도해진다. 정신적으로 건강한 사람은 건강한 욕구를 가지며, 자신과 다른 사람들에게 해가 되지 않는 것으로부터 즐거움을 추구한다.

7) 영적인 특성

영적인 사람은 존재에 대한 목적을 가지고 있으며, 세상의 큰 그림 어딘가에 속해 있다고 생각한다. 영적인 특성은 반드시 공식적인 신념체계나 조직화된 종교에서의 구성원을 의미하는 것은 아니다. 영적인 차원은 깊은 소속감과 인생에서의 참여를 제공한다. 그리하여 많은 사람은 인간의 안녕에 필수적이라고 생각되는 영적 측면을 추구한다. 정신적으로 건강한 사람은 인생에서 목적이 있으며, 그들은 그러한 목적을 위하여 일하는 한 부분을 가지고 있다고 느낀다. 그들은 세상에는 그들 자신과 그들의 욕구보다도 더 많은 이슈들이 있다는 것을 깨닫는다.

8) 효과적인 대처기술

라자루스(Lazarus, 1991)에 의하면, 대처는 개인이 경험하게 되는 스트레스를 어떻게 잘 관리할 수 있는가를 예측하게 한다. 그에 따르면, 대처는 인지 측면과 행동 측면을 포함한다. 인지 측면은 일들에 대한 사고방식을 변화시키는 것이고, 행동 측면은 스트레스에 따른 무언가를 하는 것을 말한다.

정신적으로 건강한 사람은 스트레스의 특성을 수용할 수 있으며, 살아가면서 만날 수 있는 스트레스도 수용한다. 또한 스트레스를 행동에 대한 동기로써 사용할 수 있으며, 긍정적인 방식으로 살기 위하여 개입이나 예방 전략들을 사용할 수 있다.

9) 정직한 자기에 대한 관심과 자존감

정신적으로 건강한 사람은 자신이 어떤 사람인지를 인식한다. 대부분의 사람들은 이따금 자만하거나 자신의 강점을 인식하지 못하기도 한다. 정직한 자기인식이 없이 자존감이 높을 경우에는 자신에 대하여 정확하지 않은 의견을 가질 수 있다. 정신적으로 건강한 사람은 자신의 강점과 부족한 점을 사정할 수 있다.

정직한 자기인식은 무엇이 수용 가능하고 무엇을 필요로 하는가에 대한 지속적인 평가를 가능하게 하며, 자기의심(self-doubt)을 완충시키면서 자기향상을 동기화시키는 수단이 될 수 있다.

10) 세상을 정직하게, 정확하게, 현실감 있게 보는 능력

정신적으로 건강한 사람은 현재를 즐기면서, 동시에 과거로부터 얻은 교훈을 활용하면서 미래를 준비한다. 개인은 과거의 자기, 현재의 자기, 미래의 자기로 나누어 볼 수 있다. 이 중에 어느 한 곳에만 초점을 두는 사람은 세상에 대한 관점을 왜곡시킬 수 있으며, 정신건강에 도움이 되지 않는다. 세상에 대한 현실적인 관점은 수용적이고, 과거 삶의 경험의 잔재를 가지고 오는 것이다. 초기의 경험을 언급하고 인식하는 것을 실패하게 되면, 이는 현재와 미래의 삶에 부정적인 영향을 미치게 된다. 과거를 변화시키기 위하여 할 수 있는 일은 없지만, 과거의 실수를 반복하지 않기 위해서 과거를 평가하고 활용하는 것은 가능하다.

현재가 아닌 어떤 것에도 관심을 가지지 않은 채로 여기 지금에 초점을 두면, 세상에 대한 현실성 있는 관점이 왜곡된다. 세상에 대한 정확하고 현실성 있는 관점은 확장된 관점(extended view)을 통하여 촉진된다. 여기에서 확장된 관점이란 과거에 어떤 일이 있었으며, 과거의 경험이 현재에 어떻게 영향을 미치는지, 현재에 어떤 일이 일어나고 있는지, 현재의 일들이 어떻게 미래에 영향을 미칠 것인지 등을 고려하는 것 등을 포함한다.

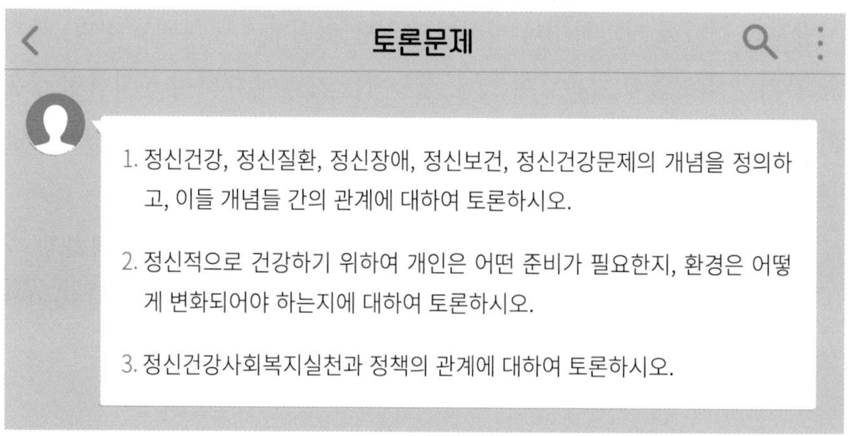

참고문헌

김동배, 안인경(2004). 한국인의 정신건강 개념에 관한 연구. **한국사회복지학, 56**(1), 203-233.

노은이(2013). 서울시민 정신건강증진을 위한 지원방안. 서울연구원정책과제연구보고서. 서울연구원.

이부영(1995). 정신보건 증진을 위한 자원개발의 여러 전제조건. **한국정신의료사회사업학회 '95 추계학술대회 발표논문집**, 3-8.

Antonovsky, A. (1987). *Health, stress and coping*. San Francisco, CA: Jossey-Bass Publicstions.

Arkoff, A. (1995). *Illuminated life*. Boston: Allyn & Bacon.

Barry, M. M., & Jenkins, R. (2007). *Implementing mental health promotion*. Edinburgh and New York: Churchill Livingstone.

Bourdon, K. H., Rae, D. S., Locke, B. Z., Narrow, W. E., & Regier, D. A. (1992). Estimating the prevalence of mental disorder in U.S. adults from the epidemiologic catchment area and survey. *Public Health Reports*, *107*(6), 663-668.

Brown, G. W., & Harris, T. O. (1978). *Social origins of depression: A study of psychiatric disorder in women*. London: Tavistock.

Bunton, R., & Macdonald, G. (1992). *Health Promotion: Disciplines, diversity, and developments*. London and New York: Routledge.

Donnelly, J. W., Eburne, N., & Kittleson, M. (2001). *Mental health dimensions of self-esteem and emotional well-being*. Boston: Allyn & Bacon.

Horwitz, A. V., & Scheid, T. L. (1999). *A Handbook for the study of mental health: Social contexts, theories, and systems*. Cambridge: Cambridge University Press.

Lazarus, R. (1991). *Emotion and adaptation*. Oxford: Oxford University Press.

Littrell, J. (2008). The mind-body connection: Not just a theory anymore. *Social*

Work in Health Care, 46(4), 17-37.

Schaefer, W. (1992). *Stress management for wellness* (2nd ed.). Dallas: Harcourt, Brace & Jovanovich.

World Health Organization. (1996). *The world health report 1996: Fighting disease, fostering development*. Geneva: Switzerland.

World Health Organization. (2001). *The world health Report 2001, Mental health: New understanding, New hope*. Geneva: Switzerland.

제2장

정신건강 실천이론과 실제

정신건강문제에 대한 개입에서 이론의 적용은 중요하다. 전통적으로 병리적 관점과 결핍모델 중심으로 이론이 발전해 왔다면, 최근 클라이언트의 강점이나 자원, 지역사회의 역할 등을 강조하는 추이로 성장하고 있다. 정신건강문제에 개입하는 데 이론은 가치, 실천의 방향, 그리고 결과에 대한 해석까지 전반적으로 영향을 미치게 된다(최송식 외, 2019; 한국정신보건사회복지사협회, 2012). 이 장에서는 정신건강 관점과 실천에서의 적용 수준별로 유용한 이론과 모델에 대하여 소개하고자 한다. 정신건강문제에 실천 이론을 적용해야 하는 배경으로 다음의 내용들을 제시해 보았다.

- 과학적 실천: 사회복지 전문성은 과학적 개입 근거에서 비롯된다고 할 수 있다. 사회복지실천이론의 유용성은 널리 알려져 있다. 반면, 현장에서 실천이론을 적용하는 것에 대한 회의적인 시각도 존재한다. 이론적용을 하기에는 현장의 상황은 클라이언트 문제의 복합성과 다양성, 기관의 서비스 제공에서의 원칙과 제한, 그리고 재정 지원에서 기대하는 단기적이고 직접적인 효과에 대한 기대 등이 얽혀 있기 때문이다. 그러

나 과학적 실천은 전문적 개입에서 필수 기반이 되므로 여러 측면에서 한계와 제약이 있더라도 이론을 기반으로 하는 과학적 실천은 정신건강 서비스 영역에서 강조되어야 할 것이다.

- 클라이언트 권리: 이론에 대한 이해를 바탕으로 개입이 이루어질 때 체계적인 과정과 예측되는 성과 등을 기대하고 개입이 수행될 수 있다. 정신건강 사회복지 실천가는 이론에 대한 이해와 이를 클라이언트에게 전달 할 수 있는 능력을 갖추어야 한다. 여기에는 이론에서 제시하는 주요 개념, 가정, 수행 방법과 성과 등을 들 수 있다. 이는 클라이언트에게 중요한 개입에 대한 정보 공유와 서비스에 대한 클라이언트의 자기결정권, 참여권 등의 권리를 충족해야 한다는 사회복지 가치에도 적합하다 하겠다.
- 다학제적 접근과 전문직 간의 의사소통: 정신건강문제는 다학제적 접근이 필요한 영역으로, 이론적 기반에 대한 전문직 간의 이해를 공유할 수 있다. 실천에서의 임상적 근거를 기반으로 할 수 있으며 전문직 간 의사소통을 원활하게 하는 역할을 하게 된다. 정신건강과 질병, 빈곤, 대인관계 갈등 등이 복합적으로 동반되는 문제인 경우가 많으므로, 이와 관련된 전문직 간의 의사소통과 이해를 공유하는 것이 필요하다(송인한 외 공역, 2015).
- 실천 이론의 적용과 사회복지실천 가치의 고려: 여기에서 유념해야 할 점은 사회복지에서는 과학적 실천의 중요성을 강조하나 개인의 특성을 인정하는 개별화의 가치를 적용하고 있다는 점이다. 이런 의미에서 실천 이론의 적용은 임상에서의 과학적이고 체계적인 과정을 안내한다는 점에서 필수적이라 할 수 있지만 동시에 개인의 특성과 고유한 상황에 대한 깊은 이해와 고려가 반영된 적용이 되어야 한다는 점이 강조되어야 할 것이다. 정신건강문제에서 실천 이론을 적용할 때 사회복지 실천가로서 도전은 이론에 반영된 인간과 환경에 대한 관점이나 가치관, 정신건강

문제에 대한 관점이 사회복지 실천의 주요 가치들과 부합되는 가에 대한 점검과 성찰이 요구된다는 점이다. 사회복지 가치 관점에서는 정신건강문제 개입에서 증상이나 기능 회복에 초점을 두는 병리적인 관점에서 확장하여 정신건강문제를 안고 있는 클라이언트의 자기결정권, 삶의 질, 역량 강화, 나아가 가족과 지역사회의 회복까지 관심을 가져야하기 때문이다.

1. 정신건강 실천 관점

사회복지 실천 관점의 독특성은 환경 속의 개인(person-in-environment)이라 할 수 있다. '환경 속의 개인' 관점은 사회현상이나 문제를 바라보는 데 개인과 환경을 균형 있게 바라보는 것을 가능하게 한다(엄명용, 김성천, 윤혜미, 2020; Saleeby, 2001). 정신건강과 관련된 실천에서 '환경 속의 개인' 관점은 정신건강을 어떻게 이해하고 관련 문제를 해결하는 데 영향을 미친다. 정신건강에 대한 이해와 개입의 초점에 미치는 영향을 정신건강에 대한 개념을 정의하는 방향으로 이해할 수 있다. 이는 크게 두 가지를 들 수 있다. 좁은 의미에서의 정신건강에 대한 개념은 정신장애나 증상의 부재에 두는 반면, 넓은 의미에서의 정신건강에 대한 개념은 건강한 상태라 함은 정신건강을 아우르는 것으로 제시한다. 사회복지실천에서의 정신건강문제에 대한 이해와 개입 초점은 후자의 관점을 반영한다고 하겠다. 실천 관점은 개입에서의 구체적인 과정이나 전략을 제시하는 성격은 아니지만, 정신건강문제에 대한 이해와 개입 방향을 결정짓는 역할을 하게 된다. 의료모델 관점과 강점관점은 앞서 설명한 두 가지 방향을 반영하고 있는 대표적인 관점이라 하겠다.

1) 의료모델(질병중심 접근)

문제의 원인을 어떻게 바라보는가에 따라 문제 해결의 초점과 전문가의 역할이 달라진다.

의료모델에서는 병리적인 관점으로 증상 중심으로 문제를 분석하고 개입을 결정한다. 질병으로 보는 관점에서 치료의 대상은 질병을 안고 있는 개인이 된다. 즉, 증상을 보이고 있는 대상으로 개인을 이해하는 것이다. 이런 의미에서 의료모델에서는 증상 중심으로 정신건강문제를 바라보게 되는데, 증상을 중심으로 진단이나 치료가 정해진다. 이러다 보니 주 관심 대상으로 정신질환이나 정신장애를 다루게 된다. 의료 관점에서 정신건강문제와 관련된 증상은 뇌기능의 문제로 보는 생물학적 기능의 취약성으로 보거나 뇌질환으로 이해한다. 의료모델에서는 정신질환이나 정신장애를 신체질환의 맥락으로 이해하고 있기 때문에 개인의 취약성에 초점을 두는 관점이라고 하겠다. 치료의 대상도 개인에 집중한다. 여기에서 정신건강문제를 가진 개인은 환자의 역할을 부여받고, 치료에 순응해야 하는 의료적 처치의 대상이 된다. 병원과 같은 의료 세팅은 질병중심 접근을 적용하는 대표적인 치료 모형이라고 할 수 있다. 의료적 접근에서 정신질환을 지나치게 생물의학적 관점에만 집중한다는 지적이 일어나면서 최근에는 심리-사회-생물학적 관점에서 포괄적으로 보아야 한다는 논의가 이루어지고 있다는 점은 의미 있는 방향이라 하겠다(대한신경정신의학회 편, 2007; 16; 오수성 외, 2013).

2) 강점 관점

강점 관점은 모든 인간은 고유한 존재로 강점을 지니고 있으며, 성장하는 존재라고 본다. 인권과 인간 존엄 가치에 기초하고 있는 것이다. 강점 관점에서는 사회복지 실천 관점인 '환경 속의 개인' 관점과 개인과 사회 환경 간의 상호작용의 중요성을 기반으로 하는 생태체계적 관점을 잘 반영하고 있다(Saleeby, 2001). 정신건강은 개인과 사회환경 사이의 상호작용이 최적으로 이루어질 때 성취된다고 보고, 이를 위한 책임과 의무가 모두에게 있다는 것으로 해석하고 있다. 여기에서는 개인을 성장하는 존재로 보기 때문에 정신건강 상의 어려움이나 장애가 발생할 경우, 이를 해결하기 위해 잠재력을 발휘하고, 환경은 이를 지지하는 요소로서 역할을 해야 한다고 본다. 이는 일방향으로 이루어지는 역동이 아니라 쌍방향으로 상호 영향을 미치는 역동으로 이해한다. 강점 관점에서의 성장의 개념은 생태체계적 관점에서의 인간과 환경의 상호 보완과 적응의 개념과도 맞물린다. 여기에서는 정신건강문제로 나타나는 증상이나 부적응 행동은 개인이 치료받아야 할 대상으로 보기보다는 개인의 강점이 성장하면서 어려움을 회복해 나가는 과정으로 이해한다. 사회적 지지와 같은 자원은 개인의 강점을 발견하고, 발휘하며, 확장시켜 나가는 중요한 자원으로 이해한다. 이런 맥락에서 정신건강문제의 예방, 치료, 재활은 지역사회를 기반으로 다양한 자원과 전문직, 사회구성원의 참여와 책임이 연대되는 과정에서 가능하다고 보는 것이다.

2. 치료 및 재활(회복) 이론

정신건강문제나 질환에 대한 치료 재활에 적용되는 이론은 전통적 접근인 정신분석치료에서부터 근거기반 실천으로 널리 알려지고 사용되는 인지행동치료까지 다양하게 제시할 수 있다.

이 장에서는 미시체계 수준에서 클라이언트를 대상으로 직접 서비스를 제공하는 정신건강 임상현장에서 유용한 치료적 접근인 정신분석치료, 인간중심치료, 인지행동치료, 동기강화상담 이론을 소개하고자 한다(김선희 외, 2012; 대한신경정신의학회 편, 2007; 신성만 외, 2018; 엄명용 외, 2020; 오수성 외,

2012; 이우경, 2016; 이채원, 김윤화, 임성철 공역, 2014; 이희영, 성형림, 김은경, 박서원, 2017; 한국정신보건사회복지사협회, 2012).[1] 정신질환이나 문제는 단계별로 치료와 재활 및 회복과 관련하여 적용이론의 유용성이 달라질 수 있다. 정신건강 전문가는 단계별 특성과 개인, 가족 및 환경의 특성을 고려하여 적합성을 고려한 이론의 적용을 수행할 수 있어야 할 것이다.

1) 정신분석치료

정신분석이론은 정신건강문제에 적용하는 전통적인 치료접근이다. 정신분석이론에서 제시하는 심리적 에너지에 대한 이론적 접근은 내적 갈등의 결과가 정신건강문제의 원인이라고 보는 것이다. 초자아, 원초아, 자아 등의 기능이 잘 조절되고 균형을 이루면 건강한 심리상태가 이루어지나 갈등이 악화되면 정신건강의 어려움을 가질 수 있다고 보는 것이다. 프로이트(Freud)의 정신분석은 이후 자아심리학이나 대상관계이론 등으로 발전해 왔다. 자아심리학에서는 자아의 역할을 강조하는데, 자아의 기능과 역할을 강조하고 독립성과 역량을 높게 본다. 인간은 자아의 역할을 충실히 하고자 하는 동기와 욕망이 있다고 보는 것이다. 대상관계이론에서는 중요한 타자와의 관계를 형성하는 인간의 욕구를 중요하게 본다. 이는 부모와 자녀 관계를 포함한 타인과의 관계까지 미치는 것으로 보고 있다.

정신분석치료는 사회복지실천 현장에서 적용하기에는 개념이 추상적이고 효과에 대한 논박이 있는 실정이어서 어려운 점이 많다. 그러나 전이와 역전이 개념을 설명하고, 개입에서 사회복지실천가가 도구의 역할을 수행한다는 점에서 전이의 개념을 적용할 수 있다고 하겠다.

---

1) 여기에서 소개하는 각 이론의 내용은 축약한 내용이므로, 해당 이론서를 바탕으로 심도 있는 이해와 적용을 권하는 바이다.

(1) 기본 전제와 개념

① 의식, 전의식, 무의식

정신분석치료에서는 무의식이 인간의 행동에 영향을 준다고 본다. 의식의 수준을 의식, 전의식, 무의식으로 구분하여 설명하는데, 의식은 현재의 생각을 자각하는 수준이다. 전의식은 의식이 일어나지 않았으나 노력을 기울이면 의식의 수준으로 경험된다. 무의식은 의식이 전혀 되지 않은 수준으로 인간의 행동에 커다란 영향을 미치는 것으로 이해한다.

② 원초아, 자아, 초자아

원초아는 본능에 충실하며 쾌락의 원칙에 따라 본능적 욕구를 실현하고자 한다. 자아는 현실의 원칙을 따르는데, 본능에 따르는 원초아의 욕구와 외부환경 사이에서 조정하고 균형을 잡으려는 노력을 한다. 초자아는 원초아의 쾌락을 충족하려는 욕구를 통제하고 현실에서의 균형을 잡으려는 자아의 목표를 이상적인 목표로 이끌고자 한다.

③ 증상, 정신건강문제

정신분석치료에서는 정신건강문제에서 나타나는 증상은 클라이언트의 무의식에서 유래되는 갈등을 해결하는 대처라고 본다. 증상은 클라이언트가 해결하지 못하고 있는 심리내적인 갈등이 표출되는 것이다. 증상은 무의식적인 갈등 상황에 대한 해결책이 되는 것이기 때문에 클라이언트에게는 비합리적이거나 부적절한 것이라 말할 수 없다. 클라이언트는 무의식 속으로 갈등을 억압하고 있기 때문에 이러한 갈등을 의식 수준으로 경험하지 못하고 그 원인을 자각하지 못한다고 본다.

(2) 실천방법과 적용

정신분석치료에서는 클라이언트의 무의식적인 갈등과 동기에 대하여 통찰력을 가질 수 있도록 치료자가 돕는 역할을 하게 된다. 여기에 적용되는 치료 기법으로는 자유연상, 저항, 꿈의 해석 그리고 전이를 들고 있다. 정신분석치료에서는 정신건강문제에서의 증상은 무의식적인 갈등이 행동이나 관계의 양상으로 표출된 것으로 보고, 이를 드러내어 해결하고자 하는 데 초점을 둔다. 정신분석치료에서는 클라이언트가 보이는 방어기제와 같은 역기능적인 대처방식이 무의식적인 갈등에서 원인이 유래한다고 본다. 치료자는 클라이언트가 이 같은 갈등을 해소하고자 방어기제를 사용하는 등 역기능적인 방식으로 대처하고 있는 점들을 발견하는 과정을 돕는 역할을 수행하게 된다. 사회복지실천현장에서 정신분석치료 이론을 적용하기 위해서는 체계적으로 전문적인 훈련을 받아야 할 필요가 있다. 정신분석치료에서의 주요 개념인 저항, 전이와 역전이는 문제나 증상에 대한 통찰력을 이해하는 데 유용하게 적용될 수 있다.

① 저항

치료자는 클라이언트가 치료과정에서 보이는 저항의 형태에 관심을 기울이며, 저항이나 갈등이 드러나도록 자유연상을 통해 표현할 수 있도록 돕는다. 현재 클라이언트의 증상이나 행동이 과거 양육자와의 관계에서 경험했던 감정이나 행동이 되풀이되는 것이라는 해석을 제공한다. 치료과정에서 클라이언트가 보이는 저항에 대한 관심을 보이는 것은 치료과정에서 중요하며, 이를 효과적으로 다루는 것이 필요하다.

② 전이

치료과정에서 클라이언트는 치료자를 부모나 부모와 같은 중요한 역할로 여기게 된다. 이를 전이라고 하는데, 치료자는 치료과정에서 전이가 발생하는 과정을 경험하고 클라이언트에게 이에 대한 해석을 제공하여 전이를 해결하는 것이 정신분석치료 과정에서 매우 중요하다.

정신분석치료 과정에서 치료자는 클라이언트가 자신의 모습을 간접적으로 경험할 수 있도록 클라이언트의 모습을 비추는 역할을 하게 된다. 이 과정에서 클라이언트는 자신에 대한 이해를 할 수 있게 되며 자신의 문제에 대한 통찰력을 획득할 수 있게 된다. 이러한 통찰을 획득하게 되면 치료자는 클라이언트가 현실에서 살아가는 삶의 전반에 이를 적용할 수 있도록 지원해야 한다.

2) 인간중심치료

인간중심이론 관점에서는 인간의 성장과 자기실현의 가능성에 초점을 둔다. 인간은 정신건강문제와 같은 부적응의 문제를 경험해도 자기실현을 위해 성숙해 가는 존재로서 이를 해결할 수 있는 가능성이 있는 존재로 본다. 인간은 자신의 삶에서 스스로 자신을 성장시키고 삶을 이끌어 나갈 수 있는 능력이 있다고 본다.

(1) 기본 전제와 개념

① 인간에 대한 이해: 생존하고 반응하는 존재인 유기체

인간은 고유한 생명력을 가진 유기체로서 생존하고 세상에 반응하는 존재라고 본다. 인간이 살아가면서 대인관계 혹은 외부 환경으로부터 자극을 경험하게 되는데, 유기체로서의 인간은 존재 전체로 반응한다는 것이다. 이러한 다양한 자극에 대한 경험을 하고 각각의 상황을 평가하고 반응하면서 성장한다고 본다.

② 자기

인간중심치료에서 자기(self)라는 개념은 각 개인의 고유성을 의미한다고 하겠다. 인간이 스스로에 대하여 가지고 있고, 지속적으로 유지되면서, 체계적으로 형성되어 가는 인식을 가지고 있는 존재라고 보는 것이다. 이는 인간의 성격을 이루는 중심 구조라고 한다. 자기는 타인과의 상호작용을 통하여 성장한다. 모든 인간은 개인으로서의 삶을 살아가면서 경험을 쌓게 된다. 이러한 경험을 통하여 자기가 형성되며 자기는 조합체의 개념으로 해석한다. 이 조합체를 감정의 근원으로 보기도 한다. 인간의 고유성과 경험과정에서의 반응을 중요하게 본다. 즉, 인간은 생명이 고유한 유기체로서 존재하는데 유기체로서 살아가면서 반응이 쌓여 자기가 형성되는 것이라 할 수 있다. 건강한 자신으로 성장하려면 유기체로서 반응하는 과정에서의 경험이 중요하다. 이 과정에서 타인으로부터 받는 존중과 반응은 유기체 성장에 중요하다고 보는 것이다. 건강한 자기를 형성하게 되면, 고유한 생명체로서의 유기체인 개인은 자신의 경험에 개방적인 태도를 보이고 자신에게 일어나는 현재 진행되는 경험을 수용하는 감정이 성장하게 된다.

③ 자기실현 경향성

인간중심치료에서는 인간은 본래적으로 성장과 자기실현을 위한 과정을 거쳐 가면서 살아가는 존재로 본다. 이 과정에서 노력하고 어려움을 극복하는 존재로 보는 것이다. 여기에서는 모든 존재하는 생명체로서의 유기체는 성장을 위해 어려움을 극복하고, 그 과정에서 발전하고 진화해 나간다고 보는 관점이 실려 있다. 장애물이나 어려운 상황을 만나게 되면 퇴행하려는 욕구를 경험하기도 하지만 인간은 성장지향적 동력을 실현할 수 있는 존재라는 신념을 보인다.

④ 충분히 기능하는 사람

인간중심치료에서는 클라이언트를 가능성의 존재로 본다. 모든 사람은 충분히 기능할 수 있는 잠재력이 있으므로, 치료과정을 통해 성장해 가야 한다는 입장을 가지고 있다. 충분히 기능하는 사람은 최적의 심리적 적응을 보이는 존재라는 의미로 해설될 수 있다. 충분히 기능하는 사람은 삶의 과정에서 경험에 대하여 개방적인 태도를 보이고, 생명을 지닌 유기체로서의 스스로의 존재에 대하여 신뢰를 가지고 변화를 향해 나아간다. 이러한 과정에서 인간은 충분히 기능하는 존재로서 순간순간의 삶을 이루어 나간다고 보는 것이다. 이것이 충실한 삶을 살아가는 것이라 해석한다.

(2) 실천방법과 적용

인간중심치료에서는 정신건강문제를 내재되어 있는 결핍이나 취약점으로 보지 않는다. 모든 인간은 자신의 성장과 발전을 실현할 수 있는 가능성이 있는 존재이다. 정신건강문제를 가진 클라이언트의 경우, 이 가능성을 가지고 태어나지만 고유한 생명체로서의 유기체로 살아내지 못하여 자신이 살아가면서 하는 경험을 존중하지 못하게 된다. 이러한 경우 자신의 가치가 아닌 타인의 가치를 그대로 수용하게 되고, 정신건강의 어려움이 발생한다. 자신을 존중하지 않고 타인으로부터의 자극이나 존중을 우선하게 되면, 자신의 고유한 경험을 수용하지 못하게 된다고 보는 것이다. 여기에 타인의 반응을 자신의 반응을 받아들이면서 자기(self)를 형성하는데, 자신의 고유한 가치와 불일치가 발생한다고 보는 것이다. 이 결과로 정신적인 고통과 갈등이 생기는 것이다.

인간중심치료에서는 고유한 생명체로서의 인간을 신뢰하기 때문에, 누구나 자신의 문제를 스스로 해결할 수 있는 능력이 있다. 그러나 문제를 해결하기 위해서는 어려움을 경험하고 있는 유기체가 성장할 수 있도록 수용과 지지를 제공하는 심리적 환경이 제공되어야 한다. 이러한 환경이 제공되면 긍정적 자기(self)가 성장하고 자신의 문제에 대해 파악할 수 있으며 궁극적으로 해결이 가능하다. 인간중심치료는 이러한 역할을 통해 생명체로서의 유기체인 클라이언트가 성장과정을 이끌어나가도록 원조해야 한다고 본다. 치료과정에서 신뢰관계 형성을 위한 '진솔성', 클라이언트를 있는 그대로 수용하는 '무조적적인 긍정적 존중', 클라이언트의 입장에 대한 이해와 공감을 통해 스스로에 대한 수용과 타인의 입장에 대한 공감 능력을 향상시키는 '공감적 이해의 기법' 등이 주요 치료 기법으로 적용된다.

3) 인지행동치료

인지행동치료는 인간의 인지과정에서 정서와 행동이라는 결과를 낳는다고 본다. 정신건강문제의 경우, 주어진 상황에 대하여 비합리적으로 받아들여서 정서적 문제와 행동 문제로 표출되는 양상이라고 해석한다. 인지행동치료는 외부에서 부여되는 자극에 대한 인지과정을 변화시키고자 하는 인지적 재구성을 세우고자 하는 측면에 초점을 둔 치료적 접근이다. 인지행동치료는 우울증, 불안장애, 공포증 등 다양한 치료에 유용한 접근으로 보고되고 있다. 최근에는 마음챙김과 같은 새로운 기법을 도입하는 등의 시도가 활발하게 이루어지고 있다.

(1) 기본 전제와 개념

인지행동치료에서는 인간의 인지과정은 상황이나 사실을 그대로 받아들이기보다는 주관적으로 해석하여 수용하는 주관적 해석과정이라고 본다. 정신건강문제와 증상에 대한 해석은 인지과정에서 발생하는 상황에 대한 왜곡이나 현실 부정에서부터 발생한다. 이같은 현실에 대한 왜곡과 같은 부정적인 인지과정은 인지행동치료를 통하여 자각할 수 있으며, 왜곡된 인지과정을 수정함으로써 증상이 치료될 수 있다고 본다.

① 자동적 사고

인지행동치료에서는 정신건강문제는 스트레스와 같은 심리적으로 어려운 상황에 처하게 될 때 자동적으로 떠오르는 부정적 사고에서 기인한다고 본다. 이는 선택이나 노력의 문제가 아니며, 다양한 환경적 자극이 부정적 사고가 지속되고 심화되는 데 영향을 미친다. 그러나 이러한 환경적 자극에 대하여 어떻게 인지하고 해석하는가에 따라 정서와 행동이 뒤따르는 것이어서 자동적 사고는 부적응적인 정서와 행동을 이해하는 데 중요한 핵심이다.

② 역기능적 인지 도식

도식은 인간이 자신의 삶에서 자신을 이해하고 세상을 인지하는 사고의 틀이다. 인지 도식은 생애 전반에 걸쳐 발달하는데, 초기 아동기 경험의 영향이 크다고 본다. 역기능적 인지 도식의 경우 외부의 자극이 위협으로 느껴질 때 활성화될 수 있는데, 위협에 대한 정보는 수용하고 이에 배치되는 정보는 무시하는 선택적인 왜곡으로 나타나기도 한다.

③ 인지적 오류

인지행동치료에서는 다양한 왜곡된 사고과정으로 인지적 오류가 발생한다고 본다. 인지적 오류가 자주 발생하게 되면 정신건강문제와 증상이 발생한다. 인지적 오류에는 이분법적 사고, 선택적 추론, 독심술, 과잉일반화, 침소봉대와 최소화, 개인화, 낙인찍기 및 잘못된 낙인, 파국화 등이 있다.

(2) 실천방법과 적용

인지행동치료에서는 왜곡된 인지처리 과정이 부정적인 정서와 부적응적인 행동을 낳는다고 보고, 인지과정을 재구성하여 사고과정을 새로이 하도록 개입한다.

치료자는 클라이언트의 외부 자극에 대한 수용과정에서 잘못된 정보 처리를 수정하여 부적응 문제로 이어지는 행동과 정서를 유지하지 못하도록 돕는 역할을 맡게 된다. 치료의 궁극적인 목표는 왜곡된 인지과정을 제거하고 새로운 인지과정을 재구성하는 것이다.

구체적으로는 클라이언트의 자동적 사고를 변화시키고 인지 도식을 재구조화하여 새로운 인지과정을 거치는 사고를 할 수 있도록 하는 것이다.

4) 동기강화상담

(1) 기본 전제와 개념

동기강화상담에서는 변화를 지향하는 대화를 중요시한다. 클라이언트가 변화되기 위해서는 동기를 격려하고 촉진시켜야 한다고 본다. 이를 위해서 정신건강전문가는 공감과 경청을 적극적으로 활용하고, 클라이언트의 양가감정을 파악하며, 이를 변화로 이끄는 것이 상담의 목표가 된다. 동기강화상담의 과정에서 적용되는 주요 개념은 다음과 같다(이채원 외 역, 2014: 52-54).

① 공감

동기강화상담에서는 클라이언트가 수용되고 있다고 느끼는 것을 중요하게 본다. 클라이언트의 변화가 필요한 행동에 대하여 사회복지사가 이해하고 있다는 점을 느낌으로써 클라이언트는 자신의 생각과 우려가 수용된다고 느낀다.

② 불일치감

클라이언트는 자신이 가지고 있는 가치와 행동 간의 불일치감을 살펴보기 시작할 때 양가감정을 경험할 수 있다. 사회복지사는 비판이나 부정적인 피드백을 주기보다는 전략적 반영을 통하여 클라이언트가 불일치를 인식할 수 있도록 돕는다.

③ 저항

클라이언트가 행동을 변화하지 않으려 하거나 방어를 보이면, 치료자는 클라이언트의 저항과 문제로 보기보다는 클라이언트의 저항을 있는 그대로 인정하고 함께 구르는 방식으로 접근해야 한다. 클라이언트의 현재 상태를 이해하기 위해 클라이언트의 생각을 반영해야 한다.

④ 자기 효능감

변화에 대한 결정은 클라이언트 자신이 하는 것이고 결과를 성취하는 것도 자신이 하는 것이라는 점을 강조한다. 클라이언트의 과거 성공적인 경험을 바탕으로 희망과 자신감을 제공해야 한다.

(2) 실천방법과 적용

동기강화상담에서는 변화에 주목한다. 변화하고 싶기도 하고 그 상황에서 머무르고 싶기도 한 경우, 갈등을 경험하면서 양가감정을 느끼게 된다. 양가감정에 대한 해결은 변화와 현상유지에서 오는 대가를 저울질하면서 변화 동기가 유발될 때 가능하다. 클라이언트가 변화하기 위해서는 무엇보다 공감이 중요하다. 변화 과정에서 양가감정과 저항이 발생하는데, 직면보다는 공감을 충분히 하면서 클라이언트가 수용 받고 존중받는 경험을 할 때 변화가 실행되고 진행될 수 있다. 클라이언트가 현재 상황과 변화하고 싶은 상황에 대하여 스스로 불일치를 깨닫도록 한다. 클라이언트는 변화대화를 통해 일치를 원하는 마음이 일어나고, 자신이 지향하는 가치에 맞는 삶을 살고 싶은 동기가 일어난다. 여기에서 변화대화가 중요하다. 클라이언트가 변화에 대하여 이야기하는 것을 변화대화라고 하는데, 변화가 왜 필요한지, 변화가 가능한지, 변화를 바라는지, 변화할 수 있다고 인식하는지와 관련된 내용들이다. 클라이언트가 변화에 대한 대화를 많이 하게 되면 현실과 변화 사이의 불일치에 대하여 파악할 수 있게 된다. 변화대화는 자기충족 예언의 역할을 하는데, 즉 클라이언트가 변화대화를 해나가면서 스스로 믿음을 가지게 된다는 것이다. 반면, 유지대화는 현재 상태에 머무르고자 하는 내용과 관련된 것으로 양가감정을 표현한다고 할 수 있다. 치료자는 이러한 양가감정을 저항으로 보지 않고 정상적인 반응으로 보고 치료자와 클라이언트 사이에 변화대화를 이끌어 나갈 수 있도록 반응해야 한다.

3. 재활과 회복에 유용한 이론: 회복 관점

1) 기본 전제와 개념

회복(recovery) 관점은 기존의 전통적인 시설 보호 위주의 정신장애에 대한 대응에서 탈시설화 운동을 배경으로 한다. 탈시설화 운동은 서구에서 먼저 시작되었는데, 정신장애인이 병원이나 시설이 아닌 지역사회에 거주하면서 자신이 원하는 삶을 살아가는 것에 가치를 두는 것이다. 이는 단순히 거주를 시설에서 지역사회로 이전하는 것으로 이루어지는 것이 아니라는 점이 강조되고 있다. 탈시설화 운동은 사회통합 운동과 재활보다는 회복 중심으로 사회와의 연대성이 강조되는 운동으로 이어지게 된다. 여기에서 정신장애인 당사자의 인권에 대한 가치에 주목하고, 이를 옹호하는 노력이 이어지게 된다. 이러한 노력을 바탕으로 삶과 삶의 질에 변화를 가져오는 흐름이 이어져 왔다. 정신장애인의 인권에 대한 권리보장과 사회와의 연대와 참여, 사회구성원으로서 지역사회의 일원으로 살아가는 실질적인 사회통합과 같은 논제들이 떠오르게 된다. 이러한 노력이 쌓이면서 정신질환이나 정신장애를 바라보는 관점에도 변화를 가져오게 된다. 이 중 회복 관점은 기존의 증상 중심으로 치료와 서비스가 개발되고 수행되어 왔던 방식을 더 이상 따르지 않고 변화되어야 한다는 인식을 가져왔다. 회복 관점에서는 더 이상 증상 완화를 치료와 서비스의 주요 목표로 두지 않는다. 정신장애인의 삶의 질에 주목하고, 현재 살아나가는 삶의 모습의 가치를 강조한다. 이러한 과정을 통해서 재발을 예방하기 위해 여전히 힘쓰는 동시에 인권 문제는 놓치지 않고자 한다. 여기에서 주목하는 것은 정신장애인들의 삶이 안전해야 함과 동시에 의미 있는 삶을 살아나가는 것이어야 한다는 가치이다. 이를 위해 당사자와 가족의 참여와 역할이 적극적으로 요구되며, 이들의 참여가 활성화되어 가는 과정을 경험하게 된다. 정신장애인의 인권을 보장하고, 삶의 질을 높이며, 재발을 예방하기 위해 다양한 사회적 자원이 충족되어야 한다. 대표적으로 주거, 직업재활 서비스, 교육 그리고 경제적 지원 등 지역사회 기반 서비스와 프로그램이 보고되고 있다. 그러나 현실은 여전히 충족되지 못한 욕구가 존재하고, 불충분한 자원, 사회적 인식과 제도적 장치의 미비, 안정적인 재원 부족 등의 문제가 존재하지만, 회복 관점의 가치에 기반한 노력은 현재도 진행형으로 이어지고 있다(국가인권위원회, 2018).

2) 실천방법과 적용

회복 관점에서는 정신장애인의 지역사회에서의 삶을 강조하고 사회통합을 추구한다. 지역사회 통합이 이루어지기 위해서는 다음의 요소들이 중요하다(국가인권위원회, 2018).

- 퇴원 계획
- 추후 서비스와 모니터링
- 집중적인 사례관리
- 위기상황 시의 즉각적인 재입원 전략
- 가족과 동료들의 적극적인 참여
- 지역사회 내 고용 지원 활동

- 주거시설의 확충
- 자조그룹
- 지역사회와의 연계를 촉진하는 체계적이고 지지적인 퇴원 시스템

회복 관점에서는 지역사회 기반 접근을 강조하고 있다. 지역사회에서 정신건강문제 예방을 위해 대상 특성별로 차별화되는 전략을 적용하는 것이 중요하다고 지적되고 있다. 개입의 대상 특성별로 지역사회 기반 예방 노력 프로그램의 단계는 다음과 같다(이우경, 2016).

- 1차 예방: 지역사회 내 주민을 대상으로 예방 노력을 제공한다.
- 2차 예방: 정신건강문제에서 고위험군을 대상으로 집중적인 예방 노력을 제공한다. 실업의 위기에 놓여 있거나, 폭력 문제, 가정폭력이나 알코올 문제, 십대 임신모 등이 여기에 해당된다.
- 3차 예방: 임상적 증상을 보이고 치료가 필요한 대상자에게 입원 치료와 외래 치료를 제공하여 재활과 회복을 증진시킨다.

회복 관점에서의 지역사회 기반 예방 프로그램은 정신장애인의 치료와 재활에 초점을 두던 전통적인 관점에서 벗어나 정신건강 서비스의 예방적 측면과 인구집단의 특성을 반영하여 접근하고자 하는 노력이다. 대상 집단별로 차별화 전략을 제시하고 있으나, 정신건강문제에서는 누구나 그 대상이 될 수 있고, 도움을 제공할 때 예방될 수 있다는 모두에게 적용되는 가치를 중요시하는 유니버셜 디자인 관점에 입각하고 있다고 할 수 있다. 더불어 주목해야 할 점은 정신장애는 만성화된 장애로 발현되는 것으로 치료가 어려운 특성을 가지고 있는 만큼 이를 사전에 예방하는 것이 중요하다는 가치를 반영하고 있다는 것이다. 구체적으로, 학교폭력 예방을 위한 교육 및 예방 프로그램, 알코올 의존자 가족을 위한 지원, 빈곤의 위기에 놓인 아동과 가

족을 위한 지원 프로그램 등이 예방 차원에서의 프로그램이자 고위험군으로 이전하는 것을 사전에 방지하고자 하는 노력이라 하겠다.

이 외에도 위험 요인 중심으로 예방 노력을 해 왔던 시각에서 벗어나 긍정적인 요인에 주목하는 긍정심리학의 접근도 주목해야 할 관점이다. 행복감과 같은 심리적 특성에 대해 관심을 가지고 이를 증진시킬 수 있는 다양한 사회적 활동을 증진시키는 것이 정신건강문제를 사전에 예방하는 데 유효하다고 보는 시각이다. 구체적인 프로그램의 예로 스트레스 관리, 대인관계 기술향상, 사회성 향상 프로그램 등등의 참여를 적극적으로 권장하는 추세이다(이우경, 2016). 최근의 긍정심리학에서는 강점에 대한 관심을 지속하면서, 기존에 가지고 있던 믿음을 다시 바라보는 마음챙김을 강조하고 있다. 마음챙김은 자신과 세상을 세밀하게 바라보고 관찰하며 알아차리는 힘을 가지게 한다. 이러한 행위는 기존의 습관 혹은 믿음대로 취하던 선택이 아니라 다른 선택을 가능하게 한다. 이러한 선택은 편견이나 습관적 믿음이 아니라 자신에게 선택할 수 있는 통제력을 가져다줄 수 있다. 정신건강에 대한 자신의 선택을 행사할 수 있고, 이는 행복이라는 여정으로 향하는 과정이라고 본다. 이러한 주장은 위험 요인 중심의 정신건강문제 치료 전략에서 긍정적인 요인의 강화로 전환시키는 것에 대한 관심을 높여 주고 있다(김선주, 김정호 공역, 2017; 양명숙 외, 2019).문제나 증상을 감소시키는 전략보다는 희망이나 동기부여가 중요하다고 보는 것이다. 희망과 같은 긍정적인 정서와 신념체계는 고통을 경감하고 극복하는 데 새로운 선택을 가능하게 한다는 것이다(이영돈, 2006: 111).

4. 정신건강증진에 유용한 이론

전통적인 질병이나 질환치료 중심으로 건강을 바라보는 관점은 건강증진이라는 관점으로 변화를 보이고 있다. 세계보건기구(WHO)도 이러한 변화를 보여 주고 있다. 세계보건기구(1998)는 건강증진에 대한 개념을 "모든 사람들이 건강을 향상시키고, 건강을 관리할 수 있는 능력을 높일 수 있도록 하는 과정"이라고 제시하고 있다.

건강증진에서의 초점은 질병이나 질환의 고통에 놓여 있는 경우에만 국한하는 것이 아니라 모든 사람을 대상으로 하는 것을 강조하고 있다. 그리고 전문가의 역할을 강조하기보다는 건강의 주체인 당사자의 역할과 능력을 강화하고 지지하는 것을 강조하는 개념임을 알 수 있다.

세계보건기구(2005)는 건강증진의 개념 정의에 이어 정신건강증진에 대한 개념 정의도 제시하고 있다. 정신건강은 건강에서 필수적으로 수반되어야 하는 개념으로 선언하면서, 정신건강은 건강과 분리되는 개념이 아님을 강조하고 있는 것이다. 건강한 상태를 정신건강과 함께 아울러서 이해하고 있는 것이다. 정신건강증진을 위한 노력이 삶의 질을 높인다고 강조한다. 실제 생활에 긍정적인 영향을 미치게 되므로, 궁극적으로 정신건강증진을 좋은 삶을 성취하는 데 중요한 역할을 한다고 강조하고 있는 것이다. 정신건강증진을 위한 노력은 사람들이 생활, 일자리, 학업, 그리고 성장하는 삶의 터전에서 제공되어야 한다. 이러한 맥락에서 정신건강증진을 위한 노력은 학교나 직장에서 정신건강증진 프로그램으로 보급되어야 한다. 여기에서 나아가 정신건강에 영향을 미치는 다양한 사회적 요인에 영향을 줄 수 있는 노력이 포함되어야 한다. 사회적 지지, 지역사회 참여, 여성의 지위 향상, 차별을 금지하는 프로그램들이 여기에 해당된다. 이러한 노력이 성공적으로 이루어지기 위해서는 정신건강증진 운동과 정신건강서비스는 긴밀하게 연동되어 이루어져야 한다고 보고 있다. 또한 건강 관련 영역이나 건강 이외의 영역이 함께 노력해야 함을 강조한다. 건강 이외의 영역으로는 교육, 사회복지, 법체계, 환경 문제 등의 영역 등을 대표적으로 제시하고 있다.

정신건강증진을 성취하기 위해 옹호 활동의 중요성도 강조되고 있다. 정신건강증진에 기여할 수 있는 협력자들과 자원을 동원하기 위해 옹호와 캠페인 운동을 이끌어야 한다. 또한 일반 대중과 주요 의사결정자들을 움직일 수 있는 인식 개선이 이루어져 한다는 점도 강조한다. 이를 위한 노력으로는 '정신건강의 날'을 제정한다든지, 자살예방이나 치매와 같은 사회적으로 관심이 높은 정신건강문제에 대해 우선적으로 관심을 끌어가는 운동을 진행하는 것을 들 수 있다.

1) 기본 전제와 개념

정신건강증진의 전제는 정신건강은 다양한 요인이 상호작용하는 가운데 형성된다고 보는 것이다. 전통적으로 건강을 신체 건강 측면에서 강조해왔던 시각에서 확장하여 건강은 정신건강을 함께 포함해야 한다는 시각으로 전환되었다. 정신건강에 영향을 미치는 요인에 대한 이해도 다층적으로 이루어져야 하며, 주요 전략으로 공공보건 체계와 함께 협력적으로 융합되는 것을 강조하고 있다. 지역사회의 다양한 자원의 활용 및 발전이 정신건강증진의 목표이자 성과여야 한다는 점도 주목하고 있다. 정신건강증진은 삶의 질이라는 인간이 추구하는 행복, 좀 더 좋은 사회, 지속 가능한 사회, 지역사회가 살아나는 방향성을 가져야 한다는 점 등 정신건강증진은 정책과 실천을 아우르고, 미시체계와 거시체계가 함께 변화하는 진행형을 강조하고 있다 (WHO, 2005).

2) 실천방법과 적용

정신건강증진을 위한 노력은 무엇보다 정신건강에 유익한 행동을 익히는 것에 초점을 두어야 한다. 이와 관련하여 행동과 연관된 신념체계와 태도를 변화시키는 것이 중요하다

정신건강증진 프로그램에서 갖추어야 할 요소로 다음과 같은 것을 들 수 있다(Sarafino, 2008).

첫째, 정신건강증진을 위해서는 필요한 정보를 습득해야 한다.

둘째, 도움이 필요한 경우 전문가를 어떻게 찾을 수 있는지에 대한 정보 제공도 중요한 측면이다. 다양한 자원을 활용하는 것이 필요하다. 미디어 매체, 인터넷에서 활용할 수 있는 정보, 정신건강 전문가 혹은 협력 가능한 전문가를 들 수 있다. 협력 가능한 전문가의 예로는 사회복지기관 종사자나 학교 및 다양한 휴먼 서비스 종사자 등을 들 수 있다,

셋째, 동기를 향상시키기 위한 개입을 제공한다. 구체적인 전략으로 동기강화상담과 행동수정 기법을 들 수 있다. 변화가 필요한 경우에도 실제로는 도움을 청하지 않는 경우가 있어, 무엇보다 동기를 향상시키는 것이 중요하다. 행동수정전략 기법의 활용도 권장된다. 정신건강에 도움이 되는 행위를 수행하면 원하는 보상을 제공함으로써 행동의 변화를 가져오고, 정신건강에 도움이 되는 행동을 지속할 수 있는 결과를 성취할 수 있게 된다.

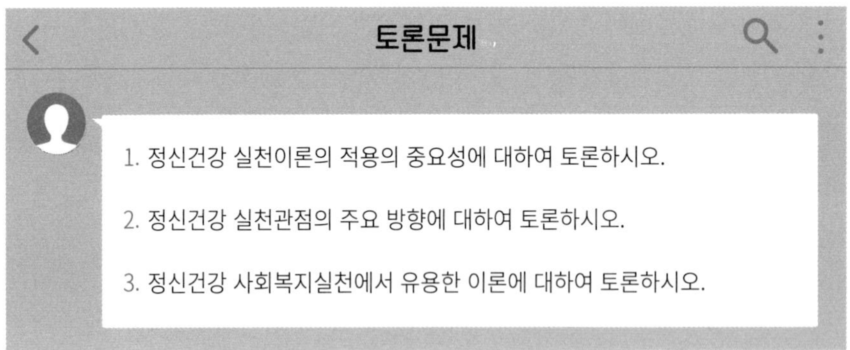

참고문헌

국가인권위원회(2018). 정신장애인의 지역사회 거주-치료 실태조사.

권중돈, 김동배(2005). **인간행동과 사회환경**. 학지사.

김선주, 김정호 공역(2017). **긍정심리학: 인간강점의 실현**(2판). M. Bolt & D. S. Dunn 공저. 시그마프레스.

김선희, 강혜원, 나기석, 손덕순, 임경선, 정준구(2012). **인간행동과 사회환경**. 신정.

대한정신의학회 편(2007). **신경정신의학**(2판). 중앙문화사.

송인한 외 공역(2015). **보건사회복지**. S. Gehlert & T. Browne 편저. 박영사.

신성만, 이자명, 권성중, 권정옥, 김선민, 김주은, 라영한, 박상규, 서경현, 송원영, 이영순, 이은경, 장문선, 정여주, 조현섭, 최승애, 최정헌(2018). **중독상담학 개론**. 학지사.

양명숙, 전지경, 김춘희, 최연화, 한영숙, 김윤희, 김현지, 이현우(2019). **삶의 의미를 찾아가는 현대인의 정신건강**. 학지사.

엄명용, 김성천, 윤혜미(2020). **사회복지실천의 이해**(7판). 학지사.

오수성, 김정호, 김해숙, 김희경, 신기숙, 이숙자, 정정화, 채숙희, 한은경. 홍창희(2013). **정신병리학**. 학지사.

이영돈(2006). **마음**. 위즈덤하우스.

이우경(2016). **DSM-5에 의한 최신 이상심리학**. 학지사.

이채원, 김윤화, 임성철 공역(2014). **동기면담과 사회복지실천**. M. Hohman 저. 학지사.

이희영, 성형림, 김은경, 박서원(2017). **인간심리의 이해**. 시그마프레스.

최송식, 최말옥, 김경미, 이미경, 박은주, 최윤정(2019). **정신건강론**(2판). 학지사.

한국정신보건사회복지사협회(2012). **정신보건사회복지의 이론과 실제(정신보건전문요원 수련교재)**. 양서원.

Saleeby, D. (2001). *Human behavior and social environment: A biopsychosocial approach*. New York: Columbia University Press.

Sarafino, E. P. (2008). *Health psychology: Biopsychosocial Interactions* (6th ed.). Danvers, MA: John Wiley & Sons.

World Health Organization. (2005). *Promoting mental health: Concept, emerging evidence, practice*.

제3장

주요 정신건강문제에 대한 이해

어린아이부터 청소년, 중장년, 노년기 어르신에 이르기까지 각자 처한 사회적 환경에서 적응적으로 생활해 나가기 위해서는 적정한 판단능력과 대처능력이 필요하다. 때로는 원치 않는 상황에 놓이기도 하고 예기치 않은 상황을 겪기도 하므로 과도한 스트레스나 생활에 지장을 초래할 정도의 불안과 긴장을 경험하지 않으면서 잘 대처할 수 있어야 한다. 또 크고 작은 집단이나 조직에서 다양한 사람들을 대하게 될 때도 원만하고 원활한 인간관계를 통해 계획하였던 업무를 잘 처리할 수 있어야 하는데, 이를 위해서는 적정한 판단과 수행능력이 필요하다. 즉, 정신적으로 건강해야 하는데, 세계보건기구(WHO)는 정신건강을 "한 인간이 사회생활을 독립적으로 영위해 나가기 위해 생각하고 판단하는 능력에 병적 증세나 정신병리가 없고, 환경에 대한 적응력이 있으며, 성숙한 인격을 갖추고 있는 상태"라고 정의하였다(유수현 외 2018). 바꾸어 말하면, 정신건강이 좋지 않다는 것은 사물이나 사건 혹은 일상에 대해 판단하고 일상을 영위하며, 계획이나 목표를 달성하기 위해 수행하는 능력이 저하되는 것을 말한다. 그리고 좋지 않은 정신건강으로 인해 일시적으로 혹은 장기적으로 심리 · 사회적, 경제적 어려움을 경험할 수 있음을 의미한다. 그러므로 정신건강의 문제가 발생하지 않도록 예방하고 건강한 삶을 영위하도록 노력해야 한다. 그것은 누구나 예기치 않게 정신건강의 어려움을 겪을 수 있기 때문이다.

정신건강과 관련하여 병원을 찾는 인구도 증가하고 있다. 정신신경계 질환으로 병의원에서 입원치료를 받은 사람은 2014년을 기준으로 약 20만 명에 이르며, 입원비만 하더라도 약 1조 7,717억 원, 그리고 건강보험 급여는 1조 3,384억 원에 이르는데, 이 수치는 종양, 순환기계 질환, 외상으로 인한 질환, 근골격계질환 다음에 이를 정도로 큰 규모이다(조근호 외, 2017).

전문적 도움을 필요로 하는 인구집단도 매우 다양해지고 또 확대되고 있으며, 필요로 하는 도움의 정도와 수준도 다르다. 정신건강을 구분할 때에는 정신건강에서의 장애를 기준으로 할 수도 있고, 정신건강의 문제를 경험하는 시기인 생애주기를 기준으로 할 수도 있다. 이중 전자는 지적장애나 의사소통장애, 학습장애 혹은 조현병, 기분장애, 알코올 의존 등과 같은 정신장애를 국제질병분류기준에 따라 범주화하여 정의하는 것을 의미한다. 그리고 후자는 생물학적, 사회적, 기타 요인으로 인해 전학령기, 아동기, 청소년기, 성인기, 노년기 등의 생애주기에 겪게 되는 어려움을 범주화하는 것을 의미한다. 하지만 많은 비중이 조현병, 기분장애, 알코올 의존, 치매 정도로 집중되는 것으로 나타나고 있다. 여기서는 먼저 우리나라에서 정신장애를 정의할 때 사용하는 국제질병분류기준을 설명하고, 그다음 사회복지실천 현장에서 주로 다루게 되는 주요한 정신건강의 이슈를 소개하고자 한다.

1. 정신장애의 구분

정신장애는 국제적으로 통용되는 몇 가지 기준에 따라 범주화되고 명명된다. 여기서 국제적으로 통용된다는 것은 전문가들 간 의사소통이 되고 공유되는 전문지식과 기술을 의미한다. 즉, 정신질환과 정신장애의 원인에 대한 이해와 정신장애의 차별적 특성과 유사점, 특정 치료방법에 대해 전문가들이 상호 소통할 수 있는 기준을 뜻한다.

현재 국제적으로 통용되고 또 보편적으로 사용되고 있는 것은 세계보건기구의 ICD-10(International Statistical Classification of Diseases and Related Health Problems-10)과 미국정신의학회의 DSM-5(Diagnostic and Statistical Manual of Mental Disorders-5)이다. 이 중 먼저 ICD는 정신장애뿐 아니라 모든 질병과 사인의 분류와 질병의 명명, 의무기록의 색인을 위해 국제적으로 사용되는 통계적인 질병분류이다(이호영 외, 1989). 2018년 6월 18일에는 개정된 11판을 공포했으며, 2019년 5월 70대 세계보건총회에서 채택되어 2022년 1월 1일부터 발표된다(https://icd.who.int/browse11/l-m/en). 신규 공포에서는 게임의존 현상이 게임장애(Gaming Disorder)로 분류에 추가되었다(위키백과, 2021. 5. 30. 인출).

ICD의 역사를 간단히 살펴보면, 정신장애가 독립된 항목으로 분류되지 않았다가 ICD-6에서 분류되었으며, ICD-8에서부터 국제적 수용이 전보다 빠르게 이루어졌다. ICD-8에서는 용어집을 제정하여 개념들을 밝히고, 용어(terminology)의 차이에서 발생하는 정보 교류나 비교의 문제점을 개선하며, 일관성 있는 진단용어(diagnostic term)를 사용하여 신뢰도록 높이도록 하였다(Krament et al., 1979: 이호영 외, 1989 재인용). 이후 ICD-9에서 다축진단의 필요성이 대두되었으며, 4-digit 이상의 정신장애 분류와 명칭의 표준화, 진단기준 설정, 연구지향적 정신장애 분류의 필요성이 시사되어, 1983년부터 ICD-10의 개정작업이 이루어졌고, ICD-10 1986 초고(ICD-10, 1986 Draft of Chapter V, Mental, Behavioral and Developmental Disorders, Clinical Descriptions and Diagnostic Guidelines)가 완성되어 현장에서 적용되었다(이호영 외, 1989). 이후 1990년 5월 현재 쓰이고 있는 ICD-10 분류를 세계보건총회(World Health Assembly: WHA) 43개 국가에서 승인하였고, 1994년에는 세계보건 기구 회원국에서 사용하기 시작하였다(한현진, 2013). 2018년 6월 18일에는 세계보건기구가 ICD-11을 발표하였고, 2019년 5월 25일에 세계보건총회에서 공식 통과되었다. ICD-10과의 차이점은 ICD-11에 게임 중독이 포함되고, 혈액 또는 조혈기관의 질환, 면역체계의 질환, 수면-각성장애, 성건강 관련된 병태가 장으로 추가되었으며, 전통의학도 별도의 장으로 편성된 점이다(김성일, 2020). ICD-11의 구분을 요약하면 〈표 3-1〉과 같다(한현진, 2013).

표 3-1 국제질병분류 사망률 및 사망률 통계에 대한 ICD-11

01 특정 전염성 또는 기생 질환
02 네오플라스솜
03 혈액 또는 혈액 형성 기관의 질병
04 면역 계통의 질병
05 내분비, 영양 또는 대사 질환
06 정신, 행동 또는 신경 발달 장애
07 수면-각성장애
08 신경계 질환
09 시각 시스템의 질병
10 귀 또는 유방 처리과정의 질병
11 순환 계통의 질병
12 호흡기 질환
13 소화 시스템의 질병
14 피부질환
15 근골격계 또는 결합 조직의 질병
16 비뇨 생식기 시스템의 질병
17 성적 건강과 관련된 상태
18 임신, 출산 또는 푸에르페리움
19 주산기에서 유래되는 특정 상태
20 발달 이상 징후
21 달리 분류되지 않은 증상, 징후 또는 임상 결과
22 외부 원인의 부상, 중독 또는 기타 결과
23 이환율 또는 사망의 외부 원인
24 건강 상태에 영향을 미치거나 건강 서비스와의 접촉에 영향을 미치는 요인

25 특별한 목적을 위한 코드
26 보충 장 전통 의학 상태 – 모듈 I
V 기능 평가를 위한 보충 섹션
X 확장 코드

출처: https://icd.who.int/browse11/l-m/en

한편, 국제적으로 통용되는 다른 하나는 미국정신의학회(American Psychiatric Association: APA)에서 발간한 『정신장애의 진단 및 통계편람(Diagnostic and Statistical Manual of Mental Disorder: DSM)』이다. 이 DSM은 다양한 정신장애를 지닌 정신질환자의 진단과 분류체계를 효율적으로 적용하고, 연구자 간 합의된 의사소통과 치료 및 경과, 예후를 원활하게 하는 데 목적이 있다(김청송, 2014).

DSM은 임상가들이 쓰는 공통적인 언어이고, 연구자들을 위한 도구이며, 임상과 연구를 연결하는 시스템이다. 또 교육자의 정신병리에 대한 이해를 위한 참고서적으로서 보험, 제약회사, 법정에서의 의사결정 등에 활용된다(APA, 2000; 최기홍, 2013; 김청송, 2014 재인용). DSM은 1952년에 처음 출간되었으며, 이후 수정과 보완이 이루어지면서 2013년에 DSM-5가 출간되어 활용되고 있다.

미국정신의학회에서 1880년 정신적 장애를 경조증, 우울증, 편집증, 매독성 진행성 마비, 치매, 음주광, 간질의 7개 유목으로 분류한 바 있고, 1917년에 독일의 정신의학자 에밀 크레펠린(Emil Kraepelin, 1986~1926)의 분류체계를 모체로 한 표준질병분류법(Standard Classified Nomenclature od Disease)을 만들어서 1934년까지 활용하였다. 이후 제1차(1914~1918) 및 제2차 세계대전(1939~1945) 이후 분류의 필요성이 대두되었으며, 특히 제2차 세계대전 당시 정신질환에 대한 진단과 분류체계의 필요성이 더욱 고조되었다. 이런 이유로 1952년 처음 DSM-I이 만들어졌다. 그리고 1965년에 세계보건기구에서 ICD-8을 출간하면서 미국정신의학회도 연구자 간 의사소통을 용이하게 할 수 있도록 이에 기반하여 DSM-II를 발간하였다.

하지만 진단범주의 신뢰도와 타당도에 대한 의견이 많아 1980년까지 활용되었으며, 그 과정에서 1974년 진단용어와 통계 문제에 대한 특별위원회가 구성되고 약 800명에 달하는 임상가들의 현지답사를 거치는 등 심층적 연구가 진행되어 1980년 DSM-III를 출간하였다. DSM-III에서는 5개의 진단축을 제시하였고, 진단범주도 증가한 특징이 있다. 1987년에 DSM-III에 진단개수를 증가시키는 등 일부 수정을 하여 DSM-III-R이 출간되었다. 다시 미국정신의학회가 ICD-10(1992)을 출간하면서 1994년에 DSM-IV가 출간되었으며, 2000년에 진단기준을 유지한 상태에서 장애유병률과 경과, 원인론, 문화적 고려와 같은 주제들을 일부 추가하고 설명 문안을 바꾸는 등 본문 내용을 개정한 DSM-IV-TR(text revision of DSM-IV)이 발간되었다. 마지막으로 활용되고 있는 것은 2013년도에 출간된 DSM-5로, 세계 39개국 전문가 1,500명 이상의 자문을 받아 기존의 분류체계를 대폭 개정하였다(김청송, 2016: 480-485). 지금까지의 DSM 변화 이력을 요약하면 〈표 3-2〉와 같다.

현재 활용되고 있는 DSM-5는 1994년 출간된 DSM-IV 개정의 필요성에서 출발하여 약 14년간의 연구와 회의를 거쳐 2013년 5월 출간되었다.

표 3-2 DSM의 이력 요약

구분	출간연도	분류범주 수	진단범주 수효 (전체 진단개수)	축체계
DSM-I	1952	총 8개	106개	축 없음
DSM-II	1968	총 10개	182개	축 없음
DSM-III	1980	총 16개	265개	다축체계
DSM-III-R	1987	총 17개	292개	다축체계
DSM-IV	1994	총 17개	297개	다축체계
DSM-IV-TR	2000	총 17개	297개	다축체계
DSM-5	2013	총 22개	350여 개	다축 폐지

DSM-5의 특징은 ① 그간의 축 구분이 별 의미가 없다는 평가에 따라 다축체계가 폐지되었으며, ② 정신장애를 크게 22개 범주로 새롭게 분류하고 세부장애의 소속과 진단기준을 개정하였으며, ③ 차원모델을 도입하여 혼합모델(hybrid model)을 적용하였다. ④ 출간의 숫자를 아리비아 숫자로 하였으며, ⑤ DSM-5의 구성을 부록을 포함하여 총 4부로 구성하였다. ⑥ 문화적 차이에 대한 영향을 비중 있게 다룬 점도 특징이라 할 수 있다(김청송, 2016). DSM-5에는 파괴적 기분조절장애와 가벼운 인지기능장애, 폭식장애, 월경전 불쾌장애 등을 새로이 포함하였다. 또한 자폐성장애와 아스퍼거, 소아기 붕괴성 장애, 달리 분류되지 않는 광범위성 발달장애 등을 자폐스펙트럼 장애로 통합한 특징이 있다(최성진, 2013). DSM-5에 수록된 내용은 〈표 3-3〉과 같다.

현재 연구뿐 아니라 현장에서 가장 많이 활용되는 것은 ICD-11과 DSM-5이며, 우리나라는 ICD-11 체계를 기본으로 우리나라 실정에 맞게 국내 보건과 의료 환경을 반영한 '한국표준 질병·사인 분류(Korean Standard Classification of Diseases: KCD)'를 활용하고 있다. 이는 보건 관련 통계 작성을 목적으로 1952년에 제정된 이후 현재 7차까지 개정되었고, KCD-7이 2015년 7월 1일 고시되어 2016년 1월 1일부터 시행되고 있다. KCD-7은 ① WHO가 권고한 국제질병분류의 내용 반영, ② 발생빈도가 높은 질병에 대한 세분화된 분류 정비, ③ 한의분류 재정비, ④ 분류 가능한 희귀질환 반영, ⑤ 의학계 의견 반영을 통한 질병 용어 정비 등이 반영되어 활용되고 있다(김청송, 2016: 486-487).

표 3-3 DSM-5의 구성

구분	내용	주요 특징
제1부	DSM-5의 소개 및 편람 사용에 대한 기초	출간년도 : 2013년 분류범주의 수: 총 22개 진단범주의 수효: 350여 개 다축체계 폐지
제2부	각 정신장애의 진단기준, 코드	진단범주의 수
제3부	측정과 평가, 문화적 형성, 대안적인 성격모델, 추후 연구를 위한 조건 등	1. 신경발달장애 2. 조현병 스펙트럼 및 기타 정신병적 장애 3. 양극성 및 관련 장애 4. 우울장애 5. 불안장애 6. 강박 및 관련 장애 7. 외상 및 스트레스 관련 장애 8. 해리장애 9. 신체증상 및 관련장애 10. 급식 및 섭식장애 11. 배설장애 12. 수면-각성장애 13. 성 기능 장애 14. 성불편증 15. 파괴적, 충동-통제 및 품행장애 16. 물질-관련 및 중독장애 17. 신경인지장애 18. 성격장애 19. 성도착장애 20. 기타 정신장애 21. 약물치료로 유발된 운동장애 및 약물치료의 기타 부작용 22. 임상적 주의의 초점이 될 수 있는 기타 상태
제4부	DSM-IV에서 DSM-5로 변화된 제2부, 정신장애의 범주체계 변화와 특징 제시	

출처: 김청송(2016).

2. 주요 정신건강의 문제

1) 조현병

(1) 개념과 실태

조현병은 조현병 스펙트럼 및 기타 정신병적 장애의 한 유형이다. 여기에는 조현형 성격장애, 망상장애, 단기 정신병적 장애, 조현양상장애, 조현병, 조현정동장애가 포함되는데, 여기에서는 조현병에 대해 살펴보도록 한다.

조현병(schizophrenia)은 만성적이고 잦은 재발을 보이며 점진적 기능 저하를 보이는 정신증적 질환(psychotic disorder)이다. 치료약물이 개발되면서 점차 이전보다는 좋은 경과를 기대하게 되었지만, 여전히 질병관련 장해(dysfunction) 면에서는 전 세계 10위 안에 들 정도로 어려운 질환이다(지수혁 외, 2016).

조현병은 정신분열증으로 명명되었으나 사회적 인식과 편견의 우려를 고려하여 조현병으로 진단명이 변경되었다. 조현병은 뇌의 기질적인 이상이 없는 상태인데 사고와 감정, 지각, 행동 등 인격의 다양한 측면에서 이상을 보이는 것을 의미한다. 여기서 이상(abnormal)은 망상이나 환각, 그리고 부적응 행동, 부적절하거나 부적합한 정서를 보이는 것을 뜻한다.

조현병은 보통 청소년기와 초기 성인기에 많이 발병하는 것으로 알려져 있다. 하지만 조현병 환자들의 약 20%는 40세 이후인 후기 성인기에 발병한다. 후기 성인기에 발병하는 조현병을 late-onset schizophrenia(LOS)라고 하며, 60세 이후 발병한 경우는 very-late-onset schizophrenia-like psychosis(VLOSP)라고 한다. 그리고 이 두 가지를 합하여 후기발병 조현병이라 한다(고미애, 이선구, 이정석, 2019).

후기에 발병하는 조현병은 조기에 발병한 경우보다 환각이나 피해망상의 빈도가 높으며, 반면 높은 연상의 해리나 부적합한 감정 표현의 빈도는 낮은 것으로 나타난다. 또 성별로 보면, 여성의 빈도가 높은 편으로 나타난다. 후기발병 조현병은 가족력이 많지 않으며, 양성 증가성의 심각도가 높지 않은 것으로 알려져 있다. 그리고 교육적·직업적·사회적 결핍이 덜하여 평균보다 항정신성 약물을 덜 필요로 하는 것으로 나타난다. 이렇게 후기발병 조현병에서 사회적 기능이 더 나은 것은 병전 사회적 기능과 관련이 있다. 많은 후기발병 조현병 환자들이 병전 사회적 기능의 이력이 있고, 또 사춘기나 초기성인기의 조현병 환자보다 사회적 발달 과제가 중단되지 않았기 때문으로 해석된다(고미애 외, 2019).

조현병은 전 세계적으로 약 1%의 평생 유병률을 보이는 질환이다. 조현병 환자는 일반인과 비교할 때 20~25세가량 기대수명이 짧은 것으로 나타나는데, 그 원인은 조현병 환자들이 신체적 질환으로 인한 사망률이 2~3배 높은 것과 자살과 사고 같은 사고사로 인한 사망률 때문이다. 조현병 환자들의 평생 자살률은 과거 10~13% 정도로 여겨졌으나, 최근 발표된 메타 분석에 따르면 평생 자살률이 4.9% 정도로 일반인보다 자살로 사망할 위험이 12.8배 높다. 따라서 이러한 위험률을 낮추고 조기에 개입하여 만성화되지 않도록 조현병에 대한 올바른 인식과 정확한 정보 제공이 필요하다.

(2) 원인과 증상

조현병이 발병하는 이유는 명확하지 않다. 생물학적 소인과 환경적 스트레스가 상호작용하면서 발병하게 된다고 추정되지만, 근래에는 뇌의 생화학적 이상과 연관된다는 의견이 지배적이다. 즉, 뇌에서 사고와 감정, 행동을 전달하는 수많은 신경전달물질이 분비되어 세포 간에 정보를 전달하는데, 조현병은 뇌의 특정 부위에서 도파민 전달과정의 이상과 관련이 있다고 해석된다. 즉, 도파민이 활성화되면 망상과 환청, 혼란된 사고 등의 양성반응이 발생하게 된다고 추정된다. 그러나 이 외에 가족력 요인도 영향력을 갖는 것으로 나타나고 있다. 즉, 부모나 형제가 조현병이 있을 때 발병률이 5~10% 높아지는 것이다. 하지만 가족력이 없어도 조현병이 발병할 수 있기 때문에 환경적 요인 또한 매우 중요하다고 할 수 있다(다음 백과사전, 2021. 5. 10.).

이러한 조현병의 주요 증상은 양성증상과 음성증상으로 구분할 수 있다. 이 중 양성증상에는 망상과 환각, 빈번한 탈선 혹은 지리멸렬과 같은 사고장애와 와해된 언어, 긴장성 행동 등이 포함되며, 음성증상은 무의욕증, 감퇴된 감정 표현 등으로 요약된다. 이러한 증상들이 2개 이상 나타나거나 일상생활 중 상당 시간 증상을 경험할 때, 그리고 특히 망상이나 환각이 있을 때는 조현병으로 진단된다.

항정신성 약물치료가 발달하면서 환각이나 망상, 사고장애 및 이와 연관된 행동증상의 완화에 효과를 나타내고 있지만, 음성증상이나 인지기능 저하에 대한 효과는 불충분한 것으로 나타나고 있다. 반면, 이러한 음성증상과 인지기능 저하가 조현병 환자의 정신사회적 기능 상태를 예측할 수 있는 강력한 요인이라는 보고들이 증가하면서 이에 대한 치료 및 효과를 높이는 것이 중요해지고 있다(지수혁 외, 2016).

표 3-4 조현병의 특징

A. 주요 증상
다음 증상들 중 2개(혹은 그 이상)가 1개월 기간(성공적으로 치료되면 그 이하) 동안의 상당부분의 시간에 존재하고, 이들 중 최소한 하나는 (1) 내지 (2) 혹은 (3)이어야 한다.
(1) 망상
(2) 환각
(3) 와해된 언어(예: 빈번한 탈선 혹은 지리멸렬)
(4) 극도로 와해된 또는 긴장성 행동
(5) 음성 증상(예: 감퇴된 감정표현 혹은 무의욕증)

B. 사회적 · 직업적 기능장애
장애의 발병 이래 상당 부분의 시간 동안 일, 대인관계 혹은 자기관리 같은 주요 영역의 한 가지 이상에서 기능 수준이 발병 전 성취된 수준 이하로 현저하게 저하된다(혹은 아동기 또는 청소년기에 발병하는 경우, 기대수준의 대인관계적 · 학문적 · 직업적 기능을 성취하지 못함).

C. 기간
장애의 지속적 징후가 최소 6개월 동안 계속된다. 이러한 6개월의 기간은 진단기준 A에 해당하는 증상(예: 활성기 증상)이 있는 최소 1개월(성공적으로 치료하면 그 이하)을 포함해야 하고, 전구증상이나 잔류증상의 기간을 포함할 수 있다. 이러한 전구기나 잔류기 동안 장애의 징후는 단지 음성증상으로 나타나거나, 진단기준 A에 열거된 증상의 2개 이상이 약화된 형태(예: 이상한 믿음, 흔치 않은 지각경험)로 나타날 수 있다.

D. 조현정동장애와 정신병적 양상을 동반한 우울 또는 양극성 장애는 배제된다. 왜냐하면 ① 주요 우울 또는 조증 삽화가 활성기 증상과 동시에 일어나지 않기 때문이거나, ② 기분 삽화가 활성기 증상 동안 일어난다고 해도 병의 활성기 및 잔류기 전체 지속기간의 일부에만 존재하기 때문이다.

E. 장애가 물질(예, 남용약물, 치료약물)의 생리적 효과나 다른 의학적 상태로 인한 것이 아니다.

F. 자폐스펙트럼장애나 아동기 발병 의사소통장애의 병력이 있는 경우, 조현병의 추가 진단은 조현병의 다른 필요 증상에 더하여 뚜렷한 망상이나 환각이 최소 1개월(성공적으로 치료되면 그 이하) 동안 있을 때에만 내려진다.

출처: American Psychiatric Association (APA). (2013).

(3) 개입

조현병 환자들은 인지기능과 사회기능, 직업기능 등 여러 정신사회적 기능장애를 경험하고 이로 인해 삶의 질이 저하된다. 여기서 정신사회적 기능이라 함은 한 개인이 노동자, 학생, 가족 구성원, 친구 등 여러 사회적 역할을 수행할 수 있는 능력을 의미한다. 또한 각 역할을 수행하고 자신을 관리하며 여가활동을 즐기면서 만족감을 느끼는 것을 포함한다(지수혁 외, 2016).

조현병 환자들이 경험하는 이런 정신사회적 기능의 저하도 조기에 치료적 개입을 하고 지속적으로 약물관리를 하면 치료가 가능하고 일상을 회복할 수 있다. 그러나 조현병에 대한 몰이해와 무지, 그리고 늦은 치료적 개입이 발생하게 되면 회복이 늦어지고, 때로는 반복되면서 만성적인 정신장애로 이어진다. 따라서 조현병에 대한 올바른 이해를 바탕으로 부정적인 인식이나 고정관념, 편견을 해소하여 설사 조현병이 발생했다 할지라도 조기개입을 통해 일상생활과 사회생활을 회복할 수 있도록 하여야 한다(유수현 외, 2018).

조현병 환자들에 대한 치료는 크게 정신과의 외래 혹은 입원을 통해 이루어지는 약물치료와 정신치료가 있다. 이러한 치료는 급성기의 임상적 증상을 호전시키고 이후 일상생활과 사회생활을 안정적으로 영위하도록 돕기 위해 이루어진다. 치료와 관련하여 여러 가지 개인적 · 환경적 요인이 영향을 미치며, 치료 기간과 예후도 이에 따라 개인차를 보일 수 있다. 많은 연구에서 조현병 환자의 연령이 낮고, 교육 기간이 길며, 이환 기간이 짧을수록 환자의 기능 상태가 좋은 것으로 제시하고 있다. 또 임상적 증상의 심각도가 낮을수록 정신사회적 기능상태가 좋은 것으로 보고되고 있다. 즉, 증상 심각도와 가사수행능력, 업무능력, 대인관계 능력 등 기능과 밀접한 관련을 보이는데, 이것은 증상이 심각할수록 환각과 망상의 발생이 증가하고 이로 인해 현실 검증력이 저해되기 때문으로 해석할 수 있다(지수혁 외, 2016).

환자의 질환을 치료하고 증상을 개선하기 위해서는 앞의 여러 가지 부정적 요인의 영향력이 감소하도록 조기 개입이 무엇보다 중요하다. 그리고 개입 및 치료과정에서 환자 본인뿐 아니라 가족을 대상으로 하는 개입도 필요하다. 조현병은 중한 질환이기 때문에 가족이 질환을 이해하고 수용과 관용으로 환자를 대하는 태도와, 환자의 약물 관리의 중요성을 이해하도록 하는 과정이 필요할 뿐만 아니라 가족이 겪는 고통에 대해서도 관심을 가지도록 해야 한다. 따라서 가족을 대상으로 하는 교육과 함께 심리사회적 상담 서비스, 그리고 사회경제적 지원이 필요한 경우 정보 제공 및 자원 연계 등의 서비스가 이루어져야 한다. 또한 입원치료가 끝나 일상으로 되돌아오는 경우 능력 수준에 맞게 일할 기회를 제공하고, 직업훈련을 돕는 다양한 지역사회 재활 프로그램을 통해 증상 완화의 상태가 지속되거나 더 호전되도록 돕는 사회복지적 서비스 개입이 필요하다.

2) 양극성 장애

(1) 개념과 실태

양극성 장애(bipolar disorders)는 기분장애의 여러 유형 중 하나이다. 미국정신의학협회에 따르면, 기분장애(mood disorders)는 우울증과 같은 단극성 장애(unipolar disorders)와 조울증과 같은 양극성 장애로 구분된다(APA, 2000). 이 중 양극성 장애는 다른 정신장애에 비해 임상 양상이 매우 다양하고 적절한 치료를 선택하는 것도 쉽지 않다. 그만큼 조증, 우울증, 혼재성 삽화 등 삽화 종류도 많고, 조증도 경조증, 혼재성 조증, 정신병적 조증 등 그 아형이 다양하기 때문이다(신영철 외, 2006: 363).

여기서 기분은 대상이나 환경에 따라 자연스럽게 생기는 즐거움이나 불쾌감으로, 특정 기간이나 오랜 기간 주관적으로 느끼는 광범위한 감정 상태를 의미한다. 기분과 유사한 용어로 쓰이는 감정은 어떤 일이나 현상, 사물에 대해 느끼어 나타나는 심정이나 기분으로, 비교적 짧은 기간의 신체적 · 심리적 반응을 의미하며, 정동(情動)은 느낌이나 감정을 외향적으로 표현하는 것을 뜻하는 것으로 차이가 있다. 이 모든 것은 기분과 관련된 것이며, 일상생활이나 사회생활에 역기능을 초래할 정도일 때에는 장애가 된다(다음 백과사전, 2021. 5. 11. 인출)

저조한 기분에 처해 있는 상태는 우울증이라 하고, 들뜬 기분상태는 조울증이라 명명한다. 이를 포함하는 기분장애는 단극성 장애와 양극성 장애로 구분되는데, 전자에는 우울증이 포함된다. 우울증은 지각, 판단, 기억, 인지,

사고, 태도 등에서부터 대인관계에 이르기까지 광범위하게 부정적인 영향을 미치며 자살과도 연관이 있다(차훈진, 2013). 반면, 양극성 장애는 우울장애와 흥분된 상태인 조증이 반복되거나 혹은 둘 중 하나가 주기적으로 나타나는 경우를 말한다. 양극성 장애는 제1형과 제2형, 순환형장애로 구분되는데, 이중 제1형은 심한 형태의 장애로 조증 삽화가 한 번 이상 나타나며, 우울이 조증보다 빈번하게 발생하는 것이다. 제2형은 평소보다 고양된 기분 등의 경조증 삽화가 나타나 4일간 지속되면서 주요 우울 삽화가 함께 나타나는 것을 말한다. 제1형에 나타나는 조증 삽화는 1주일 이상 지속되는 조증 증상이 직업적 기능과 사회적 활동, 대인관계에 현저한 장애를 일으킬 정도 혹은 입원이 필요할 정도의 심각도를 나타내거나 정신증적 양상이 동반되는 것이며, 제2형에 나타나는 경조증 삽화는 4일 이상 지속되는 조증 증상이 명백한 기능변화를 초래할 정도지만 사회적 · 직업적 기능에 장애를 일으키는 수준은 아닌 정도이다(백지현 외, 2009). 이렇게 제1형과 제2형은 조증 증상의 심각도

표 3-5 기분장애의 유형과 증상

유형		증상
주요 우울장애		거의 매일 우울한 기분, 흥미나 즐거움 저하, 연속 2주 이상 지속
지속성 우울장애		우울 증상이 2년 이상 지속
월경전불쾌감 장애		생리 시작 전주에 정서적 불안정성, 분노감, 일상행동에 대한 흥미 감소, 무기력감, 집중 곤란 등의 불쾌 증상이 주기적으로 나타나는 경우
파괴적 기분조절부전장애		6~18세 아동청소년기, 12개월 이상, 상황에 비해 과도하게 만성적 짜증, 심한 분노폭발을 반복적으로 함
양극성 장애	제1형	심한 형태의 양극성 장애, 조증 삽화가 한 번 이상 나타남 (주요 우울 삽화 경험)
	제2형	평소와 다른 의기양양이나 고양된 기분, 4일간 지속, 경조증 삽화 +1회 이상의 주요 우울 삽화)
	순환장애	경미한 우울 증상과 경조 증상이 번갈아 나타남, 2년 이상

출처: 유수현 외(2018).

와 지속기간에서 차이가 나타나는 것으로, 제1형이 심각도 면에서는 중하지만, 제2형 역시 전체 삽화 수가 더 많고 대인관계나 사회 적응에서 불안정한 양상을 보여 공황장애나 성격장애 등의 동반 이완율이 높다는 연구결과들이 있으므로 이 또한 중하다고 볼 수 있다(Judd, Akiskal et al., 2003; Judd, Schettler et al., 2003: 백지현 외, 2009 재인용). 마지막으로 순환장애는 경조 증상과 경미한 수준의 우울 증상이 번갈아 나타나는 것을 의미한다.

건강보험심사평가원에 따르면, 기분장애로 병원을 찾는 환자는 매년 증가하고 있고, 진료비 역시 지속적으로 증가하고 있다. 국가정신건강정보포털에서 제시한 평생에 한 번 이상 정신질환에 이환되는 사람의 분율인 평생 유병률[1]을 보면, 기분장애의 경우 2001년 이후 지속적으로 증가하는 것을 알 수 있다. 다만 2016년은 64세 이하의 유병률만 제시하여 5.3%로 나타났으나 70대 이후 기분장애 비율이 높은 것을 고려하면 이보다 더 높을 것으로 예측된다(보건복지부, 2017).

표 3-6 18~64세 일반인에서 정신장애 평생 유병율 비교

구분	2001	2006	2011	2016 (64세 이하)
	유병률(SE*)(%)	유병률(SE*)(%)	유병률(SE*)(%)	유병률(SE*)(%)
모든 정신장애	29.9(0.6)	26.7(1.8)	27.4(1.3)	25.4(0.8)
알코올 사용장애	15.9(0.5)	16.2(1.2)	14.0(1.0)	13.4(0.6)
불안장애	8.8(0.4)	6.9(0.5)	7.5(0.8)	9.5(0.5)
니코틴 사용장애	10.3(0.4)	9.0(0.7)	7.3(0.7)	6.56(0.4)
기분장애	4.6(0.3)	6.2(0.6)	7.3(0.7)	5.4(0.4)
조현병 스펙트럼장애	1.1(0.1)	0.5(0.1)	0.6(0.2)	0.5(0.1)

* SE(Standard Error): 표준오차
출처: 보건복지부(2017).

1) 측정산식(단위: %)=(평생 동안 한 번 이상 정신질환을 앓은 적이 있는 대상자/만 18세 이상 조사대상자)×100

표 3-7 정신질환군별 정신건강서비스 평생 이용률

구분	2011	2016
정신질환	15.3	22.2
기분장애	37.7	52.5
정신병적 장애	25.0	39.3
불안장애	25.1	27.3
알코올 사용장애	8.6	12.1

출처: 보건복지부(2017).

정신질환군별 정신건강서비스 평생 이용률(정신건강문제 경험 시 정신건강 전문가와 상담(상의)을 해 본 적이 있다는 문항에 긍정 응답을 한 분율)에서는 기분장애의 비율이 2011년과 2016년 모두 가장 높으며, 특히 2016년에는 52.5%로 나타났다.

정신건강서비스를 이용하지 않는 이유를 살펴보면, '나는 정신질환이 없다고 생각했다.'가 81.0%로 가장 높고, 그다음은 '그 정도 문제는 스스로 해결

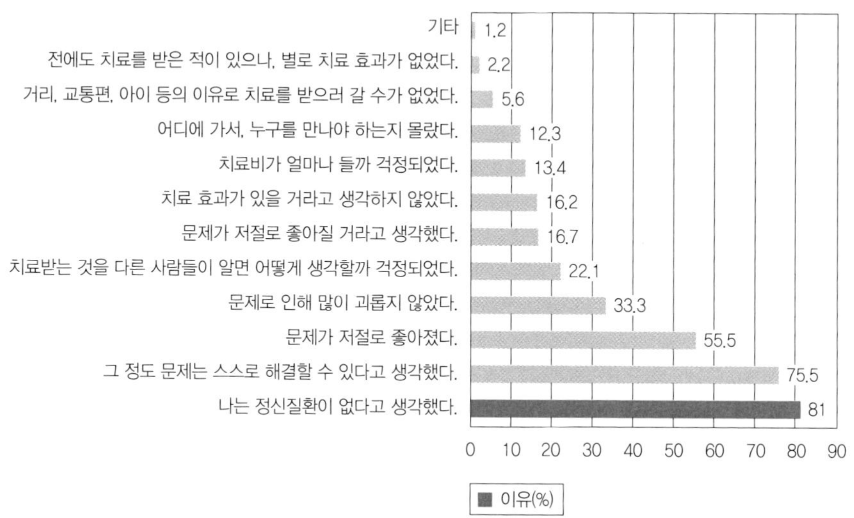

[그림 3-1] 정신건강서비스를 이용하지 않는 이유

출처: 보건복지부(2017).

할 수 있다고 생각했다.'가 75.5%, '문제가 저절로 좋아졌다.'가 55.5%로 나타나 정신건강에 대한 이해와 정보의 부족이 중요한 요인으로 작용하고 있음을 알 수 있다.

한편, 기분장애 중 우울증과 조울증의 연령별 실태를 보면, 모두 80세 이상의 증가율이 가장 높고, 그다음 70대, 50대의 순으로 나타난다. 환자 수에서는 우울증의 경우 50대가 가장 많고, 조울증은 40대가 가장 많은 것으로 나타난다(차훈진, 2013). 조맹제 등(2012)이 실시한 2011년도 정신질환실태 역학조사 결과에서도 기분장애 평생 유병률은 남성이 4.8%, 여성이 10.1%이며, 전체는 7.5%로 나타났다. 이 중 주요우울장애가 남성은 4.3%, 여성은 9.1%로 가장 큰 비율을 차지하였다. 반면, 양극성 장애의 평생/1년/1개월 유병률은 모두 0.2%로 나타났다. 성별로 보면, 여성은 이혼/별거/사별 집단에서 양극성 장애 1년 유병률(0.6%)이 높은 것으로 나타나 주요우울장애보다는 그 비율이 낮지만 성별에서는 공통적으로 여성의 유병률이 높게 나타났다.

(2) 원인과 증상

양극성 장애는 과거 우울장애와 함께 기분의 변화를 나타내는 유사한 장애로 여겨졌지만, 최근에는 원인, 결과, 예후 면에서 우울장애와 뚜렷한 차이를 지니고, 우울증과 마찬가지로 노르에피네프린(norepinephrine), 세로토닌(serotonin), 도파민(dopamine) 등의 물질이 발병에 중요한 역할을 하는 것으로 알려졌으며 특히 유전적 요인을 비롯한 신경생물학적 요인이 중요한 역할을 하는 정신장애로 분류되고 있다(차훈진, 2013).

양극성 장애는 임상 양상이 다양하고 적절한 치료의 선택도 쉽지 않은 장애로서 그 원인도 명확하게 밝혀지지 않은 상태이다. 다만, 사회적으로는 사랑하는 사람의 사망이나 심각한 질병, 가정불화, 가족관계나 이성 관계의 악화, 실업, 사업 실패, 경제적 파탄 등 심각한 스트레스를 주는 생활사건들이나 사회적 지지의 부족으로 인한 자존감 결여 등이 우울장애를 촉발하고,

또 양극성 장애와도 관련이 있는 것으로 나타나고 있다(권석만, 2013: 차훈진, 2013 재인용). 심리학적으로 아론 벡(Aaron Beck)은 우울장애 환자들의 사고 내용에는 좌절, 실패, 자기부정, 절망 등과 같은 부정적인 사고가 중심을 이룬다고 하였다. 즉, 우울증에서 인지적 취약성이 발견되는데, 이는 계속해서 떠오르는 자신에 대한 부정적 사고와 주변 환경에 대한 비관적 견해가 부정적 생활사건을 경험하면서 활성화된 이후 우울증의 발병과 지속에 중요한 역할을 하게 된다는 것이다(차훈진, 2013). 조증 증세를 보이는 경우도 우울증 증세를 보이는 사람과 마찬가지로 인지적 왜곡이 있다. 획득과 성공을 주제로 하는 자동적 사고와 뭐든 성공할 것이라는 '과잉일반화의 오류'를 보인다(권석만, 2013). 생물학적으로는 주로 감정에 관여하는 신경전달물질이 과다하거나 과소하게 되면 너무 긍정적 혹은 너무 부정적인 경향을 나타낸다고 설명한다(박현아, 2007).

우울 증상과 조증 증상은 모두 인지기능의 저하와 관련이 있다. 김민경 등(2012)과 조현상 등(2002)이 양극성 장애 환자의 인지기능을 연구한 결과, 언어성 지능과 동작성 지능 면에서 정상군에 비해 낮은 수행을 보였다. 언어성 지능 면에서는 복잡한 주의력이 요구되는 과제에서 주의력 손상이 두드러졌고 특히 양극성 장애 환자들은 유의하게 고차원적이고 논리적인 사고력에 결함이 있는 것으로 나타났다. 동작성 지능 면에서도 시-공간 처리 및 기능에 결함을 보여 전반적인 전두엽 관리 기능에서 결함을 보이는 것으로 나타났다(Goldberg & Burdick, 2008). 즉, 뇌실확대, 소뇌 및 측두엽 위축 등의 뇌 구조 비정상 소견과 신경병리상 전두엽에서의 이상 소견이 있는 것으로 나타나고 있으며, 증상이 없는 기분안정기에도 지속적인 신경인지기능 장애가 잔류할 가능성이 있는 것으로 나타나고 있다(Soares & Mann, 1997; Vawter et al., 2000: 조현상 외, 2002 재인용). 또한 언어학습과 새로운 정보를 학습하는 데에서도 어려움을 나타냈다(Robinson & Ferrier, 2006: 김민경 외, 2012 재인용).

이렇게 양극성 장애의 인지기능 저하는 반복되는 삽화 수 및 입원 횟수와 관련이 있다. 또 항정신성 약물의 사용기간과도 유의한 상관관계를 보이는데, 이는 양극성 장애에서 유지치료로 사용되는 고용량의 항정신성 약물이 운동협응 기능과 주의력을 떨어뜨리기 때문이다(조현상 외, 2002).

양극성 장애의 주요한 특징 중 하나는 수면장애이다. 이는 조기에 관찰되는 양상으로 조증 삽화의 경우 수면량 감소가 두드러지고, 우울 삽화에서는 과수면과 수면량 감소가 모두 나타날 수 있다(Harvey, 2008). 불규칙한 수면은 기능저하와 관련되므로, 생활습관 교정과 약물적 개입, 임상가의 적절한 교육을 통해 개선되도록 해야 한다(김민정 외, 2019 재인용).

(3) 개입과 치료

양극성 장애는 우울증 삽화, 경조증 삽회, 조증 삽화의 반복을 포함하는 정신과적 만성 질환 중의 하나로 삽화가 거듭될수록 인지기능과 사회적 기능이 저하되는 특징이 있다(Martinez-Aran, 2002: 김민정 외, 2019 재인용). 따라서 양극성 장애 환자의 사회적 복귀와 일상생활 영위를 위해 기능의 유지 및 회복이 매우 중요하므로 약물치료와 함께 사회심리적, 인지적 기능의 저하를 예방하거나 개선하는 개입이 필요하다.

약물치료는 사회심리적 개입에 앞서 증상의 조절을 위해 매우 중요하다. 우울증과 조증 모두 신경전달물질의 균형을 조절하여 기분증상을 호전시키는 데 도움이 되는 신약 연구 및 실험이 지속적으로 이루어지고 있다. 충분한 약물치료를 받은 환자도 병전 기능을 완전히 회복하지 못하여 취업에 실패하거나 직업을 갖게 되더라도 업무상 기능의 저하를 보이는 경우들이 발생한다. 따라서 양극성 장애의 궁극적인 치료 목표를 단순한 임상적 증상의 소실이 아닌 환자의 병전 수준만큼의 기능 회복에 두고 지속적인 격려와 지지를 해주어야 한다(Levy & Manove, 2012: 김민정 외, 2019 재인용).

이와 함께 우울증과 양극성 장애 모두 사고체계의 불균형 문제에 개입하는 것의 중요성이 커지면서, 사고체계를 정밀하게 탐색하여 인지적 왜곡을 찾아내고 교정하며 부정적이거나 과다한 사고를 기능적 사고로 대체하는 개입의 필요성이 더욱 중요해지고 있다. 그리고 이 과정에서 특히 사회적 지지가 더욱 중요한 요소로 나타나고 있다. 양극성 장애의 조증 증상이 심할수록 사회적 관계를 맺는 기능과 공격적 행동을 조절하는 기능에서 어려움을 겪게 되기 때문에 사회적 관계는 더욱 위축되고 낙인감을 겪을 수 있다(김민정 외, 2019). 그러므로 사회적 지지를 통해 사회적 복귀가 이루어지도록 관심을 기울여야 한다. 이를 위해서는 가족을 대상으로 질환에 대한 정확한 지식과 정보 전달 및 병에 대한 가족의 태도를 변화시키고 병을 관리하도록 하는 것도 매우 중요한 치료과정이라 할 수 있다.

3) 성격장애

(1) 개념과 실태

성격장애는 개인이 속한 문화의 일반적 기준을 심하게 벗어난, 지속적인 내적 경험이나 행동을 특징으로 하며, 인지와 정서, 대인관계, 충동조절 등의 영역 중 두 영역 이상에서 문제가 나타나는 장애이다(윤탁 외, 2002). 성격장애는 DSM-III에서 처음 도입된 것으로, 이상인격과 정신병질적 인격이 중첩되기도 하여 실제는 생활 중 많은 혼란과 어려움을 초래한다. ICD-10 제4판에서는 10개의 특정 성격장애를 정의하였는데, 그것은 편집성(망상성) 성격장애, 분열성 성격장애, 분열형 성격장애, 경계성 성격장애, 히스테리성 성격장애, 자기애성 성격장애, 회피성 성격장애, 의존성 성격장애, 강박적 성격장애이다. 그리고 DSM-5는 성격장애를 개인이 문화적 기대로부터 심하게 벗어난 내적 경험과 행동양식을 지속적으로 보이는 장애로 정의하면서 3개의 군으로 구분한다. A군은 무관심과 준 정신증적 증상이 위주인 편집성 성격장애와 조현성 성격장애, 조현형 성격장애이며, B군은 극적이고 감정적이며 변덕스러울 때가 많은 군으로 반사회성 성격장애와 경계성 성격장애, 히스테리성 성격장애, 자기애성 성격장애, 연극성 성격장애이다. 마지막 C군은 불안과 두려움이 큰 군으로 회피성 성격장애, 의존성 성격장애, 강박성 성격장애이다(유수현 외, 2018; 홍성화, 2004 재인용; 백기청, 2005).

이러한 성격장애는 청소년기 또는 성인기 초기에 시작하여 시간이 경과해도 달라지지 않는 특징이 있다. 따라서 정신과 질환 중에서도 치료가 잘 되지 않는 질환으로 알려져 있다(윤탁 외, 2002). 즉, 인격의 병이기 때문에 약이 아닌 정신치료가 필요한데, 진단부터 치료까지 수월하지 않다(강병조, 장기용, 1997). 또한 한 사람이 여러 가지의 성격장애를 동시에 가질 수 있고, DSM-IV가 10개로 구분한 것의 타당성, 약물치료를 할 때 그 효과를 측정하기 어려운 점(백기청, 2005), 문화적 요인, 그리고 학자마다 성격장애를 이해하는 기준을 달리하여 인해 실태 파악이 쉽지 않다. 다만, 외국의 보고에서는 정신과 외래환자의 30~50%가 성격장애를 갖고 있고 입원환자의 약 절반이 성격장애가 동반되어 있는 것으로 나타났으며, 일반인을 대상으로 한 외국의 연구에서도 11~18%의 유병률을 보이는 것으로 나타나고 있다(윤탁 외, 2002). 성격장애 중 공격성으로 인한 사회적 문제로 빈번히 기사화되는 반사회성 성격장애에 대해서는 제6장 폭력과 정신건강에서 다루며, 여기서는 진단편람에서 제시한 10개 유형 중 편집성 성격장애, 경계성 성격장애, 회피성 성격장애에 대해 살펴보도록 한다.

(2) 주요 성격장애의 특징

① 편집성(망상성) 성격장애

편집성 성격장애(paranoid personality disorder)는 사회적 고립을 특징으로 하는 A군에 속하는 것으로 타인에 대한 불신과 의심, 피해의식이 높고, 주변 사람들에 대해 적대적인 태도를 보이거나 사회적 부적응을 보이는 경우를 의미한다(하은하, 2012). 이러한 편집성 성격장애는 다면적 인격검사인

MMPI(Minnesota Multiphasic Personality Inventory)와 DSM-5를 활용한다. 전자에서 편집 척도 관련 문항만 추려서 단독으로 이상심리 검사지를 구성한 SCL-90검사(간이심리검사)와 편집성 척도(Paranoia Scale)를 활용하거나 혹은 후자에서 99문항의 검사지를 구성하여 모든 성격장애를 검사하는 성격장애 측정도구(PDQ-4+)를 활용하기도 한다(하은하, 2012).

DSM-5에 제시된 편집성 성격장애는 다른 사람들의 동기를 악의가 있는 것으로 해석하는 등 타인에 대한 전반적인 불신과 의심이 있으며, 이는 성인기 초기에 시작되고 여러 상황에서 나타나며, 다음 중 네 가지 이상으로 나타난다(American Psychiatric Association, 2013).

① 충분한 근거 없이, 다른 사람이 자신을 관찰하고 해를 끼치고 기마한다고 의심함
② 친구들이나 동료들의 충정이나 신뢰에 대한 근거 없는 의심에 사로잡혀 있음
③ 어떠한 정보가 자신에게 나쁘게 이용될 것이라는 잘못된 두려움 때문에 다른 사람에게 비밀을 털어놓기를 꺼림
④ 보통 악의 없는 말이나 사건에 대해 자신의 품위를 손상하는 또는 위협적 의미가 있는 것으로 해석함
⑤ 지속적으로 원한을 품음. 즉, 모욕이나 상처 줌 혹은 경멸을 용서하지 못함
⑥ 다른 사람에겐 분명하지 않은 자신의 성격이나 평판에 대해 공격으로 지각하고 곧 화를 내고 반격함
⑦ 정당한 이유 없이 애인이나 배우자의 정절에 대해 반복적으로 의심함

이러한 편집성 성격장애의 유병률은 0.5~2.5% 정도이며, 성별로는 여성이 더 많은 것으로 나타난다. 이들은 부모로부터 불신을 학습하였거나 가학

적 양육을 경험하여 본인 또한 이러한 태도를 내면화한 경우가 많아 치료자와도 신뢰관계를 형성하기가 어렵다. 따라서 무엇보다 라포를 형성하도록 노력하고 끈기 있게 다가가는 것이 필요하다(유수현 외, 2018).

② 경계성 성격장애

경계성 성격장애(borderline personality disorder)는 신경증과 정신병의 경계에 있는 장애를 가진 경우로서(홍성화, 2004), 일반인구의 1~2%를 차지한다. 이 장애를 겪는 환자들의 약 70%는 알코올과 약물을 남용하고 약 3~10%는 자살에 성공하는 것으로 나타나고 있다. 이 장애는 도파민과 세로토닌계 장애와 연관되어 주요 기분장애가 동반되면서 정서적·행동적 조절 실패를 나타낸다(강병조, 장기용, 2004).

DSM-5에 따르면, 이러한 경계성 성격장애는 대인관계, 자아상 및 정동의 불안정성과 현저한 충동성의 광범위한 형태로, 성인기 초기에 시작되고 여러 상황에서 나타나며, 다음 중 다섯 가지 이상을 충족한다(American Psychiatric Association, 2013).

① 실제 혹은 상상 속에서 버림받지 않기 위해 필사적으로 노력함(주의: 5번 진단기준에 있는 자살행동이나 자해행동은 포함하지 않음)
② 과대이상화와 과소평가의 극단 사이를 반복하는 것을 특징으로 하는 불안정하고 격력한 대인관계의 양상
③ 정체성 장애: 자기 이미지 또는 자신에 대한 느낌의 현저하고 지속적인 불안정성
④ 자신을 손상할 가능성이 있는 최소한 두 가지 이상의 경우에서의 충동성(예: 소비, 물질남용, 좀도둑질, 부주의한 운전, 과식 등) (주의: 5번 진단기준에 있는 자살 행동이나 자해 행동은 포함하지 않음)
⑤ 반복적인 자살 행동, 제스처, 위협 또는 자해 행동

⑥ 현저한 기분의 반응성으로 인한 정동의 불안정(예: 강렬한 삽화적 불쾌감, 과민성 또는 불안이 보통 수시간 동안 지속되며 아주 드물게 수일간 지속됨)

⑦ 만성적인 공허감

⑧ 부적절하고 심하게 화를 내거나 화를 조절하지 못함(예: 자주 울화통을 터뜨리거나 늘 화를 내거나 자주 신체적 싸움을 함)

⑨ 일시적이고 스트레스와 연관된 피해적 사고 혹은 심한 해리 증상

경계성 성격장애는 주로 성인기에 발현되지만 어린 시절의 박탈 경험이나 성적 학대 경험의 가능성이 있으며, 공격성이나 자살 가능성이 있기 때문에 치료자와의 관계 형성이 어렵다(유수현 외, 2018). 또한 정서적 취약성이 있는 상태에서 성장과정 중 자신의 정서 경험과 정서 반응이 부적절한 것으로 평가받고 무시되거나 부정되는 것을 반복 경험하면 자신의 감정을 억제하거나 과잉통제하는 성향을 획득하게 되면서 나중에 경계성 성격장애자가 될 수도 있다(Linehan, 1993: 박진미 외, 2007 재인용). 이들은 부정적인 정서를 유발하는 자료와 정보를 처리할 때 정서조절과 관련된 자동적 · 의도적 억제 기능에 상대적 결함이 있으며, 높은 정서과민 반응, 정서조절 곤란의 특징을 보이는 것으로 나타난다. 그러므로 이들에 대한 개입과 치료에 있어 부정적 정서에 대한 정서조절의 실패와 정서 과민반응에 초점을 맞추어야 한다(이종환 외, 2013). 한편, 경계성 성격장애는 중한 경우에도 정신병동에 입원하지 않고 주로 사회에서 생활하는 경우가 많다. 하지만 심한 정신장애를 겪는 유형에 속할 정도로 신경증과 정신병의 경계에 있는 장애를 가진 경우 삶을 위협할 수 있어 입원 치료가 이루어지도록 해야 한다.

③ 회피성 성격장애

회피성 성격장애(avoidant personality disorder)는 대인관계에서 타인의 거부에 대한 예민함과 굴욕감, 평가에 대한 과민함으로 새로운 사람이나 사회

적 상황을 피하게 되는 경우를 말한다(APA, 2000: 정태환, 2014 재인용). 따라서 사회적 활동의 억제, 부적당한 느낌, 자신을 나쁘게 평가할 것에 대한 민감성 등을 특징으로 한다. 대인관계에서의 배척과 거절에 대한 심각한 수준의 예민함 때문에 사회적 상황을 회피하게 되므로 환자의 대부분은 사회공포증을 동반한다(강병조, 장기용, 2004; 유수현 외, 2018).

사회적 불안과 공포는 대인관계의 질을 떨어뜨리고 학업 수행과 구직활동도 제한한다. 심각한 경우는 잦은 맥박과 발한, 홍조, 위장 장애뿐만 아니라 행동적・인지적 장애를 초래하여 삶의 질을 저하시킨다. 미국의 경우 약 7%의 유병률을 나타내고 있으며, 보통 청소년기 초기에 발병하는 것으로 보고되고 있다.

DSM-5의 진단기준에 따르면 회피성 성격장애는 사회관계의 억제, 부적절감, 부정적 평가에 대한 예민함이 광범위한 양상으로 나타난다. 이런 증상이 청년기에 시작되며 다음 상황에서 네 가지 이상이 나타난다.

① 비판이나 거절, 인정받지 못함 등 때문에 의미 있는 대인 접촉이 관련되는 직업적 활동을 회피함
② 자신을 좋아한다는 확신 없이는 사람들과 관계하는 것을 피함
③ 수치를 당하거나 놀림 받음에 대한 두려움 때문에 친근한 대인관계 이내로 자신을 제한함
④ 사회적 상황에서 비판의 대상이 되거나 거절되는 것에 대해 집착함
⑤ 부적절감으로 인해 새로운 대인관계 상황에서 제한됨
⑥ 자신을 사회적으로 부적절하게, 개인적으로 매력이 없는, 다른 사람에 비해 열등한 사람으로 바라봄
⑦ 당황스러움이 드러날까 염려되어 어떤 새로운 일에 관여하는 것, 혹은 개인적인 위험을 감수하는 것을 드물게 마지못해서 함

회피성 성격장애의 원인은 생물학적, 환경적, 정신역동적, 인지적 요인 등 여러 가지이다. 이중 환경적 차원에서는 어린 시절의 사회화 과정의 영향이 큰 것으로 보고된다. 부모와 회피적 애착을 형성한 뒤 인간관계에 관심을 보이지 않고 친밀한 관계를 회피하거나 혹은 과잉보호로 인해 회피적 행동을 강화하게 된다는 것이다. 이런 아이들은 새로운 상황이 위험을 내포한다고 생각하게 되어 성장하면서 용기 내어 세상을 경험할 기회를 갖지 못함으로써 회피적 성격을 형성하게 된다(민병배, 남기숙, 2000). 한편, 정신역동적으로는 수치심이라는 불쾌한 감정으로부터 숨고자 하는 소망 때문에 대인관계나 자신의 노출을 회피하며, 인지적으로는 어린 시절의 경험에서 유래하는 인지적 왜곡과 부적절감, 자신에 대한 부정적 신념 때문에 회피적 행동을 지속하게 되는 것으로 설명되고 있다(정태환, 2014)

이러한 회피성 성격장애를 포함하여, 성격장애에 대해서는 정신분석학적 정신치료자들이 많은 관심을 가져왔다. 그만큼 심리치료 접근이 주를 이루었는데, 최근에는 정신생물학의 발전으로 중추신경계 기능의 개인적 차이가 충동성, 정서적 불안정성과 같은 인격의 주요 구성요소와 관련이 있다는 점이 밝혀지면서 약물치료에 대한 관심도 높아졌다(백기청, 2005). 하지만 성격장애의 특성을 고려할 때 심리적 개입이 함께 이루어져야 한다(이영호, 정영조, 1994). 약물치료 자체에 대한 행동화나 부작용에 대한 과장된 호소, 약물관리에 대한 비일관적인 태도 등의 요소들 때문에 환경적 접근을 통해 성격장애에 대한 이해와 사회적 지지가 이루어짐으로써 장애의 부적응적 결과를 예방하고 개선하도록 하는 방안이 적극적으로 이루어져야 한다.

토론문제

1. 정신장애의 진단과 분류를 위해 ICD-11과 DSM-5가 활용되는데, 이 진단 도구의 활용에 대한 사회복지사의 관점과 활용방안에 대해 논하시오.
2. 정신장애에 대한 편견과 부정적 인식의 현황이 어떠한지 알아보고 올바른 정보와 인식을 함양하도록 하기 위해 사회복지 전문가가 해야 할 역할은 무엇인지 논하시오.

참고문헌

강병조, 장기용(1997). 인격장애의 약물치료. **생물치료 정신의학**, 3(2), 246-255.

고미애, 이선구, 이정석(2019). 조기 발병 조현병과 후기 발병 조현병의 임상 양상에 대한 비교 연구. **대한조현병학회지**, 22(2), 51-55.

권석만(2013). **현대이상심리학**. 학지사.

김민경, 이은정, 김희철(2012). 우울장애와 양극성 장애 환자에서의 인지기능 결함. **신경정신의학**, 51(2), 70-76.

김민정, 이전호, 윤현철, 정현강, 김승현(2019). 양극성 장애 환자의 개인적 · 사회적 기능 상태에 대한 관련 요인. **수면 · 정신생리**, 26(1), 33-43.

김성일(2020). ICD-11의 전통의학 포함 배경과 현황. **의료정책포럼**, 18(1), 64-71.

김청송(2016). DSM의 변천사와 시대적 의미의 고찰. **한국심리학회지: 건강**, 21(3), 475-496.

다음 백과사전(2021. 5. 10.). 조현병. 기분, 정동.

민병배, 남기숙(2000). **의존성 성격장애와 회피성 성격장애**. 학지사.

박진미, 서수균, 이훈진(2007). 경계선 성격장애 성향자의 부적응적 정서조절. **한국심리학회지: 임상**, 26(3), 717-730.

박현아(2007). 메디칼 에세이: 자살과 우울증. **한국논단**, 10, 154-157.

보건복지부(2017). **2016년도 정신질환실태 조사**.

백기청(2005). 인격장애의 약물치료. **대한정신약물학회지**, 16(3), 208-224.

백지현, 박동연, 박해정, 최정미, 최지선, 노지혜, 이동수, 홍경수(2009). 양극성 장애에서 1형과 2형 환자 간의 임상 양상 비교. **신경정신의학**, 48(4), 232-239.

신영철, 박원명, 김원, 조현상, 서정석, 민경준, 하규섭, 이은, 전덕인, 권준수, 정상근, 윤보현(2006). 한국형 양극성 장애 약물치료 알고리듬 2006(II), 조증 삽화. **대한정신약물학회지**, 17(4), 362-373.

유수현, 천덕희, 이효순, 성준모, 이종하(2018). **정신건강론**. 학지사.

위키백과(2021. 5. 30.). https://icd.who.int/browse11/l-m/en

윤탁, 류인균, 유소영, 하태현, 권준수(2002). 한국 20세 남자 일반인의 인격장애 유병률에 관한 연구. **정신의학**, 11(1), 53-58.

이기경(2012). 입원 병력이 있는 조현병 환자의 사망원인과 사망 위험 요인. 울산대학교 대학원 석사학위논문.

이영호, 정영조(1994). 인격장애에 있어 약물치료. **신경정신의학**, 33, 428-438.

이종환, 곽호완, 이상일, 장문선(2013). 경계선 성격장애 성향군의 정서조절 능력 억제기능, 과민반응, 조절곤란을 중심으로. **한국심리학회**, 32(3), 543-565.

이호영, 정영기, 이만홍, 민성길, 오병훈, 김병후, 신승철(1989). ICD-10의 정신장애 분류에 관한 예비적 연구: 일부 주요 진단범주들의 척합도와 진단일치도를 중심으로. **신경정신의학**, 28(1), 67-78.

정태환(2014). 회피성 성격 성향이 사회불안 및 심리적 안녕감에 미치는 영향: 성격강점의 조절효과. 한양사이버대학교 휴먼서비스대학원 석사학위논문.

조근호, 석정호, 정운진, 이병철, 김애련, 최은경, 원보윤, 이정석(2017). 정신건강의학과 환자 입원의료비에 있어 한국형 진단명기준 환자군 분류체계의 의미와 한계. **신경정신의학**, 56(1), 10-19.

조현상, 이상민, 소형석, 송진, 김지혜, 정혜정, 이충헌, 안석균(2002). 기분안정기의 I형 양극성 장애에서 신경인지기능. **신경정신의학**, 41(4), 638-548.

지수혁, 정현강, 이문수, 김승현(2016). 조현병 환자의 개인적, 사회적 기능 상태의 예측인자. **대한조현병학회지**, 19(2), 47-59.

차훈진(2013). 기분장애의 원인에 관한 고찰. **한국범죄심리연구**, 9(2), 167-180.

최성진(2013). DSM-5의 개관. 한국심리학회 학술대회자료집, 1, 119.

하은하(2012). 편집성 성격장애 진단을 위한 심리검사와 자기서사검사의 문항 비교. 서울여자대학교, **태릉어문연구**, 18, 19-36.

한현진(2013). ICD-10 분류로 살펴본 저단계 레이저 치료 임상 논문 고찰. 우석대학교 대학원 석사학위논문.

홍성화(2004). 경계선 인격장애자와 부모의 병리. **정서 · 행동장애연구**, 20(4), 411-433.

American Psychiatric Association (APA). (2013). *Diagnostic and Statistical Manual of Mental Disorders* (5th ed.). 권준수 외 공역(2015). **정신질환의 진단 및 통계 편람(제5판)**. 학지사.

Goldberg, J. F., & Burdick, K. E. (2008). *Cognitive dysfunction in bipolar disorder: A guide for clinicians*. Washington DC: American Psychiatric Publishing.

Harvey, A. G. (2008) Sleep and circadian rhythms in bipolar disorder Seeking synchrony, harmony, and regulation. *America Journal of Psychiatry, 165*, 820-829.

Judd, L. L., Akiskal, H. S., Schettler, P. J., Coryell, W., Maser, J., Rice, J. A., et al. (2003). The comparative clinical phenotype and long term longitudinal episode course of bipolar I and II: A clinical spectrum or distinct disorders? *Journal of Affective Disorders, 73*, 19-32.

Judd, L. L., Schettler, P. J., Akiskal, H. S., Maser, J., Coryell, W., Solomon, D., et al. (2003). Long-term symptomatic status of bipolar I vs. bipolar II disorders. *International Journal of Neuropsychopharmacol, 6*, 127-137.

Linehan, M. M. (1993). *Cognitive behavioral treatment of borderline personality disorder*. NY: The Guilford Press.

Robinson, L. J., & Ferrier, I. N. (2006). Evolution of cognitive impairment in bipolar disorder: A systematic review of cross-sectional evidence. *Bipolar Disorders, 8*, 103-116.

Soares, J. C., & Mann, J. J. (1997). The anatomy of mood disorders-review of structural neuroimaging studies. *Biological psychiatry, 41*, 86-106.

Vawter, M. P., Freed, W. J., & Kleinman, J. E. (2000). Neuropathology of mood disorder. *Biological psychiatry, 48*, 486-504.

https://icd.who.int/browse11/l-m/en(2021. 5 버전)

https://ko.wikipedia.org/wiki/ICD-11

제4장

생애발달과 정신건강

인간의 삶은 끊임없는 변화의 연속이다. 이런 의미에서 인간은 태어나서 죽음에 이르는 과정까지 한순간도 특별하지 않은 순간이 없다고 하겠다. 인간의 생애과정은 끊임없는 변화가 이어지는 동시에 성장과 적응의 과업도 주어진다. 생애주기별 인간의 발달단계는 각 단계별로 고유한 특성을 보인다고 보는 것이 발달단계 관점이다. 이러한 특성을 잘 이해하는 것은 인간의 정신건강의 성숙과 도전에 대한 이해를 가능하게 할 수 있다. 발단단계 이론 관점에서는 각 발달단계별로 특성이 나타나고 해당 단계에서 성취하게 되는 발달과업이 있다고 본다. 여기에서 발달과업이란 생애주기별로 특정 시기에 성취해야 할 그 시기의 적응과 과업의 성격으로 볼 수 있다. 이러한 발달과업은 사회 전반에서 개인에게 기대하는 능력이자 역할이라 할 수 있다. 이는 사회에서 일방적으로 요구되는 성격이라기보다는 개인 스스로도 성공적으로 성취하고자 기대하는 능력과 역할의 성격으로 보아야 할 것이다.

각각의 생애발달 주기에서 단계별 특성은 건강하게 성장하고 다음 단계로의 이전이 원만할 것이라고 예측할 수 있는 지표라 할 수 있다. 정신건강문제는 생애주기 초기에 발생하는 특성에 주목하여 이에 대한 예방의 중요성을 강조하고 있기도 하다(보건복지부, 2021: 1) 생애주기별로 적절하게 성장해야 정신건강을 성취할 수 있다는 관점이다. 생애주기별 발달은 정신건강 수준과 긴밀하게 연관이 있다고 보는 것이다. 발달단계 특성을 발달단계 과업이라고 표현할 수도 있는데, 과업을 성공적으로 성취하는 것은 개인에게나 개인이 속한 사회 모두에게 중요한 영향을 미치는 것으로 단계별 성공은 다음 단계로 이전하는 데 직접적인 영향을 미치게 된다. 발달단계의 과업을 성공적으로 수행하기 위해서는 다양한 변인들이 상호 영향을 미치는데, 이 단계에서 성공적인 과업 수행은 개인의 성장을 위한 노력도 중요하지만 환경적인 요인이 개인의 성장을 돕고 지원하는 역할을 하는 것도 중요하다.

기존의 발달심리학 관점에서의 이해는 개인의 성장과 특성에 대하여 초점을 두는 경향을 보였다. 개인의 특성에 따른 차이도 고려되어야 하는데, 모든 사람은 개성과 독특한 특성을 가지고 있으며 이러한 측면이 사회 전반적으로 그리고 일반적으로 기대하는 발달단계별 특성이 뛰어난 수준으로 나타나거나 지연되는 데 영향을 미칠 수 있다. 즉, 개인의 독특성이 발달과업 성취에 강점이 되기도 하고 어려움을 가져오기도 한다. 여기에서 문제가 발생할 경우 다음 단계로의 이전에도 부정적인 영향을 미치는 만큼, 예방과 치료가 중요하다고 하겠다.

최근 발달과정에서 인간의 성장의 다양한 양상에 사회적 환경과 사회적 신념, 그리고 사회구성원과의 연대가 많은 영향을 미치는 것으로 보고되고 있다(권중돈, 김동배, 2005; 김선희 외, 2012; Baron, Byrne, & Branscombe, 2007). 사회심리학적 관점에서는 이러한 다양한 변인에 세계 정세나 주요 사회문제도 영향을 미친다고 보고 있다(김아영 역, 2020: 30). 코로나 19 팬데믹 상황이나 세계적 금융 위기 등의 현상들이 여기에 적용될 수 있을 것이다. 생애주기별 인간의 발달과 정신건강 양상에 대한 이해에도 개인과 환경 간의 상호 긴밀한 영향에 대한 관심이 중요함을 보여 주는 대목이라 할 수 있다. 이 같은 관계는 실제 현실로 나타나고 있는데, 코로나 19로 인하여 대면 서비스가 감소되면서 정신건강서비스 감소로 이어져 지역사회에서 정신건강문제로 어려움을 경험하고 있는 취약계층의 고립과 소외 문제가 심화될 것으로 우려된다(보건복지부, 2021: 17)

생애주기별 발달과 단계별 특성에 대한 이론은 사회문화적으로 구분하는 방법을 달리해 왔고 차이가 있다.. 이 장에서는 생애주기별 성장의 특성에 주목하는 발달단계 이론에서 보편적으로 제시되는 구분을 따르고자 한다. 생애발달단계 구분은 각 단계별로 제시되는 발달특성과 과업의 성격을 제시하고 있다. 이러한 성장 과정에서 다양한 정신건강 이슈가 나타나기도 한다(대한정신의학회, 2007; 오세진 외, 2015; 장휘숙, 2006).

이 장에서는 각 발달단계별 특성을 살펴보고, 정신건강 이슈와 주요 개입에 대한 내용을 살펴보고자 한다. 발달단계 구분은 장휘숙(2006)의 분류와 내용을 따랐으며, 일부 내용을 수정하여 사용하였다. 각 생애주기별로 특성과 정신건강 이슈를 살펴보고 주요 개입에 대한 내용을 소개하였다.[1)]

〈표 4-1〉에 생애발달단계 및 특성을 제시하였다.

표 4-1 생애발달단계 및 특성

발달단계/명칭	연령 범위 및 주요 내용
태내기/태아	임신부터 출생까지
영아기/영아	출생 후 처음 2년간
아동 초기/유아	3세부터 5, 6세까지(2~4세의 걸음마 시기를 포함하여 어떤 사람들은 이 기간을 학령전기라고 부른다)
아동 중기/아동	6세부터 12세까지(사춘기 시작 전까지)
청년 초기/청소년	12, 3세부터 17세까지(중 · 고등학교 청소년들)

1) 주요 개입의 내용은 보건복지부(2021) 자료를 기반으로 소개하였다. 정신건강과 관련되어 다양한 사회복지실천 현장에서 노력이 이어지고 있으나, 모두 소개하지 못한 한계점이 있다는 점을 명시하고자 한다.

청년 후기/청년	18세부터 25세까지(대학생과 대학 졸업 후 결혼하기 전까지의 청년들)
성인 초기/성인	26세부터 45세까지
성인 중기(중년기)/성인	46세부터 65세까지
성인 후기/노인	66세부터 85세까지
성인 후기의 후기/노인	86세 이후

발달단계는 보편적으로 연령을 기반으로 구분하고 있는데, 해당 연령대에 속한다고 하여도 개인의 특성에 따라 혹은 개인이 속한 사회문화적 배경에 따라 단계별로 부여되는 사회적 역할과 특성에 대한 해석을 달리할 수 있다는 점은 유의해야 할 것이다.

1. 영유아기 정신건강

1) 영유아기 특성

영아기는 출생에서부터 만 2세까지가 해당된다. 이 시기는 스스로 생존할 수 없어 양육자의 보살핌에 절대적으로 의존하는 시기이다. 양육자는 영아에게 생존에 필요한 보호를 제공하기도 하지만, 다정한 표정과 상호작용으로 영아가 건강하게 성장할 수 있도록 도움을 주는 역할을 한다. 이때 양육자가 스트레스가 높다거나 우울한 경우 영아와의 상호작용이 제대로 이루어지지 않게 된다. 영아는 이러한 경우 좌절을 경험하게 된다. 생후 2~3개월에 영아는 사회적 미소(social smile)를 보이는데 양육자와의 긍정적인 관계 형성을 보여 주는 것으로 이해된다. 애착은 생후 3~4개월에 형성된다. 양육자가 자신을 떠나지 못하게 울거나 보채는 행동을 보이는 등 분리불안 반응이 나타난다. 영아는 울거나 웃음을 보이면서 양육자의 반응을 이끌어 내며 관계를 형성하게 된다. 이러한 관계는 이후 생애 과정에서 신뢰감과 안정감을 획득하게 하는 것으로 알려져 있다. 이런 의미에서 애착은 영아의 생존에 필수적이라 하겠다. 한편, 불안정 애착과 같은 문제가 있을 경우 이후 대인관계에서 어려움을 경험하는 등 장기적으로 영향이 이어질 수도 있으므로 정신건강 예방 측면에서 주목해야 할 것이다(대한정신의학회, 2007: 64; Broderick & Blewitt, 2003: 155).

영아기는 생애 주기에서 신체적 성장이 가장 급격하게 이루어지는 시기이며 언어 발달과 같은 인지 능력이 형성된다. 양육자와 애착을 형성하며 정서적 유대를 쌓는 시기로, 애착은 외부 세계로의 탐색과 같은 사회성 발달의 초석이 되기도 한다. 영아기의 애착 형성은 사회적 관계에 영향을 미치는 것 외에도 정서와 인지 영역의 발달에 영향을 미치는 것으로 보고된다(이희영, 성형림, 김은경, 박서원, 2017).

유아기는 만 2세에서 6세까지가 해당된다. 가정에서 부모와 함께 보내는 시간이 많지만, 이때부터 어린이집이나 유치원에 등원하면서 또래와 사귀는 사회적 관계의 장이 열리는 시기이도 하다. 이 시기에 유아는 공동체 생활과 또래와의 관계에서 사회적 규칙을 학습해야 하는 시기이기도 하다. 지나치게 엄격한 양육방식은 유아의 자율성과 탐색의 호기심을 악화시킬 수 있기 때문에 아동에 대한 올바른 이해와 양육기술 교육이 제공될 필요가 있다. 적절한 보호를 제공하지 않는 방임도 문제가 될 수 있는데, 방임은 아동 성장에 해가 될 수 있다는 점에서 이를 예방할 수 있는 지역사회의 노력과 개입이 필요하다(권중돈, 김동배, 2005).

영유아기의 양육환경은 단기적인 관점이나 장기적인 관점 모두에서 개인의 정신건강에 영향을 미친다. 특히 부정적인 양육환경의 영향에 대한 논의가 지속적으로 이루어지고 있다. 부정적인 경험의 대표적인 예로 학대나 방임을 들 수 있다. 양육환경의 문제는 태아기에서부터 영향을 미치는 것으로 보고되고 있는데, 산모의 스트레스 등 임신 기간에서의 부정적인 경험도 태아에게 영향을 미치는 것으로 보고되고 있다. 그중 대표적으로 산후우울증은 애착 형성에 어려움을 미치는 것으로 보고되고 있는데, 호르몬의 변화뿐 아니라 출산을 전후로 한 경력 단절이나 육아 전담에서 오는 부담 등 다양한 원인이 보고되고 있다(송인환 외 공역, 2015: 187; 이우경, 2016: 126).

2) 영유아기 정신건강의 주요 이슈

영유아기 정신건강은 임신기에서부터 진행된다고 보아야 한다. 태아기에 양육환경의 중요성에 대한 관심이 제기되고 있다. 태아기에 임산부가 스트레스를 받거나 알코올과 같은 약물 문제를 가지고 있는 경우 태아의 발달에 이상을 가져오거나 정신건강에 부정적인 영향을 미치는 것으로 보고되고 있다. 출생 후 영아기와 유아기에 부정적인 경험은 영유아의 정신건강에 영향을 미칠 뿐만 아니라 장기적으로 성인기로까지 이어질 수 있다. 영아기는 출생 후 만 2세까지의 시기로 양육자의 보살핌이 생존을 가능하게 할 만큼 양육자의 역할이 영아의 생존과 정신건강에 미치는 영향은 지대하다. 이 시기에 양육자의 양육에 대한 지식, 스트레스 완화, 가족 지원, 보육 지원 인프라는 영아의 양육환경에 긍정적인 자원으로 작동할 수 있다.

유아기는 일반적으로 2세 이후부터 학령 전 시기까지를 말한다. 이 시기는 정서 인지 사회성이 발달하는 시기이다. 이 시기에 유아가 또래와의 관계에서 사회성을 발전시키고 행복한 경험을 하도록 부모와 지역사회 환경이 지원의 역할을 담당해야 한다. 이 시기에 발생할 수 있는 부적응 양상이나 문제에 대해 이해하는 것이 문제에 대한 대응과 예방에 중요하며, 이후 발달단계로의 이전이나 성장이 원활하게 이루어질 수 있다.

(1) 태아알코올증후군

임신 기간 동안 임산부가 음주를 지속하면 태아알코올증후군이 발생할 수

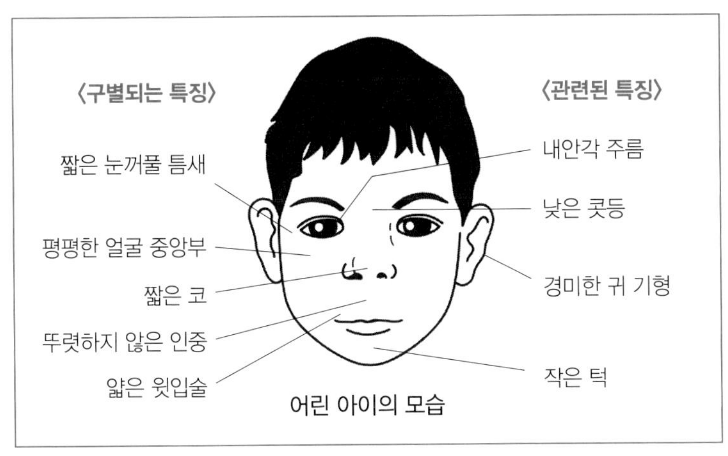

[그림 4-1] 태아알코올증후군을 가진 어린이의 얼굴 특징

출처: www.google.com

있다. 태아알코올증후군의 증상으로는 안면기형이나 지적장애를 들 수 있다. 임산부가 음주를 한다고 해서 반드시 태아알코올증후군이 발생하는 것은 아니나, 임산부 음주의 위험성이 있는 만큼 음주를 금하는 것이 예방책이라 하겠다. 여성의 음주율이 높아지고 현대사회에서의 스트레스 해소 기제로 음주를 활용하는 문화를 감안하면, 임산부의 정신건강문제에서 알코올 사용과 관련된 예방과 교육 제공이 활성화되어야 할 것이다.

(2) 산후우울증

산모의 우울증은 출산 이후 여성호르몬의 변화로 찾아오는 현상이다. 남편의 지지와 협조, 주변의 배려가 있는 경우 대부분 자연스럽게 회복되지만, 이러한 도움 없이 신생아를 돌보는 양육 스트레스가 과도해지면 지속될 수 있다. 산후우울증은 산모뿐만 아니라 신생아에게 부정적인 영향을 미치게 되는데 우울증이 있는 산모는 아기에게 사랑의 표현이나 접촉을 꺼리게 되어 신생아의 정서발달에 부정적인 영향을 미칠 수 있다고 보고되고 있다(장휘숙, 2006).

(3) 애착과 분리불안

영아기에는 양육자와 정서적인 친밀감을 형성하는 애착이 형성된다. 영아가 양육자와 애착이 형성되면 낯가림을 하게 된다. 영아는 양육자와 분리가 될 때 분리불안을 보이는데 양육자와 불안정한 애착이 형성된 영아의 경우 정도가 심할 수 있다(권중돈, 김동배, 2005; Nolen-Hoesema, 2004).

3) 주요 개입

영유아기 정신건강문제의 예방을 위하여 정신건강복지센터와 영·유아기관 간 협력체계를 구축하고자 하는 노력이 진행되고 있다. 보육 교사와 유치원 교사를 대상으로 정신건강 교육을 제공하고 있으며, 정신건강복지센터에서는 영·유아 부모를 대상으로 양육 스트레스 관리, 부부 문제 및 양육 상담 등의 지원을 제공하는 노력을 하고 있다(보건복지부, 2021: 17)

임신이나 출산으로 인한 우울증 문제가 사회적 관심을 받고 있어 이에 대한 치료와 예방을 위한 노력이 이어지고 있다. 보건소를 기반으로 임산부에게 우울 선별검사 및 고위험군을 지속적으로 관리하는 예방적 개입이 이루어지고 있다. 이는 생애주기 건강관리 시범 사업을 제도화하여 진행하고 있는 예이다. 난임·우울증 상담센터를 지속적으로 확충하여 난임 여성과 산전·후 임산부에 대한 우울증 예방을 집중적으로 다루고 있다(보건복지부, 2021: 18).

2. 아동 · 청소년기 정신건강

1) 아동기 특성

아동은 걸음마를 배우는 시기부터 스스로 결정해서 양육자를 떠나서 걸음을 떼고 세상을 탐색하게 된다. 또 하나의 커다란 변화는 말을 배우기 시작하는 것이다. 이러한 시기에 아동은 자기 뜻대로 하려 하고, 부모의 통제를 따르지 않고 마음대로 행동하려고 한다. 이 시기에 자기 주장을 고집하고 분노발작과 같은 행동이 나타나기도 한다. 배변 가리기는 아동의 자율성과 통제를 익히는 경험이 되기도 한다. 이 시기는 양육자가 통제와 칭찬을 사용하면서 아동이 자율성을 경험하고 조절하는 능력을 키우는 시기로 아동의 사회성이 훈련되는 시기이다. 양육자의 일관성 있는 태도는 아동이 자율성과 충동조절 능력을 키우는 데 중요한 역할을 하게 된다. 그렇지 못할 경우 아동은 혼란을 경험하게 되는데, 이 시기에 획득해야 하는 자율성과 충동조절 결핍으로 이어질 수 있다.

초기 아동기인 4~6세에는 인지능력상 상징에 대한 개념을 이해하게 된다. 이 시기에 아동은 놀이를 통하여 즐거움을 느끼고, 긴장이나 불안을 해소하게 된다. 또한 성별 차이에 대해 관심을 가지는 시기이도 하다. 가정생활 안에서 부모의 역할을 관찰하게 되는데, 놀이를 통하여 성역할과 가치관을 배우는 기회가 될 수 있다(대한정신의학회, 2007: 66-67).

아동이 학령기에 이르게 되면 가정에서 벗어나 사회적 집단인 학교를 경험하게 된다. 초등학교 시기가 여기에 해당된다. 아동기는 아동이 학교라는 사회적 공간으로 진입하고 학업수행과 또래관계 형성이라는 사회적 영역이 본격적으로 주어지는 시기이다. 이 시기에 아동은 새로운 환경과 과업에 적응하면서 불안이나 두려움을 경험할 수 있다. 이러한 양상은 일반적으로 자연스러운 성장과정에서 보이는 것으로 이해되나, 정도가 심할 경우에는 가정이나 학교에서의 삶이 질이 저하되고 정신적으로 건강하게 성장하는 데 걸림돌이 될 수 있다. 최근 연구에 의하면, 아동기에 학대경험이나 엄격한 양육경험은 아동의 뇌구조에 변화를 가져온다고 보고되고 있다. 즉, 전두엽과 편두체가 작아진다는 내용으로, 이 부위는 감정조절, 우울증 발현에 중요한 역할을 하는 것으로 알려져 있다. 이 영역에서 문제가 발생하면 우울증, 불안장애, 분노조절에 문제가 있을 수 있다.

아동이 학교생활을 하게 되면 본격적으로 학업을 수행하는 역량을 요구받게 된다. 가정환경에 따라 아동의 학교생활의 준비와 지원이 차이를 보일 수 있는데, 학업 수행에 어려움을 보이는 아동의 경우 부정적인 자아상을 형성할 수 있다. 부정적인 자아정체감과 타 아동과의 비교에서 오는 열등감은 아동의 정신건강에 부정적인 영향을 미치고 학교적응의 어려움으로 이어질 수 있다. 아동기에 긍정적인 자아개념이 발달하기 위해서는 인지 발달, 신체 및 외모, 또래로부터의 인기, 행동 문제 등이 주요한 영향을 주는 것으로 알려져 있다(권중돈, 김동배, 2005; Broderick & Blewitt, 2003). 열악한 가정환경이나 지원이 부족한 아동의 경우 이를 보완하고 성장할 수 있도록 지원하는 사회적 노력이 필요할 것이다.

2) 아동기 정신건강의 주요 이슈

(1) 아동기 분리불안장애

아동기 불안은 부모와 같은 양육자와 분리되는 상황에서 보이는 분리불안을 특징적으로 들 수 있다. 학령기에 달한 아동은 학교 적응이나 학업 수행에 대한 긴장과 불안, 또래와의 사회적 관계에서의 적응 등으로 불안감을 경험하기도 하지만, 대부분의 경우 정상적인 발달과정상의 현상으로 간주한다. 그러나 이 시기에 부모나 양육자와 분리될 때 과도한 불안과 공포심을 표현하는 경우 분리불안장애를 고려해 보아야 한다.

(2) 아동기 틱장애

아동기 틱장애는 흔히 발생하는 질병으로 본다. 틱은 자신도 모르게 신체 부위에서 움직임이 일어나거나 소리가 나는 것을 말한다. 신체 부위로는 얼굴, 목 등의 일부 부분이 빠르게 움직이고 반복하는 행동이 나타나거나 소리를 내는 것으로 운동 틱, 음성 틱으로 구분한다. 뚜렛병(Tourette's Disorder)은 운동 틱과 음성 틱 증상이 모두 나타나고 1년이 넘는 유병 기간을 보일 때 해당된다. 틱장애 발생은 아동의 10~20%로 추정하는데 일시적으로 나타나는 경우가 많다. 연령대는 7~11세에 주로 나타나는 것으로 알려져 있다. 만성 틱의 경우는 틱을 보이는 아동에서 1% 정도 나타난다. 아동이 틱을 보일 경우, 이러한 행동이 일부러 의도적으로 나타는 것이 아니라는 점을 부모나 주변에서 유념해야 한다. 행동을 멈추기 위해 혼을 내는 것은 아동에게 도움이 되지 않으므로 삼가야 한다. 아동의 학교생활에서 교사나 친구들이 아동을 대하는 태도가 아동에게 영향을 미치게 된다. 틱에 대하여 교사와 친구들이 이해하고 함께 생활하는 태도가 아동에게 도움이 된다. 틱 아동이 친구들 사이에서 수용되고 긍정적인 경험을 하는 것이 도움이 되는 한편, 따돌림을 받는 경우는 주변과의 관계형성에 부정적인 경험을 쌓을 수 있기 때문에 사회성 발달에도 어려움을 가질 수 있다(서울대학교병원 정신의학과, 2021).

(3) 주의력결핍 과잉행동장애

주의력결핍 과잉행동장애(Attention Deficit/Hyperactivity Disorder: ADHD)는 주의력 부족과 산만, 과잉활동, 충동성 등이 특징이다. 아동기에 나타나고, 일부의 경우는 청소년기와 성인기에 이르기까지 증상을 보인다. ADHD 아동의 경우 주의집중이 어려운데, 이러한 행동은 고치기 어렵다. 행동이 생각보다 먼저 일어나는 경우가 많고 팔이나 다리를 흔드는 행동을 끊임없이 하는 등 과잉행동을 보인다. 이러한 특성으로 학교생활에서 규율을 이해하는 경우라 해도 행동을 자제하지 못하곤 한다. ADHD 아동들은 충동적이고 산만한 행동 때문에 야단이나 꾸중과 같은 부정적인 얘기를 자주 듣게 된다. 따라서 주변에서 말 안 듣는 아이나 문제아로 평가되고, 스스로도 자신을 나쁜 아이, 뭐든지 잘 못하는 아이로 생각하게 된다. 이런 일이 반복되면 아이는 더욱 자신감이 없어진다. 주의집중 결함이나 충동성 때문에 또래관계가 힘들게 되고 또래에게 따돌림을 당하기도 한다. 또한 학습 능력이 떨어지고 여러 가지 행동 문제를 보일 수도 있다. 따라서 부모를 포함한 가족, 학교의 교사는 교육을 통해 치료적인 환경을 조성하는 데 노력해야 한다. ADHD에는 약물치료가 효과적인 것으로 알려져 있다. 그러나 약물치료 이외에도 가정이나 학교에서의 도움이 필요하다. 부모나 교사가 ADHD에 대한 정보를 잘 알고 대응하는 것이 필요하다. 또한 학업을 도울 수 있는 지원 서비스와 자기조절력을 향상시킬 수 있는 다양한 사회기술 치료 등이 도움을 줄 수 있다(서울대학교병원 정신의학과, 2021).

(4) 인터넷 매체 사용 과다 몰입의 문제

현대사회에서 인터넷 매체는 모든 사람의 삶에 깊숙이 들어와 있다. 아동도 이와 다르지 않은데, 어린 연령부터 인터넷 매체에 노출되면 과다몰입하게 되고 일상생활에서 인터넷 매체 사용을 지속적으로 요구하게 된다. 아동이 과도하게 인터넷 매체를 사용하게 될 경우 아동의 뇌가 변형된다는 보고가 있다. 전문가들은 3세 미만 아동에게 스마트폰 사용을 금하는 것을 제안하고 있다(조선일보, 2017. 5. 3.). 과도한 스마트폰 사용은 아동이 인간과 상호작용하면서 발달하는 사회성을 저해하거나 강렬한 자극에만 반응하는 인지능력의 변형 등이 올 수 있다. 이에 대한 부모교육과 양육에 바람직한 매체 보급이 확산되어야 할 것이다.

게임·동영상에 중독 돼 강하고 빠른 자극에만 반응 집중력·지능 발달에 악영향
2세 전엔 스마트폰 주지 말고 아이 앞에선 부모도 사용 자제

스마트폰에 중독된 아이의 뇌는 강한 자극에만 반응하는 '팝콘 브레인'이 될 수 있다. 2세 전에는 스마트폰을 사용 못하게 하고, 2세 후에도 30분~2시간 이내로 제한해야 한다.

인터넷 중독자의 줄어든 뇌 부위

1. 가운데를 자른 뇌

전전두엽의 보조 운동 대뇌피질
운동기능 담당

전전두엽의 전측대상피질
판단, 결정, 동기부여 담당

소뇌
균형감각, 학습 담당

안와전전두엽
정서 치리 담당

2. 바깥 부분을 자른 뇌

배외측 전전두엽
기억, 행동 제어 담당

자료: 2011년 《플로스원》 논문

좌우 뇌기능 불균형 자가 진단표 자료: 밸런스브레인

	진단 항목	그렇다	그렇지 않다
1	균형감각이 떨어진다.	□	□
2	어지럼증을 자주 호소한다.	□	□
3	공간지각능력이 부족하다.	□	□
4	인내심이 없다.	□	□
5	감정조절이 어렵다.	□	□
6	충동적이고 과잉행동 성향을 보인다.	□	□
7	집중력이 떨어진다.	□	□
8	또래와 어울리지 못하고 사회성이 부족하다.	□	□
9	큰 그림을 보지 못한다.	□	□
10	문장 이해력과 작문 능력이 떨어진다.	□	□
11	분위기 파악, 상황 파악이 어렵다.	□	□

'그렇다' 가 8개 이상이면 좌우뇌 기능의 불균형의 가능성이 높다.

신지호 헬스조선 기자

출처: https://m.chosun.com

3) 청소년기 특성

청소년기는 중 · 고등학교 시기로, 심리정서적인 미숙함이 있음에도 2차 성징과 같은 신체적 변화로 인하여 성인의 외모로 성장하는 등 커다란 변화를 경험하는 시기이다. 청소년기에는 자아정체성이 형성되는 시기인데, 자기에 대한 가치감에 영향을 미치는 요인은 다양하게 보고되고 있다. 학업성취, 운동기능, 외모, 또래로부터의 인기, 행동문제 등이 여기에 해당된다. 청소년기에는 가치에 대한 관심이 높고 도덕성에 대한 가치에 관심을 보이는 시기이기도 하다. 반면, 가치와 실제 행동 간의 간격을 경험하는 시기이기도 하다(Broderick & Blewitt, 2003: 235).

청소년기에 경험하는 호르몬의 변화만큼 정신건강 측면에서의 성장과 불안정성이 혼재하는 양상은 '중2병'이라는 단어로 그 어려움이 상징적으로 표현되기도 한다. 청소년기는 자기정체성을 찾아가는 발달단계상의 중요한 과업이 있다. 신체적인 급격한 변화 못지않게 심리정서적인 측면에서 부모로부터의 의존성이 줄어들고 한 인격체로서 독립성을 형성하는 시기이므로 이

에 따르는 부적응 문제가 발생할 수 있어 청소년의 정신건강에 어려움을 가져올 수 있다. 부모나 가족과의 갈등, 비행이나 가출과 같은 일탈행동에 관여하는 것, 자살, 학교폭력, 인터넷 중독 그리고 약물문제 등 다양한 양상의 정신건강문제를 보이는 시기이기도 한다. 청소년기의 정신건강문제의 조기발견은 성인기로의 이전을 예방할 수 있다는 점에서 매우 중요하다. 정신건강 측면에서 볼 때 생애발달단계에서 격동의 시기를 거쳐 가는 청소년들의 심리적 어려움을 사회가 잘 이해하고 주변에서 지지와 더불어 필요한 전문적 개입을 제공하는 노력이 필요하다.

4) 청소년기 정신건강의 주요 이슈

(1) 청소년기 우울, 불안

청소년의 자살 문제는 정신건강문제의 심각한 양상 중 하나로 꼽을 수 있다. 자살과 관련하여 우울과 같은 정서적 불안정을 살펴볼 필요가 있는데, 청소년기는 학업 성취에 대한 스트레스와 높은 부담감을 보이는 한편, 또래관계의 중요성이 그 어느 발달단계보다 많은 비중을 차지하고 있어 관계에서의 갈등이나 불안 등을 경험할 수 있다. 이는 학교폭력과도 연계되어 나타나기도 하는데, 학교폭력으로 인한 불안, 우울, 자살사고나 자살시도 등 심각한 정신건강문제가 나타나기도 한다. 정서적 불안정이나 불안과 같은 문제를 해결하기 위해 약물을 사용하기도 하는데 불법 약물을 사용하고 의존하는 문제를 일으키기도 한다. 청소년기의 우울이나 불안장애, 약물 문제 등은 건강한 성인기를 준비하는 데 걸림돌이 될 뿐 아니라 적절한 치료를 받지 못하고 성인기 이르게 되면 심각한 수준으로 이행될 위험이 높아지기도 한다.

(2) 학교폭력

청소년기에는 행동문제의 양상이 심각하게 나타나기도 하는 시기이다. 타인에 대한 분노 표출과 같은 공격성에서부터 약물 문제, 강도, 성폭행 등 심각한 수준으로 나타나기도 하는 시기이다. 학교폭력은 청소년기의 폭력 문제 중에서 사회적인 관심과 우려의 대상이 되는 문제이다. 청소년 학교폭력의 심각성은 학교폭력 경험이 높은 수치로 보고되는 결과에서도 알 수 있다. 폭력의 유형도 변화하고 있는데, 언어폭력, 집단 따돌림, 사이버 폭력이 주를 차지하는 것으로 나타났다. 집단 대 개인으로 사이버상에서의 폭력 피해가 발생하고 있다는 점에서 향후 문제 해결의 전략도 변화되어야 할 것임을 시사한다(교육부, 2021). 학교폭력은 피해자와 가해자, 학교 구성원, 가족, 나아가 지역사회와 우리 사회 전반에 부정적인 영향을 미치는 문제이다. 학교폭력 피해로 인한 자살문제는 가장 비극적인 경우로, 미래에 성인으로서 우리 사회에 기여할 수 있는 사회구성원의 생명이 자살로 소멸되는 결과를 낳게 된다. 이것은 개인과 가정의 비극, 나아가 지역사회와 사회 전체의 손실이기도 한다. 이를 예방하는 노력은 지속적이고 효과적인 전략으로 수행되어야 한다. 특히 학교폭력 예방 사업과 피해자 치료 및 가해자 대상 개입이 체계적으로 균형을 이루어서 진행되는 것이 중요하다.

(3) 인터넷 중독

청소년기 인터넷 중독문제는 인터넷 도박이나 성범죄 관련 일탈 행위 등 다양한 양상으로 나타난다. 인터넷 중독문제는 치료에서부터 예방까지 다층적으로 전개되어야 한다. 청소년이 성장기에 맞는 스포츠 활동이나 여가 활동을 즐길 수 있도록 지역사회와 학교에서 청소년 눈높이 맞춤형의 프로그램을 개발하고 제공할 필요가 있다.

5) 아동 · 청소년기 주요 개입

학교 단위별로 위(Wee) 클래스와 전문상담교사를 확대 배치하고 있으며 상담 서비스를 제공하고 있다. 위기 상황이 발생할 경우에는 즉각 개입이 이루어지는 체계로 운영되고 있다. 정신건강문제를 조기에 예방하기 위한 노력으로 초등학교 1~4학년을 대상으로 성격특성과 정서 및 행동 발달 경향을 평가하기 위해 실시하는 선별검사인 '학생정서-행동특성 검사'를 진행하여 고위험군을 발굴하는 노력을 수행하고 있다. 고위험군이 발굴된 경우에는 Wee센터, 정신건강복지센터 등 전문기관으로 연계하는 절차가 이어지고 있다.

학교 밖 청소년의 경우 학교 기반 서비스에서 누락되는 점을 고려하여 이러한 사각지대를 해소하기 위해 학교 밖 청소년 지원센터에서 정서 · 행동특성검사를 시행하고, 정신건강복지센터와 연계하여 상담을 추진하는 절차가 이어지고 있다(보건복지부, 2021: 18).

아동 · 청소년들을 대상으로 정신건강에 대한 이해와 예방의 중요성에 대한 인식을 높이기 위해 초 · 중 · 고 정신건강 및 마음 건강 교육을 보급하여 정신건강에 어려움이 있을 경우 전문가의 도움을 청할 수 있도록 상담에 대한 접근성을 높이려는 노력이 이어지고 있다(보건복지부, 2021: 20).

3. 청년기 및 중년기 정신건강

1) 청년기 특성

성인기는 초기와 후기로 나뉜다. 이중 청년기에 해당되는 연령은 20~24세가 해당된다. 초기 성인기는 20~40세로 보는데 이 중 청년기에 해당되는 연령은 20~24세이다. 이 시기는 대학에서 학업을 진행하는 시기이기도 한데, 학문적 수행 역량, 지적 역량, 외모, 동료관계, 이성관계, 부모와의 관계가 긍정적인 자기정체성에 영향을 미치는 주요 영역이다. 도덕적 자아의 형성과 유머 감각도 중요한 영역으로 보고된다(Broderick & Blewitt, 2003: 235).

청년기는 신체-정서-사회적 측면에서 가장 활발하게 활동할 수 있는 기량이 준비된 시기이기도 한다. 그러나 사회의 변화에 따라 청년이 활발하게 활동할 수 있는 여건이 되지 않은 경우, 좌절과 포기를 경험하기도 한다. 전 세계적으로 세대 및 계층 간 갈등, 부의 양극화 현상, 고용의 어려움 문제 등으로 사회 계층 간 이동이 어려우지고 있는 현실에서 청년세대가 희망을 갖지 못하고 미래에 대하여 포기하는 현상이 나타나고 있기도 하다. 사회적 분위기는 개인의 행동에 영향을 미치게 된다. 개인의 행동이 서로 상호작용하면서 집합적으로 나타날 때 이를 사회적 행동으로 볼 수 있는데, 청년세대의 미래에 대한 포기 현상은 사회적 행동 양상으로 볼 수 있어 이를 해소하기 위한 노력이 필요함을 보여 준다(이희영 외, 2017: 211). 실제로 청년층의 우울감이나 포기 현상은 한 사회의 정신건강의 주요 지표이니만큼, 이들에 대한 적극적인 지원의 필요성을 보여 주는 대목이기도 하다.

2) 청년기 정신건강의 주요 이슈

청년기는 신체적 측면에서나 사회적 측면에서 기량과 활동이 매우 활발한 시기이다. 이 시기는 신체적 활력과 자신감이 넘치는 시기이기도 해서 자칫 무모한 행동을 취하는 경우도 발생한다. 예를 들어, 무모한 신체적 도전이나 음주, 약물을 취하는 행동을 들 수 있다. 초기 성인기인 청년기는 고등교육을 마치고 사회로의 진출을 준비하는 시기이므로 직업 선택을 준비하는 과업과 이성과의 친밀한 관계에 관심이 높고 이에 많은 노력을 투자하는 시기이기도 하다. 여기에 따르는 미래의 불확실성과 관계에서의 갈등이 발생하게 되는데 정신건강문제를 과도한 인터넷 사용이나 음주와 같은 약물 사용으로 해소하려고 하면 신체건강과 정신건강 모두 폐해를 입을 수 있고 이후 만성적인 패턴으로 자리 잡을 수 있다.

(1) 청년 실업, 우울, 불안

청년 실업은 전 세계적인 현상이다. 경기 불황과 산업구조 재편으로 고용 없는 성장, 기술의 최첨단화와 맞물려 일자리가 축소되고 있는 현실에서 청년 실업이 장기화되고 있다. 청년 실업은 불확실한 미래에 대한 불안과 우울과 같은 부정적인 정서 상태를 지속하게 만드는 요인이기도 하다. 청년실업의 장기화로 구직 의사마저 상실하는 NEET(Not in Employment, Education or Training) 현상도 자리 잡고 있다. 청년기의 장기적인 불안정은 정신건강에 부정적인 영향으로 작용할 수밖에 없으므로 이들을 대상으로 경제적 지원에 집중하는 것만으로는 해결하기 어렵다. 청년들이 정신건강 상담에 손쉽게 접근할 수 있도록 대면 · 비대면 상담 서비스를 확장하는 노력이 필요하다.

(2) 감정노동

현대사회는 산업구조의 변화로 서비스 산업이 차지하는 부분이 증가하고 있다. 여기에 서비스 이용자와 제공자 간의 갈등과 의사소통 문제가 발생하게 되는데, 서비스 이용자 측의 일방적이고 강압적인 태도와 부당한 처우로 인한 서비스 제공자의 감정 소모가 사회적 문제로 대두되고 있다. 이는 동료 간의 처우와 관계에서도 발생하고 있는데, 직업의 강도에 따라 가혹한 훈련과 문화가 상용시 되고 있어 심지어 자살로 생을 마감하는 사례도 발생하고 있다. 감정노동의 직군으로는 대면서비스, 비대면서비스, 공공서비스, 돌봄 영역까지 다양하게 포함하고 있다. 감정노동 문제를 해결하기 위하여 감정노동 종사자 권리 보호센터가 상담과 사례 개입에 대한 기능을 담당하고 있다(서울시 감정노동 종사자 권리보호센터, 2021).

(3) 인터넷 중독, 은둔형 외톨이

은둔형 외톨이는 일본에서 1990년대부터 히키코모리 현상으로 사회문제로 조명받아 온 현상이다. 사회로부터 스스로 단절하여 집에서만 머무르고 대부분의 시간을 인터넷을 사용하면서 보내는 것으로 알려져 있다. 경기침체가 장기화되면서 청년 실업 문제가 심화되어 취업의 기회가 단절되고 경제활동과 사회적 관계 모두 단절되게 되는 과정에서 노력을 포기하고 희망을 가지지 않는 극단적인 사회적 고립 현상으로 해석할 수 있다. 문제는 은둔형 외톨이 집단에 대한 파악이 여의치 않다는 점이다. 은둔형 외톨이 문제는 개인과 가정 모두에 많은 어려움을 야기하는데, 가족 간 갈등이나 폭력 등 정신건강 측면에서 심각하게 부정적인 양상으로 나타나기도 한다. 이러한 청년 문제의 심각성을 파악한 광주와 부산에서 시의회 조례로 이러한 청년층에 대한 지원에 노력을 하고 있다고 보고되고 있다(연합뉴스, 2021. 5. 12.).

3) 중년기 특성

중년기에 접어들면 많은 신체적 변화와 심리적 변화를 경험하게 된다. 신체적 변화는 외모의 변화에서부터 오는데, 주름이나 내부 기관이 약해지는 등 노화가 일어나는 시기이기도 한다. 중년 여성의 경우 폐경기를 경험하면서 수면, 정서의 변화, 에너지 상실 등의 다양한 어려움을 경험하기도 한다. 노화와 관련된 부정적인 사회적 시선이 존재하는 현실인 만큼, 노화의 문턱에 이른 중년기는 자신에게 다가오는 변화와 노년기에 대한 두려움을 가질 수 있다. 여기에서 '빈 둥지 증후군'이나 불안장애를 경험하기도 한다. 중년기는 인생 후반기에 접어드는 시기로 중년은 자신의 인생을 되돌아보게 되며, 지금까지 의미를 부여한 가정이나 자녀양육에 대한 시간에 대하여 의미부여를 하는 것에 의문을 가지게 되고 상실감을 경험할 수 있다. 그 밖에도 중년기에 오는 외모의 변화와 직장에서의 성취, 이후 예상되는 진로의 불안정성으로 불안을 경험하기도 한다. 중년기에 긍정적인 자아상을 형성하는 요인으로는 지적인 활동을 수행하는 역량, 직업에서 성공적인 성취를 할 수 있는 역량, 외모, 사회적 관계나 친밀한 관계를 형성하는 대인관계 역량, 가정을 돌보고 부양하는 역량, 도덕성과 유머 감각 등으로 보고된다(Broderick & Blewitt, 2003: 235).

4) 중년기 정신건강의 주요 이슈

(1) 불안, 공황장애

중년기의 정신건강문제로 불안이나 공황장애가 주목을 받고 있다. 스트레스 상황에 놓이는 경우 심리적 긴장이 발생하는데, 중년기는 사회활동이나 직장생활로 인한 스트레스가 꾸준히 부가되는 발달단계로 불안과 같은 심리적 어려움을 호소하는 경우가 많다. 스트레스 상황을 적절하게 대응하지 못하게 되는 불안이나 공황장애와 같은 증상이 만성적으로 심화되기도 한다.

(2) 빈 둥지 증후군

빈 둥지 증후군은 중년기에 자녀는 집을 떠나고 부모만 남게 되는 상황을 상징적으로 표현하는 용어이다. 자녀 양육과 성장에 몰입하던 시기가 지나가면서 자신의 할 일이나 의미 부여가 더 이상 존재하지 않게 되면서 허무감과 정체성을 상실하는 어려움을 경험하게 된다. 중년 여성의 경우 갱년기에 접어들면서 호르몬 변화와 동반되는 신체적 불편감, 수면장애, 사회적 활동의 축소 등을 경험하면서 삶의 의미부여에 회의감을 경험하기도 한다.

(3) 우울

중년기의 여성 우울증 발생은 남성에 비해 높게 나타나고 있다. 이는 갱년기에 중년 여성이 경험하는 신체적 불편감과 사회적 활동의 제약 등도 영향을 미치는 것으로 볼 수 있다. 이 외에도 여성은 남성에 비해 상대적으로 낮은 사회적 지위, 남성 중심이 여전한 가정문화와 사회 인식 등이 여성의 정신건강에 부정적인 영향을 미치는 요인으로 고려될 수 있다. 이러한 요인들의 영향이 중년기에 접어들면서 앞서 설명한 빈 둥지 증후군에 이은 자아정체성 상실과 함께 복합적인 영향을 미치는 것으로 보아야 할 것이다. 이러한 점들을 고려할 때 중년 여성 우울증 문제에 대하여 사회 차원에서 예방과 치료가 적극적으로 제공되어야 할 것이다.

사회적 성취를 이루는 과정에서도 중년기 여성이 경험하는 장벽으로 '유리천장효과'를 들 수 있다. '유리천장효과'는 직장에서 여성의 지위 상승을 차단하고 성별로 스테레오 타입의 전형을 부가하는 사회적 분위기를 말하는 것으로, 이 시기 여성의 정신건강과 삶의 목표 성취 등에 장애물로 작용할 수 있다(Baron, Byrne, & Branscombe, 2007). 이는 중년기 여성의 정신건강문제에 대한 젠더 감수성 기반 개입의 중요성을 말해 주기도 한다.

5) 청년기 · 중년기 주요 개입

청년기 · 중년기의 정신건강문제에 대한 주요 개입 방법으로는 대학교 학생상담센터, 사업장 · 기업체의 직장인 정신건강 프로그램을 지원하고 지역사회의 정신건강복지센터와의 연계를 활성화한다. 또한 근로자를 대상으로 「산업안전보건법」을 기반으로 한 안전보건 교육을 수행할 때 정신건강 예방을 위한 교육을 강화하는 노력을 진행한다. 여기에 사업장 내에서 구성원의 정신건강문제를 조기 발견하기 위한 노력을 진행한다. 실업이나 미취업 상태에 놓여 있는 청년을 대상으로 운영하는 고용센터에서 심리상담 서비스를 제공하여 정신건강문제 예방에 대한 관심을 높이고, 고위험군의 경우는 지역사회의 정신건강복지센터로 연계하여 문제에 대한 조기 개입을 향상시키는 노력이 이어지고 있다(보건복지부, 2021: 18-19)

서비스 산업 종사자가 사회적으로 비중을 많이 차지하면서 감정노동자의 정신건강문제의 심각성이 논의되고 있다. 콜센터나 방문노동자와 같은 고위험군에 종사하는 감정노동자의 정신건강문제를 예방하기 위해 이들을 위한 보호 매뉴얼을 개발하고, 사업장별로 이행 여부를 점검하는 등 사업장 차원의 적극적인 역할을 강조하고 있다. 구체적으로, 치료나 상담을 위한 지원, 업무 일시 중단 및 전환 등의 예방적 조치에 대한 범위를 확대되고 있는 실정이다(보건복지부, 2021: 19). 사회적 거리두기의 시대에 따른 기존의 대면 서비스에서 비대면 서비스로의 전환은 정신건강 영역에서도 지속적인 확대가 이어지고 있다. 정신건강에 대한 정보 제공, 자가검진, 서비스 연계 등을 통합적으로 제공하고자 하는 노력도 이어지고 있다(보건복지부, 2021: 20)

청년기와 중년기는 가족과 관련된 발달과업이 성장하는 단계이니 만큼 고위험 가구에 대한 정신건강 서비스 지원에 대한 노력은 지속적으로 이어지고 있다. 위기가구 심리상담, 출장상담소, 주민센터 상담창구 개설 등이 여기에 해당된다. 또한 지역에 따라 통합정신건강증진 사업을 기반으로 찾아가는 서비스가 추진되고 있다. 다문화 가족에 대한 관심도 꾸준히 이어지고 있는데, 다문화가족지원센터를 통해 사례관리가 제공되고 있다. 탈북민을 대상으로 정신건강문제에 대한 사전 발견, 상담 서비스 지원, 개별화된 지원 프로그램을 개발하고 보급하고자 하는 노력도 이어지고 있다(보건복지부, 2021: 18-20)

4. 노년기 정신건강

1) 노년기 특성

노년기는 65세 이상으로 분류한다. 노인의 연령에 대한 다양한 논의가 제기되는데, 실질적인 노인으로 분류되어야 하는 연령을 75세로 보자는 의견에서부터 법적 정의를 기반으로 노인의 연령을 보아야 한다는 의견 등이 있다. 노년기는 노화가 본격적으로 자리 잡는 시기로 신체적 · 인지적 역량이 쇠퇴되는 변화를 보인다. 이 외에도 정서적 의존성이 높아지는 등 자녀나 가족, 타인의 도움에 의존하게 되는 시기이기도 한다. 노년기에 긍정적인 자아상을 형성하는 데 중요한 영향을 미치는 요인으로 인지능력, 수입활동, 외모, 가족과 친구와의 긍정적인 관계, 여가활동, 삶에 대한 만족도와 삶에 대한 긍정적인 회상과 추억 등을 들 수 있다(Broderick & Blewitt, 2003: 235). 이 중 노년기의 신체적 변화는 정신건강에 커다란 영향을 미치는 대표적인 요인이다. 신체가 쇠약해지면서 질병이나 기능의 현저한 저하를 가져오기도 한다. 이 시기에 만성적인 질환을 안고 살아가는 경우가 많아, 우울감이나 사회적 활동의 현저한 저하 등 부정적인 정서와 사회적 유대관계에서 소외되는 등의 현상이 일어나기도 한다. 청력이나 시력이 약화되어 이전에 가능했던 타인과의 의사소통이 어려워지면서 가족이나 타인과의 상호작용에서 어려움이 발생하고 소외감을 느끼는 등 관계의 어려움과 갈등까지 유발되기도 한다. 심각한 양상의 하나로 노인학대나 유기 등을 들 수 있다. 치매는 노년기에 발생하는 주요 질환으로 정신건강문제를 동반하여 사회적 관계의 피폐를 가져와 치매 당사자, 가족 그리고 지역사회에 부정적인 영향을 미치게 된다(송인환 외 공역, 2015: 367; Nolen-Hoeksema, 2004).

수명이 연장되면서 노년기는 삶을 마감하는 여정이기보다는 새로운 시작이나 모험을 그리는 인생의 탐험기로도 이야기되기도 한다. 결혼한 부부의 경우, 수명이 늘어나면서 결혼생활이 연장되기도 하며, 이전의 갈등이나 문제가 심화되어 황혼이혼으로 이어지기도 한다. 실제로 국내외의 황혼 이혼의 비율은 지속적으로 증가하고 있다. 노년기의 이혼은 배우자 상실에만 국한되는 것이 아니라, 경제적 지원이나 자원, 가족관계와 같은 사회적 지지망의 변화 등을 가져오기도 한다. 실제로 빈곤으로 떨어지거나, 사회적 관계의 단절과 같은 위기로 이어지기도 한다(통계청, 2021).

2) 노년기 정신건강의 주요 이슈

(1) 치매

치매는 뇌 기능의 손상으로 인지기능에 장애를 가져온다. 정서적 변화와 인격 변화도 가져오는 등 삶의 다양한 측면에 부정적인 영향을 미치며 치매노인과 가족의 삶을 피폐하게 만들기도 한다. 치매노인을 부양하는 것은 정신적으로나 신체적으로 높은 부담과 스트레스를 가져오는데, 가족이 이를 부담하는 것은 가족 갈등과 심각한 고통을 유발한다. 이를 경감하기 위한 제도적인 노력이 체계적으로 이루어져야 한다. 이를 통해서 노인의 정신건강과 삶을 안전하게 지키고 가족과 지역사회는 각자의 역할을 수행하고 삶을 살아나갈 수 있게 된다. 치매는 노년기에 주로 발생하나 장년층의 치매도 발생하는 만큼, 이에 대한 주의를 요하고 있다(Nolen-Hoeksema, 2004: 483).

(2) 노인학대

노년기는 신체적 · 인지적 · 정서적 기능의 쇠퇴로 의존성이 높아지게 되는데, 이는 노인학대의 주요 원인이 될 수 있다. 수발이 필요한 질병이나 인지적 장애가 있을 경우, 노인의 의존성이 높아지고 이에 따른 부양 스트레스가 증가하게 되며 학대로 이어질 수 있다고 보고된다. 경제적 어려움에 놓여 있는 가구의 경우도 학대의 위험도가 높다고 보고된다. 노인에 대한 사회적 편견도 노인학대의 주요 원인이라고 보는데, 노인을 무능력하고 완고한 사고를 가진 존재로 보는 인식 등이 노인을 경시하는 태도를 형성하고 학대로 이어질 수 있다고 보고 있다(김선희 외, 2005: 184; 중앙노인보호전문기관, 2020). 노인학대에 대한 사회적 관심은 아동학대에 비하여 상대적으로 낮은 것으로 나타나는데, 지역사회의 다양한 연계망을 통하여 예방과 치료를 활성화하는 노력이 요구된다.

(3) 노인 우울과 자살

노년기 우울은 삶의 질을 심각하게 저하시키는 위험요인이다. 우울의 원인으로는 질병, 빈곤, 사회적 고립, 가족이나 친지와의 사별로 인한 슬픔 등 다양한 원인이 거론되고 있다(Nolen-Hoeksema, 2004: 505). 노년기는 신체건강이 쇠약해지는 발달단계의 특성을 가지고 있다. 이 시기는 사회적 · 경제적 역할이 축소되면서 수입의 단절이나 빈곤의 어려움에 노출될 위험이 존재하는 시기이기도 하다. 다수의 노인이 만성질환을 가지고 있는 경우가 많은데 노년기 삶의 질을 위협하는 요인으로 우울감이나 자살생각 등에 취약하게 된다. 질환과 빈곤은 노인 우울과 자살문제의 위험요인으로 노년기 정신건강문제에서 주목해야 할 영역이기도 하다. 한국의 자살문제에서 노인자살률은 심각한 수준을 보이는 만큼, 고위험군을 대상으로 집중적인 예방 노력이 요구된다고 하겠다.

(4) 황혼 이혼

한국은 OECD 국가 중에서 높은 이혼율을 보이고 있다. 서구에서는 동거나 사실혼을 통해서 가족을 이루는 반면, 한국의 경우는 가족을 이루는 과정이 결혼이라는 법적 제도를 통하는 사회적 관습이 아직도 유효한 데에서 기인한다고 해석하기도 한다. 지난 10년간 이혼율은 완만하게 감소되는 추이를 보이는 데 반해서, 혼인기간이 20년 지난 후 이혼하는 황혼 이혼은 2.4배 수준으로 높아진 것으로 나타났다(통계청, 2021). 황혼 이혼에 대한 인식도 변화하고 있는데, 할 수 있다는 인식이 높아지는 것으로 보고되고 있다. 노인기의 황혼 이혼은 배우자의 상실뿐만 아니라 가족체계의 변화 혹은 단절로 이어질 수 있어 노인기의 사회적 관계에 부정적인 영향을 미칠 수 있다. 황혼 이혼의 경우, 과거의 관계와의 단절과 향후 홀로서기의 과업이 동시에 요구되는 것으로 가족의 관심과 집중적인 정서적 지원이 요구된다. 이 외에도 사회경제적 측면에서의 지원이 요구되는 등 다면적인 지원이 요구되는 전환기적 위기 상황이라 할 수 있다.

(5) 죽음

노년기는 배우자나 친구, 가족의 죽음 등 죽음을 가까이서 경험하는 시기이기도 하다. 이는 타인에게만 해당하는 것이 아니라 바로 자신의 죽음도 해당된다. 죽음을 잘 준비하는 것은 인생의 성숙도와 연관되는 것으로 이 시기의 정신건강의 주요 과업이기도 하다. 최근에는 인간의 삶에서 잘사는 것(well-being) 못지않게 좋은 죽음(well-dying), 즉 죽음을 잘 준비하자는 사회적 논의도 일어나고 있다. 죽음에 대한 미화 혹은 공포보다는 죽음은 삶의 하나의 과정이므로 이는 인간으로서의 품위를 실현하는 과정으로 보아야 한다는 시각이라 하겠다(김희정 역, 2017). 삶을 마감하는 생애 말기에 병원에서 의료적 처치를 받으면서 보내는 것이 죽음의 질과 어떤 관계가 있을 것인가에 대한 논의도 이어지고 있다(송인환 외 공역, 2005). 죽음은 인간이 준비할 수 있는 가장 중요하고도 품위 있는 결정이라고 보는 시각이 좋은 죽음의 관점이다. 좋은 죽음(well-dying)을 맞이하는 것은 노년기의 마지막 과업인 자아통합의 성취라고도 볼 수 있는 만큼, 이에 대한 사회적 관심과 지원, 그리고 인간 성장에 대한 신념이 요구된다.

3) 주요 개입

노년기의 정신건강문제를 예방하기 위해서는 사회적 역할을 수행하는 것이 긍정적인 영향을 미친다. 노인 일자리 참여는 이러한 맥락에서 국가적으로 권장하고 있는 사업이기도 한다. 노인 일자리 참여자를 대상으로 정신건강에 대한 교육을 제공하고, 조기발견과 예방이 이루어질 수 있도록 노력하고 있다. 노인 대상 서비스 제공자에게도 노인 정신건강에 대한 교육을 제공하여 고위험군을 조기에 발견하도록 힘쓰고 있다. 정신건강복지센터와 노인을 대상으로 서비스를 제공하는 기관 간 협력 체계를 활성화하여 노인 정신건강 향상을 위한 교육, 서비스 지원 등이 이어지고 있다. 여기에는 다양한 기관이 포함되는데, 한국노인인력개발원, 독거노인종합지원센터, 치매안심센터, 노인복지관, 경로당 등이 해당된다. 노년기에는 수면의 낮은 질이 문제가 되는데 이러한 정신건강의 위험 요인에 대하여도 과학적 프로그램을 개발하는 것에 대한 논의가 이루어지고 있다. 노년기에는 신체적 · 인지적 · 정서적 기능이 취약해지는 시기로, 치매나 질병으로 인한 사회적 기능 수행에 어려움이 생기면서 사회적 고립의 위험도 높아질 수 있다. 이러한 위험 요인들은 노인 우울이나 노인학대로 이어지기도 한다. 고위험군 노인을 대상으로 '노인맞춤돌봄서비스' 내에서 특화서비스를 운영하고 있는데, 상담, 위기개입, 지원, 자조모임 등의 프로그램을 제공하고 있다(보건복지부, 2021: 18-20).

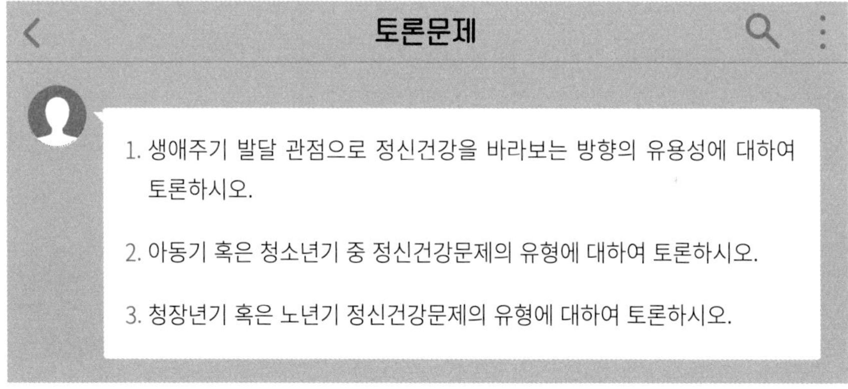

참고문헌

교육부(2021). 2020년 학교폭력 실태조사 발표 보도자료.

권중돈, 김동배(2005). **인간행동과 사회환경**. 학지사.

김선희, 강혜원, 나기석, 손덕순, 임경선, 정준구(2012). **인간행동과 사회환경**. 신정.

김선희, 김혜경, 박충선, 최용민, 최정혜, 한동희, 허영숙, 현은민, 홍달아기(2005). 노인학대 전문상담. 시그마프레스.

김아영 역(2020). **사회심리학: 마음과 행동을 결정하는 사회적 상황의 힘**. R. B. Cialdini, D. Kenrick, & S. L. Neuberg 편. 웅진지식하우스.

김희정 역(2017). **어떻게 죽을 것인가**. Atul Gawande 저. 부키.

대한정신의학회 편(2007). **신경정신의학**. 중앙문화사.

보건복지부(2021). 온국민 마음건강 종합대책-제2차 정신건강복지기본계획(안) 국정현안점검조정회의.

송인한 외 공역(2015). **보건사회복지**. S. Gehlert & T. Browne 편저. 박영사.

오세진, 김청송, 신맹식, 양계민, 이요행, 이장한, 이재일, 정태연, 조성근, 조수현, 현주석(2015). **인간행동과 심리학**(4판). 학지사.

이우경(2016). **DSM-5에 의한 최신 이상심리학**. 학지사.

이희영, 성형림, 김은경, 박서원(2017). **인간심리의 이해**(개정판). 시그마프레스.

장휘숙(2006). **전생애 발달심리학**(4판). 박영사.

조선일보(2017. 5. 3.). 3세 미만 아이, 스마트폰 자주 보면 두뇌발달 안 된다. https://health.chosun.com/site/data/html_dir/2017/05/02/2017050203122.html

중앙노인보호전문기관(2020). **2019 노인학대 현황보고서**.

통계청(2021). **한국의 사회동향2020**.

Baron, R. A., Byrne, D. R., & Branscombe, N. R. (2007). *Mastering social psychology*. Boston, USA: Allyn & Bacon.

Brodercik, P. C., & Blewitt, P. (2003). *The life span: Human development for helping professionals*. New Jersey, USA: Pearson Education, Inc.

Nolen-Hoesema, S. (2004). *Abnormal psychology* (3rd ed.). New York: McGraw-Hill.

부산시의회 '은둔형 외톨이' 사회복귀 돕는 조례 만든다, 연합뉴스, http://yna.co.kr에서 2021년 5월 12일 인출.

서울시 감정노동 종사자 권리보호센터, 감정노동이란, http://www.emotion.or.kr/에서 2021년 4월 14일 인출.

스마트폰에 빠진 우리아이 뇌는 팝콘뇌, 조선일보, https://m.health.chosun.com/svc/news_view.html?contid=2013031902530에서 2021년 4월 14일 인출.

엄격한 양육이 아이의 두뇌를 바꾼다, 네이버 뉴스, http://naver.com에서 2021년 4월 14일 인출.

서울대학교병원 정신의학과, 틱장애 및 ADHD 장애에 대한 설명, http://www.snuh.org/health/nMedInfo/nView.do?category=DIS&medid=AA000359에서 2021년 4월 16일 인출.

http://google.com

http://www.chosun.com

http://www.google.com

http://naver.com

http://www.snuh.org

http://yna.co.kr

'혼란스러운 식이'와 정신건강

우리나라의 정신건강서비스는 정신과적 진단을 받은 정신질환 중심으로 이루어지는 경향이 있다. 그로 인해 진단기준을 충족하는 정도에는 못 미치지만 문제가 있는 하위임상 집단은 주목받지 못한 듯하다. 다른 인구집단도 그렇지만 청소년, 특히 여자 청소년의 경우에는 외모에 대한 관심이 지나칠 정도로 크다. 이는 건강하지 않은 식이습관을 가질 수 있는 중요한 원인이 되고 있다. 그리하여 이 장에서는 하위임상적 식이장애, 즉 '혼란스러운 식이'에 초점을 두고자 한다.

'혼란스러운 식이'를 이해하기 위해 식이장애 연속적 모델 관점을 소개하였다. '혼란스러운 식이'는 식이장애와 정도에서 차이를 보이지만 유사성을 가지고 있다. 식이장애는 소수의 여자 청소년에게서 나타나지만, '혼란스러운 식이'를 보이는 여자 청소년의 비율은 상당한 것으로 나타났다.

이 장에서는 '혼란스러운 식이'를 소개하고, '혼란스러운 식이'의 보호요인과 역기능적 가족인 알코올 의존자 자녀가 '혼란스러운 식이'를 보이지 않게 예방하기 위한 보호요인을 살펴보고, '혼란스러운 식이'에서의 성차 등에 관하여 살펴보고자 한다. 마지막으로 학교 커리큘럼에 반영할 수 있는 '혼란스러운 식이' 예방 프로그램을 소개하였다.

1. '혼란스러운 식이'에 대한 이해

식이장애에 대한 연속성 가설(continuum hypothesis for eating disorders)은 니란더(Nylander, 1971)에 의해 제안되어, 로딘, 실버스테인과 스트리겔-무어(Rodin, Silberstein, & Striegel-Moore, 1984) 등에 의해 발전되었다. 니란더(1971)는 개인은 처음에는 신체(body)에 관심을 가지고, 그런 다음에 다이어트를 하며, 최종적으로는 식이에 대하여 통제를 상실하는 등의 식이장애를 가진다고 주장하였다.

폭식(bingeing)의 경우에도 처음부터 폭식을 하는 것이 아니라 폭식을 하기 이전에 다이어트(dieting)를 하다가 폭식을 하게 된다(Polivy & Herman, 1985). 그리고 이러한 다이어트와 폭식은 병리적인 수준인 식이장애로 진전되는 위험요인이 될 수 있다(Patton, Johnson-Sabine, Wood, Mann, & Wakeling, 2009).

연속성 가설을 주장하는 학자들은 DSM 기준을 충족시키는 식이장애를 가진 개인들은 가벼운(milder) 형태의 식이장애를 가진 개인들과는 정도(degree)에서 근본적인 차이가 있다고 본다(Nylander, 1971; Rodin et al., 1984).

연속성 가설은 정상집단과 하위임상 식이장애 집단, 식이장애 집단 이 세 집단을 문제의 심각성과 빈도 측면에서 보면 정상집단은 연속선상의 한 끝에 위치하고 있고, 식이장애 집단은 반대편 끝쪽에 있으며, 하위임상 형태의 식이장애 집단은 연속선상에서 중간지점에 있다고 보았다(Scarano & Kalodner-Martin, 1994).

또 다른 학자는 DSM 진단을 충족하는 식이장애 집단(eating disordered group)과 식이와 관련하여 전혀 문제를 보이지 않는 비증상 집단(asymptomatic group), 그리고 문제의 정도가 심하지 않는 집단을 위치 지을 때, 식이장애 집단을 한쪽의 끝으로 보고 연속선상에서 중간 정도의 지점에 '혼란스러운 식이(disordered eating)'를 보이는 증상적 집단(symptomatic group) 등으로 구분하였다(Mintz, O'Halloran, Mulholland, & Schneider, 1997).

이러한 연속성 가설과는 다른 식이장애 증상의 비연속성 모델(discontinuous model of eating disorder symptoms)을 주장하는 학자들도 있다(Bruch, 1973; Garner, Olmsted, & Polivy, 1983). 비연속성 모델은 식이장애를 가지지 않은 여성들과 하위임상 식이장애를 가진 여성들, 그리고 임상적 식이장애를 가진 여성들은 증상 측면에서 질적인 차이를 보이는데, 식이장애를 가지고 있는 여성들은 우울과 불안 증상과 같은 유일한 증상을 경험하는 것으로 보았다(VanBoven & Espelage, 2006). 일반적으로 비연속성 모델보다는 연속성 모델이 지지를 더 많이 받는 추세이다(VanBoven & Espelage, 2006).

임상적 수준의 식이장애를 보이는 경우는 매우 소수이다. 대신 식이장애로 발전할 가능성이 크고, 식이장애와 비슷한 결과를 초래하는 하위임상적 이슈, 즉 '혼란스러운 식이'에 주목할 필요가 있다.

최근에 와서는 식이장애 연구자들도 식이장애보다는 정도가 약한 폭식 등의 '혼란스러운 식이'에 관심을 가지기 시작하였다(Wertheim et al., 1992). 식이장애와 '혼란스러운 식이'는 심각성(severity) 측면에서 차이를 보이지만, '혼란스러운 식이'와 식이장애는 유사한 행동적 · 심리적 특성들을 보인다(Scarano & Kalodner-Martin, 1994). 따라서 식이장애에 관한 기존의 연구결과들은 '혼란스러운 식이'를 이해하는 데에 도움이 될 수 있다.

식이장애 치료에서 가장 중요한 것 중의 하나는 건강한 신체 이미지(body image)를 형성하도록 도와주는 일이다. 자신의 몸을 아끼고 사랑할 수 있는 사람은 이 세상에 오직 한 사람, 자기 자신밖에 없다는 인식의 전환이 무엇보다 필요하다. '혼란스러운 식이'의 경우에도 동일한 논리가 적용될 수 있다.

'혼란스러운 식이'를 이해하기 위해서는 '혼란스러운 식이'를 가늠할 수 있는 척도를 소개하는 것이 이해에 도움이 된다. 대표적인 식이문제 척도로

'EDI-2'와 '식이태도검사-26(The Eating Attitudes Test-26: EAT-26)'을 꼽을 수 있다.

먼저, EDI-2(Eating Disorder Inventory-2; Garner, 1991)는 식이장애와 '혼란스러운 식이'를 연속선으로 이해하는 데 사용되고 있다(Scarano & Kalodner-Martin, 1994). 그리고 EAT-26은 지역사회에서 '혼란스러운 식이'를 보이는 청소년들을 확인하는 데 많이 사용되고 있는 도구이다(Garner, Olmsted, Bohr, & Garfinkel, 1982).

EDI-2는 다음과 같은 8개의 하위척도, 즉 마르고 싶은 욕구(drive for thinness), 폭식증(bulimia), 신체 불만족(body dissatisfaction), 비효과성(ineffectiveness), 완벽주의(perfectionism), 대인관계에서의 불신(interpersonal distrust), 내부수용적 인식(interoceptive awareness), 성숙에 대한 두려움(maturity fears) 등으로 이루어져 있다.

① **마르고 싶은 욕구**: 이 척도는 다이어트에 대한 과도한 관심, 극단적으로 마른 것을 추구하고 체중에 집착하는 내용을 가리킨다.
② **폭식증**: 이 척도는 통제할 수 없는 폭식을 하며, 이어서 자신이 구토를 유도하는 충동을 보이는 경향을 말한다.
③ **신체 불만족**: 이 척도는 사춘기 때에 통통해지거나 몸의 형태가 변화하는 신체의 특정 부위가 너무 커진다는 생각을 반영하고 있다.
④ **비효과성**: 이 척도는 일반적인 적절성, 불안정, 무가치, 자신의 생활에서 통제가 되지 않고 있다는 감정 등을 담고 있다. 비효과성 개념은 부정적인 자기평가(자아개념) 등을 포함하고 있다.
⑤ **완벽주의**: 이 척도는 탁월한 성취에 대한 과도한 개인적 기대를 말한다. 거식증에서 나타나는 완벽주의는 이분법적인 사고 스타일의 부분이기도 하다.
⑥ **대인관계에서의 불신**: 이 척도는 소외감을 느끼고 가까운 관계를 형성하

는 것을 꺼려하며, 다른 사람들에게 편안하게 자신의 감정을 표현하는 것을 어려워하는 내용을 포함하고 있다.

⑦ **내부수용적 인식**: 이 척도는 배고프거나 배부른 감정이나 감각을 정확하게 확인하거나 인식하는 능력이 부족한 내용을 다루고 있다.

⑧ **성숙에 대한 두려움**: 이 척도는 성인기의 압도적인 요구 때문에 사춘기 이전의 안전한 상태로 돌아가려는 바람을 측정하고 있다(Garner et al., 1983).

김혜련, 전선영과 김정희(2006)는 알코올 중독자 성인자녀(Adult Children of Alcoholics[1]: ACOAs)에 대하여 알코올 중독자 자녀 선별도구인 CAST(Children of Alcoholics Screening Test) 30문항 중에서 1점 이하를 non-ACOAs, 2~5점을 가진 경우에는 하위임상 집단(sub-clinical ACOAs), 6점 이상을 ACOAs로 보아야 한다는 민츠, 카슈벡과 트레이시(Mintz, Kashubeck, & Tracy, 1995)의 엄격한 기준을 수용하여 이들 세 가지 ACOAs 지위 유형과 사회복지학 전공 여대생의 EDI-2 척도 점수들과 집단 간 차이가 있는지를 알아보았다.

연구결과, EDI-2 척도에서 '내적인 감각인식' '성숙에 대한 두려움' '충동성 규제' 등의 하위척도 문항들에서 집단 간에 통계적으로 유의미한 차이를 보였다. 구체적으로 살펴보면, '내적인 감각인식' 영역에서는 하위임상 ACOAs 집단이 non-ACOAs 집단보다 포만감이나 배고픔의 감정이나 감각을 확인하고 인식하는 정도가 더 결여되어 있는 것으로 나타났다. 민츠 등(1995)의 연구에서는 여대생 ACOAs 집단과 여대생 non-ACOAs만을 비교하였을 때, 여대생 ACOAs 집단은 여대생 non-ACOAs 집단에 비하여 배고픔이나 포만감에 대한 감각과 정서를 확인하고 지각하는 수준이 더 낮은 것으로 나타났다.

---

1) Alcoholic은 알코올 중독자로 불리는데 알코올 의존자(alcohol dependent)와 동일한 의미로 기술되고 있다.

'성숙에 대한 두려움' 영역에서는 ACOAs 집단이 non-ACOAs 집단에 비하여 성인기의 압도적인 요구로 인하여 청소년 전기 동안의 안전으로 돌아가고 싶은 욕구가 더 높은 것으로 나타났다. 팔머(Palmer, 1991)에 의하면, 레질리언스가 있는 ACOAs들은 청소년 후기 이후가 청소년 시기보다 훨씬 편하다고 보고하였다. ACOAs 집단이 non-ACOAs 집단보다 지금 현재보다는 청소년 시기로 돌아가길 원한다는 것은 ACOAs 집단이 현재 적응에서 어려움을 겪고 있다는 의미로 해석할 수 있다.

'충동성 규제' 영역에서는 하위임상 ACOAs 집단이 non-ACOAs 집단보다, ACOAs 집단이 non-ACOAs 집단보다 충동성, 물질남용, 무모함, 적대감, 대인관계에서의 파괴적이고 자기파괴적인 성향이 더 높은 것으로 나타났다.

〈표 5-1〉과 〈표 5-2〉는 EDI-2의 하위척도들 중에 대표적인 '마르고 싶은 욕구' 척도와 EAT-26을 제시한 것이다.

표 5-1 EDI-2의 '마르고 싶은 욕구' 척도 예시

자신과 가장 가깝다고 생각되는 정도를 선택하여 해당하는 란에 ✓표 해주세요.

번호	내용	전혀 그렇지 않다	거의 그렇지 않다	때때로 그렇다	종종 그렇다	거의 그렇다	항상 그렇다
1	신경질이 나거나 짜증나지 않아도 달거나 탄수화물이 많은 음식(예: 초콜릿, 빵 등)을 먹는다.						
2	다이어트에 대해 생각한다.						
3	폭식 후에는 죄책감이 많이 든다.						
4	나는 체중이 느는 것이 너무 싫다.						
5	몸무게의 중요성에 대해 과장하거나 확대해서 생각하는 경향이 있다.						
6	더욱 마르고 싶다는 생각만 하고 지낸다.						
7	1kg이라도 체중이 증가하면, 계속 체중이 증가하지 않을까 걱정이 된다.						

표 5-2 EAT-26

다음 문항들은 당신의 식이태도를 알아보기 위한 것입니다. 당신에게 해당되는 사항에 표시하여 주십시오.

〈보기〉 1) 항상 그렇다　2) 거의 그렇다　3) 자주 그렇다
4) 가끔 그렇다　5) 거의 그렇지 않다　6) 전혀 그렇지 않다

문항	1	2	3	4	5	6
1. 살이 찌는 것이 두렵다.						
2. 배가 고파도 식사를 하지 않는다.						
3. 나는 음식에 집착하고 있다.						
4. 억제할 수 없이 폭식을 한 적이 있다.						
5. 음식을 작은 조각으로 나누어 먹는다.						
6. 자신이 먹고 있는 음식의 영양분과 열량을 알고 먹는다.						
7. 빵이나 감자 같은 탄수화물이 많은 음식은 특히 피한다.						
8. 내가 음식을 많이 먹으면 다른 사람들이 좋아하는 것 같다.						
9. 먹고 난 다음 토한다.						
10. 먹고 난 다음 심한 죄책감을 느낀다.						
11. 자신이 좀 더 날씬해져야겠다는 생각을 떨쳐 버릴 수 없다.						
12. 운동을 할 때 운동으로 인해 없어질 열량에 대해 계산하거나 생각한다.						
13. 남들은 내가 너무 말랐다고 생각한다.						
14. 내가 살이 쪘다는 생각을 떨쳐버릴 수 없다.						
15. 식사시간이 다른 사람보다 더 길다.						
16. 설탕이 든 음식은 피한다.						
17. 체중조절을 위해 다이어트용 음식을 먹는다.						
18. 음식이 나의 인생을 지배한다는 생각이 든다.						
19. 음식에 대한 자신의 조절 능력을 과시한다.						
20. 다른 사람들이 나에게 음식을 먹도록 강요하는 것같이 느껴진다.						
21. 음식에 대해 많은 시간과 정력을 투자한다.						
22. 단 음식을 먹고 나면 마음이 편치 않다.						
23. 체중을 줄이기 위해 운동이나 다른 것을 하고 있다.						
24. 위가 비어 있는 느낌이 있다.						
25. 새로운 기름진 음식을 먹기를 즐긴다.						
26. 식사 후에 토하고 싶은 충동을 느낀다.						

〈표 5-1〉에서 '전혀 그렇지 않다'에 1점, '거의 그렇지 않다'에 2점, '때때로 그렇다'에 3점, '종종 그렇다'에 4점, '거의 그렇다'에 5점, '항상 그렇다'에 6점으로, 점수가 높을수록 식이장애 증상이 높다고 볼 수 있다(VanBoven & Espelage, 2006).

〈표 5-2〉는 식이태도검사인 EAT-26으로서, 6점 척도(항상 그렇다, 거의 그렇다, 자주 그렇다, 가끔 그렇다, 거의 그렇지 않다, 전혀 그렇지 않다)로 구성되어 있다. 점수 배점은 '항상 그렇다'에 3점, '거의 그렇다'에 2점, '자주 그렇다'에 1점, 그 외의 나머지 '가끔 그렇다' '거의 그렇지 않다' '전혀 그렇지 않다'에 0점을 부과한다. 따라서 최저 0점에서 최고 78점까지 분포를 보일 수 있다(VanBoven & Espelage, 2006). 20점 이상은 병리적인 절식행동을 보이는 사람으로 신경성 거식증(anorexia nervosa)의 가능성을 시사한다(Garner et al., 1982).

2. '혼란스러운 식이'의 정의

'혼란스러운 식이'는 병원에서 치료를 필요로 하는 DSM의 진단기준을 충족하는 신경성 거식증이나 신경성 폭식증(bulimia nervosa) 수준은 아니지만, 체중과 음식에 대하여 건강하지 않은 선입견을 가지고 있고 벼락치기 다이어트(crash diet)를 하며, 단식을 하고, 먹은 것을 토하여 장에서 음식을 비우는(purging) 등의 행동을 하며, 특히 여자 청소년이나 성인 여성에게서 많이 볼 수 있다.

우리에게 익숙한 다이어트 역시 폭식 증상뿐만 아니라 식이장애까지 진전할 수 있는 사전 요인이라는 점을 인식할 필요가 있다. 대부분의 여성들은 자신의 체중에 대하여 만족하지 않으며, 체중을 줄이기 위하여 다이어트를 한다. 이같이 체중에 대한 관심과 신체에 대한 불만, 즉 여성의 다이어트가 사회문제가 되고 있다.

다이어트는 신체적으로 심리적으로 정상이 아님에도 불구하고, 사회적으로는 정상적으로 간주되는 경향이 있다. 그러나 다이어트가 식이장애의 전조가 될 수 있으며, 유사하지만 덜 심각한 식이장애에서 볼 수 있는 행동이나 태도의 특성을 나타내기도 한다(Phelps, Johnston, & Augustyniak, 1999). '혼란스러운 식이'는 엄격한 다이어트, 이따금의 폭식, 장을 비우는 행동, 과도한 운동, 부정적인 신체적 이미지 등을 포함한다.

외모를 중시하는 현대사회에서 여자 청소년들의 식이장애 문제는 더 이상 특정 집단의 문제가 아니다. 여성 자존감의 많은 부분은 외모에 대한 인식과 관계를 보이며, 식이장애는 학령기 전에 시작하여 청소년기 혹은 초기 성인기에 절정을 이룬다(Wade & Cooper, 1999). 미국 청소년을 대상으로 한 연구 결과에 의하면, 여자 청소년의 5% 정도가 DSM-IV 기준의 신경성 거식증 혹은 신경성 폭식증에 해당되며(Phelps, Sapia, Nathanson, & Nelson, 2000), 여자 청소년들 중의 3분의 1 정도가 만성적 다이어트, 과도한 운동, 자신이 유도하는 구토, 설사약 등을 남용하여 체중을 조절하고 감소시키는 공격적인 방법을 사용하는 것으로 나타났다(Phelps, Andrea, & Rizzo, 1994).

이 장에서 관심을 두는 '혼란스러운 식이'는 의료적 조치를 요하는 임상적 식이장애(clinical eating disorders)가 아닌 하위임상(subclinical) 기준에 준하는 것으로, 주로 여자 청소년들에게서 많이 나타난다. '혼란스러운 식이'는 식이장애로 발전될 수 있는 위험의 여지가 크기 때문에 예방이 무엇보다 중요하다.

식이장애는 개인을 서서히 파괴시키는 자살의 한 형태로 청소년기의 단순한 다이어트와 운동, 체중조절 등의 '혼란스러운 식이'가 위험한 수준의 식이장애로 악화될 수 있다는 사실(Bardick et al., 2004)에 주목할 필요가 있다. 지금까지 우리 사회에서는 이러한 문제행동에 대한 인식이 부족하여 점차 증가하는 청소년들의 '혼란스러운 식이'에 대해 사회에서 적절하게 대처하지 못하였다.

'혼란스러운 식이'를 보이는지를 알아보기 위하여 우리나라에서는 중 · 고등학생에 해당하는 미국의 7학년에서 12학년에 재학 중인 여자 청소년들을 대상으로 사용한 다음의 일곱 가지 문항을 소개하고자 한다(Chandy, Harris, Blum, & Resnick, 1995).

① 자신의 체중이 과체중, 적당한 체중, 저체중 중 어디에 해당하는가?

② 폭식(binge eating)을 한 적이 있는가?
–'있다'와 '없다' 중에서 응답하도록 하였다.

③ 음식 먹는 것을 멈출 수가 없어서 두려움을 느낀 적이 있는가?
–'있다'와 '없다' 중에서 응답하도록 하였다.

④ 작년 1년 동안에 다이어트 경험이 있는가?
–여기에서 다이어트란 '먹는 방식을 변화시켜서 체중을 줄일 수 있는 것'(Story et al., 1991)을 의미한다. '전혀 없다' '1~4번' '5~9번' '10번 이상' '항상' 중에서 응답하도록 하였다.

⑤ 의도적으로 음식을 토한 적이 있는가?
–'전혀 없다' '한 달에 1번' '한 달에 2~3번' '일주일에 1번' '항상' 중에서 응답하도록 하였다.

⑥ 체중을 줄이는 방법으로 구토를 유도하기 위해 구토 유발제(Ipecac)를 사용한 적이 있는가?
–'있다'와 '없다' 중에서 응답하도록 하였다.

⑦ 체중을 줄이기 위하여 이뇨제를 사용한 적이 있는가?
–'있다'와 '없다' 중에서 응답하도록 하였다.

이상의 하위범주에서 자신이 3개 이상에 해당할 때에 '혼란스러운 식이 행동'을 하고 있다고 볼 수 있다(Chandy et al., 1995). 구체적으로 보면, ①번 문항에서는 과체중에 1점, 나머지는 0점, 나머지 6문항에서는 경험이 있는 경우에는 1점, 없는 경우에는 0점을 부여한다.

'혼란스러운 식이 행동' 척도는 1987년에서 1988년 미국에서 청소년을 대상으로 이루어진 가장 큰 연구인 미네소타 청소년 건강 조사(Minnesota Adolescent Health Survey)의 일부에 포함되었다(Story et al., 1991).

3. '혼란스러운 식이'의 보호요인

여자 청소년들의 '혼란스러운 식이'는 개인 요인, 가족 요인, 학교 요인, 사회문화적 요인과 관련이 있는 것으로 나타났다. 개인 차원의 요인들 중에 마르고 싶은 욕구가 있다. 마르고 싶은 욕구는 현재 우리 사회에 만연해 있는 사회문화적 양식을 내면화하거나 수용하는 정도를 말한다(Phelps et al., 2000).

실제로 여자 청소년들에게 자신의 체형(body shape)에 대한 느낌을 물어본 결과, 대상자의 반 이상이 자신이 너무 살쪘다고 인식하는 것으로 나타났다(McVey, Pepler, Davis, Flett, & Abdolell, 2002). 이러한 수치는 동서양을 막론하고 여자 청소년들 사이에 체중에 대한 만족도가 낮으며, 마르고 싶은 욕구가 보편적으로 자리 잡고 있음을 보여 준다.

효과적인 대처기술은 모든 청소년의 보호요인이다. 효과적인 대처기술은 스트레스로부터 오는 영향을 감소시킬 수 있는 인지행동 노력이다(Dumont & Provost, 1999). 따라서 식이장애 예방 프로그램에서는 청소년을 대상으로 학교나 사회에 만연해 있는 마른 것에 대한 이상과 미디어의 메시지에 대한 효과적인 대처기술을 익힐 수 있게 도움을 제공할 수 있다(Mussell, Binford, & Fulkerson, 2000).

효과적인 대처기술을 가진 여자 청소년들은 자신들의 격렬한 감정을 친구와 신뢰할 수 있는 어른들에게 표현할 줄 안다. 반면에, 대처능력이 부족한 여자 청소년들은 다른 사람과의 관계를 맺는 방식으로 약물에 의존하는 경향이 있다(Windle, 1992).

'혼란스러운 식이'를 보이는 여자 청소년들은 정서중심적 대처와 관계가 있는 것으로 나타났다(Frayer, Waller & Kroese, 1997). 가정에서의 학대 역시 식이장애와 관련이 있다. 부모로부터 학대를 받을까 걱정하는 여자 청소년들은 그렇지 않은 여자 청소년들에 비하여 '혼란스러운 식이'를 보일 위험이 더 높은 것으로 나타났다(Chandy, Harris, Blum, & Resnick, 1995).

어머니와의 애착은 식이장애와 관련이 있다. 어머니와의 관계에서 어려움을 가지는 아동은 그 결핍감을 충족시키기 위하여 식이장애에 걸리기 쉽다(Orzolek-Kronner, 2002). 대표적인 역기능가족인 부모가 알코올 의존자인 여자 청소년들(Children of Alcoholics: 이하 COAs라고 칭함)은 일반가정의 여자 청소년들에 비하여 '혼란스러운 식이'를 가질 가능성이 더 높아질 것으로 보인다.

여자 청소년 COAs는 '혼란스러운 식이'(Chandy, Harris, Blum, & Resnick, 1995) 외에도 일반가정의 자녀들에 비하여 음주문제(Claydon, 1987), 비행(Werner, 1986), 학교적응 문제(Chandy, Harris, Blum, & Resnick, 1993) 등을 가질 가능성이 크다. 그러나 모든 COAs가 음주문제, 비행, 학교적응문제, '혼란스러운 식이' 등을 가지는 것은 아니다. 어떤 COAs는 알코올 의존자 가정환경에서 성장하였음에도 레질리언스가 있어서 잘 기능하는 것으로 나타났다.

이 글에서 관심을 갖는 부분은 2차 예방 수준이어서 알코올 의존자 가정의 자녀이지만, 병원에서 전문적인 치료가 필요한 수준의 식이장애 증상은 없는 '혼란스러운 식이'를 보이지 않는 청소년들이 가지는 보호요인이다. '혼란스러운 식이'로 가지 않는 보호요인들의 파악은 청소년들이 식이장애로 진전되는 것을 예방하는 데에 도움이 된다. 특히 알코올 의존자를 부모로 둔 여자 청소년 COAs가 '혼란스러운 식이'를 보이지 않게 하는 데에 도움이 되는 보호요인들은 부모가 알코올 의존자이면서 '혼란스러운 식이'을 보이는 여자 COAs를 도울 수 있는 프로그램의 개발에 도움이 될 수 있다.

한 연구결과에 의하면, COAs이면서 '혼란스러운 식이'를 보이지 않는 여자 청소년들은 학교에 있는 어른들이 자신에 대하여 관심을 가져준다고 인식하는 것으로 나타났다. 긍정적인 학교환경은 청소년들에게 긍정적인 영향을 미치며, 특히 교사와의 관계는 학생에게 매우 중요한 것으로 나타났다(김혜련, 박수경, 2007). 학교현장에서 여자 청소년에게 보이는 교사의 관심은 여자 청소년 COAs가 건강하지 않은 '혼란스러운 식이'로 가지 않게 하는 중요한 자원임이 확인되었다.

이 외에도 여자 청소년 COAs가 '마르고 싶은 욕구'가 높지 않고, 자신의 체중에 대하여 대체로 만족하고, 스트레스에 대하여 효과적인 대처기술을 사용하고, 가정에서 학대받은 경험이 없으며, 어머니와의 애착관계가 잘 형성되어 있는 경우에도 여자 청소년 COAs는 '혼란스러운 식이'를 보이지 않는 것으로 나타났다(김혜련, 박수경, 2007).

여기에서 관심 있게 보아야 하는 부분은 여자 청소년 COAs의 어머니의 역할이 매우 중요함을 알 수 있다. 어머니와의 애착이나 가정에서 학대 여부, 자신의 체중에 대한 인식 등에 있어서 어머니가 정신적으로 건강한 사람일 경우 여자 청소년 COAs가 '혼란스러운 식이'를 보이지 않게 하는 긍정적인 역할을 할 수 있을 것으로 보인다.

COAs에게서 나타날 수 있는 부정적인 결과를 완화시킬 수 있는 중요한 보호요인으로 사회경제적 지위를 생각해 볼 수 있다. 가정의 사회경제적 지위가 높으면, 청소년을 알코올 의존 가족력으로 보호할 수 있다. 그런데 가정의 사회경제적 지위가 낮으면, 알코올 의존 가족력은 청소년을 더 악화시킬 수 있는 요인이 될 수 있다.

과거에는 식이장애가 중산층 혹은 그 이상의 계층의 여자 청소년에게서 많이 나타났는데, 오늘날에는 점차 사회경제적 배경이 다양해진다는 연구결과도 보고되고 있다(Rogers, Resnick, Mitchell, & Blum, 1997). '혼란스러운 식이'와 사회경제적 지위의 관계도 살펴볼 필요가 있다.

4. '혼란스러운 식이'에서의 성차

'혼란스러운 식이'는 지나치게 체중에 대하여 관심을 가지거나 다이어트를 하고, 음식을 제한적으로 섭취하며, 폭식하고, 체중을 조절하기 위하여 위를 비우는 행동을 하는 등의 건강하지 않은 식이행동을 말한다(Stice, Agras, & Hammer, 1999). '혼란스러운 식이'를 보이는 청소년 모두가 식이장애로 진전되는 것은 아니지만(Bardick et al., 2004), 그중 일부는 식이장애로 진전되는 것으로 보고되고 있다(Lock, Reisel, & Steiner, 2001; Neumark-Sztainer & Hannan, 2007).

식이장애 청소년들은 신체적인 발달상의 어려움을 경험할 뿐만 아니라 우울이나 짜증 등의 심리적인 문제를 보이며, 친구들과의 모임을 피하고 학교에도 등교하지 않는 등의 적응에서의 문제를 보인다(이정현, 2004). '혼란스러운 식이'를 보이는 청소년들도 심리사회적인 어려움을 동반할 수 있으며, 불안이나 흡연 등의 자신에게 해로운 행동을 할 수 있다.

'혼란스러운 식이'는 외모에 관심이 많아지는 아동기 후기와 청소년기에 시작된다(Striegel-Moore, Silberstein, & Rodin, 1986). 지금까지 식이장애만을 다루어온 경향이 있다. 식이장애는 여성의 장애(female disorder)라고 인식될 만큼 여성에게서 많이 발생하였고 이에 따라 연구자들로부터 많은 관심을 받아 왔다(Weltzin et al., 2005). 이미 많은 연구를 통하여 여자 청소년들이 남자 청소년들에 비하여 식이장애를 더 많이 가지고 있다고 보고되고 있다(Kiefer, Rathmanner, & Kunze, 2005; Vincent & McCabe, 2000). 그러나 최근에는 남자 청소년들의 식이장애에 대한 관심이 증가하고 있으며(Vincent & McCabe, 2000; Weltzin et al., 2005), 이에 따라 식이장애의 성별에 따른 차이와 유사성에 대한 관심이 높아지고 있다.

'혼란스러운 식이'는 식이장애보다 훨씬 늦게 관심을 받았지만, 환경적 영향을 고려하는 사회문화적인 관점에서 접근하기 시작하면서 '혼란스러운 식이'를 개인의 신체나 외모에 대한 사회문화적인 압력의 결과로서 이해하는 연구들이 주목받고 있다(Hesse-Biber, Leavy, Quinn, & Zoino, 2006).

기본적으로 신체에 대한 생각은 성별에 따라서 큰 차이를 보인다. 여자 청소년들은 체중이나 외모에 대한 불만이 강한 반면, 남자 청소년은 근육발달이나 큰 체격에 대한 선호가 강하다(Cohane & Pope, 2001; Gray, 1977, Rauste-von Wright, 1989). 이러한 남녀의 차이는 외모에 대한 사회문화적 압력과 밀접한 관련이 있다. 여자 청소년은 남자 청소년에 비해 이러한 압력에 더욱 민감하여 다이어트를 더 많이 시도하거나 과체중과 관련한 의학적 조언을 많이 구하기도 한다(Gray, 1977).

사회 전반적으로 외모에 대한 관심이 높고 여전히 여성의 외모가 생활에 많은 영향을 줄 수 있다고 믿는 경향이 강한 우리나라에서 성별의 차이를 고려하여 '혼란스러운 식이'를 분석하는 노력이 필요하다. 기존 연구들을 보면 청소년의 '혼란스러운 식이'의 특성을 설명하는 요인들로 우울이나 불안, 체중에 대한 불만(Paxton, Schutz, Wertheim, & Muir, 1999), 약물사용(French, Story, Downes, Resnick, & Blum, 1995) 등의 개인 요인이나 친구들과의 외모에 관한 대화나 외모에 대한 비판 등의 외모 문화(Jones, Vigfusdottir, & Lee, 2004) 요인 등도 중요한 변인으로 언급되고 있다. 이 밖에도 경제적 상태나 연령 등의 인구사회학적 요인 또한 '혼란스러운 식이'를 이해하는 데에 고려해야 하는 변수가 될 수 있다.

'혼란스러운 식이'를 단순히 여자 청소년의 문제로만 국한하지 않고 남자 청소년까지 확대하여 성별에 따른 차이점과 유사성을 고려하는 노력은 '혼란스러운 식이'를 효과적으로 예방하는 데 필수적인 부분이다. 여자 청소년들은 남자 청소년들에 비하여 외모에 대한 사회문화적 압력의 영향을 더 많이 받기 때문에 잡지나 외모와 관련된 대화, 외모에 대한 친구들의 비판 등에 더욱 민감하다. 그리고 외모에 대한 이상을 내면화하려는 경향이 상대적으로 강하여 자신의 외모에 대한 불만을 더 크게 느낀다(Jones et al., 2004).

연령 역시 '혼란스러운 식이'와 밀접한 관련성을 가질 수 있다. 중학교 여학생들보다는 고등학교 여학생들이 '혼란스러운 식이'를 보일 가능성이 더 큰 것으로 나타났다(김혜련, 박수경, 김혜성, 2008). '혼란스러운 식이'와 청소년의 사회경제적 상태와의 관계에 대해서는 일관되지 않게 보고되고 있다.

청소년의 '혼란스러운 식이'는 개인 요인과 사회문화적 요인 등으로도 설명되고 있다. 청소년들이 우울하고, 불안하고, 자존감이 낮고, 자신의 체중에 대하여 불만스러워하고, 약물을 사용하는 것이 '혼란스러운 식이'와 관계가 있는 것으로 나타났다(Jones et al., 2004). '혼란스러운 식이'는 우울이나 불안 이외에도 알코올이나 흡연 등과도 관계가 있는 것으로 나타났다(Lock et al., 2001). '혼란스러운 식이'에 영향을 미치는 요인들 중에 사회문화적 요인이 가장 강력하게 영향을 미치는 요인이라고 주장하는 학자도 있다(Anderson-Fye & Becker, 2004).

청소년기의 친구 관계는 청소년의 적응에서 매우 중요한 역할을 한다. 청소년기는 친구들과 함께 많은 시간을 보내므로 친구들과 외모에 관하여 대화를 하며, 친구의 외모에 대하여 비판하기도 하는 것으로 나타났다. 친구와의 외모에 관한 대화는 현재 우리 사회가 제시하는 미의 기준을 창조하고 강화시키는 역할을 한다. 주목할 점은 외모에 대한 친구로부터의 비판은 여자 청소년은 물론 남자 청소년에게도 신체 이미지에 부정적인 영향을 미치는 것으로 나타났다. 이는 친구들과의 외모 문화에 대하여 심각하게 생각해 볼 필요를 시사한다.

여자 청소년들은 남자 청소년들에 비하여 자신의 신체에 대하여 불만족하게 생각하며, 실제로 체중을 줄이거나 좋은 몸매를 만들기 위한 행동을 취하고 있지만, 바람직하지 않은 방법을 사용하는 경향이 강하다. 또한 여자 청소년은 체중을 줄이는 것, 나아가 마르게 되는 것이 자신이 행복해지는 것이라고 믿는 반면에, 남자 청소년은 마르게 되면 부정적인 결과를 가져온다고 믿으며 대신 신체에 대한 만족도를 높이기 위하여 운동을 택하는 경향이 강하다.

여자 청소년들이 남자 청소년들보다 외모에 관한 친구와의 대화나 친구의 비판에 영향을 더 많이 받는 것으로 나타났다. 구체적으로 여자 청소년은 체중이나 외모에 대한 불만이 크며, 남자 청소년은 근육발달이나 큰 체격을 선호한다(Gray, 1977).

외모에 대한 이 같은 성차는 사회문화적 압력과 밀접한 관계가 있으며, 따라서 '혼란스러운 식이'와 관련이 있는 성차를 파악하는 노력은 '혼란스러운 식이'를 예방하는 데에 도움이 될 수 있다.

5. '혼란스러운 식이' 예방 프로그램

1) 필요성

여자 청소년들은 남자 청소년들에 비하여 훨씬 더 많이 '혼란스러운 식이'를 경험하며, 체중에 대한 관심도 더 많이 표현한다. 식이장애는 학령기 전에 시작하여 청소년기 혹은 초기 성인기에 절정이며, 여성의 경우 자존감의 많은 부분은 자신의 신체적 외모에 대한 지각과 관계가 있는 것으로 나타났다. 여자 청소년들의 식이장애는 최근에 와서야 관심을 받고 있다.

폭식(bingeing), 구토(vomiting), 제한(restricting), 운동, 완화제(laxative), 다이어트 약(diet pill), 이뇨제 사용(diuretic use) 등의 일곱 가지 행동을 기준으

로 '혼란스러운 식이' 여부를 판단하고 있다(Chandy et al., 1995).

2) 목표, 내용, 효과성[1)]

'혼란스러운 식이' 예방 프로그램은 신체적 자아개념과 개인적인 능력(competence)을 증가시키고, 현재의 극단적인 마름 이념을 수용하고 집착(adherence)하는 것을 감소시키며, 여자 청소년과 초기 성인기의 여성에게 만연해 있는 신체 불만족을 감소시키기 위해 설계되었다.

'혼란스러운 식이' 예방 프로그램은 학교의 기존 커리큘럼에 통합되어 이루어질 필요가 있으며, 학급 교사와 학교 사회복지사와 같은 전문가의 적극적인 참여가 도움이 될 수 있다.

'혼란스러운 식이' 예방 프로그램의 목표는 다음과 같으며, 〈표 5-3〉은 프로그램의 내용을 제시한 것이다.

① 사회문화적 관점의 내면화를 감소시킨다.
② 신체적 자존감을 증가시킨다.
③ 개인적인 능력감을 형성한다.
④ 신체 불만족을 감소시킨다.
⑤ 적절한 체중통제 방법을 탐색한다.

프로그램의 효과성을 알기 위해서는 앞으로의 행동의도를 사정한다. 즉, 앞으로 단식이나 과도한 운동, purging 등을 계획하고 있는지, 혹은 체중을 통제하기 위해 다이어트 약이나 하제(water pills) 혹은 완화제 등을 사용할 의

1) '혼란스러운 식이' 예방 프로그램 내용은 Phelps, L., Sapia, J., Nathanson, D., & Nelson, L. (2000). An empirically supported eating disorder prevention program. *Psychology in the Schools, 37*(5), 443-452에서 일부 발췌하였음.

도를 가지고 있는지 등을 알아본다.

표 5-3 '혼란스러운 식이' 예방 프로그램의 내용

회기	내용
1회기	1. – 신체적으로 마른 것에 대한 사회문화적 영향을 토론 – 미에 대한 정의와 수용 가능한 체중을 역사적으로 검토 2. – 체중조절 메시지를 전파하는 데 있어서 미디어, 친구, 가족의 역할 – 음식 소비와 체중에 대한 부모 그리고 특히 남자친구로부터의 코멘트 토론 – 참여자들이 미디어, 친구, 가족들로부터의 압력에 관한 경험을 공유
2회기	1. – 긍정적인 신체적 속성에 대한 개인적인 피드백 – 집단 촉진자가 건설적인 피드백을 제공 – 참여자들이 개방형으로 자신의 생각을 말함 – 참여자들이 서로에게 긍정적인 피드백을 제공하도록 격려 2. – 개인적인 신체적 날씬함과 강점을 향상시키도록 격려 – 칼로리를 태울 수 있는 예를 제시 – 학교에서 제공할 수 있는 운동에 대한 정보를 제공
3회기	1. – 내적 통제 소재를 촉진시킴 – 외부의 영향력에 반응하기보다는 자신이 결정할 수 있도록 그 중요성을 토론 2. – 효과적인 대처기술을 가지도록 도움 – 외부의 압력에 대해 보다 건설적으로 반응할 수 있도록 함
4회기	신체 불만족을 감소시키도록 함 1. – 사춘기 동안의 자연스러운 체중과 지방 획득을 설명함 – 사춘기 동안의 생물학적 측면에 대한 정보를 제공 – 참여자들은 자신의 키와 체중에 대한 감정을 공유 2. – 신체형과 크기에 대한 정상적인 준거점을 시각적으로 묘사함 – 극단적으로 마른 모델을 묘사하는 것과 비교함
5회기	적절한 방법의 체중통제를 탐색 1. – 제한적인 다이어트와 다른 체중감소, 체중유지 기법으로 인한 부정적인 결과를 알아봄 2. – 적절한 방법의 체중수정과 유지에 관한 정보를 제공
6회기	과거에 식이장애 문제에서 회복된 젊은 성인 여성의 이야기를 듣고, 질문을 받음

토론문제

1. '혼란스러운 식이'와 식이장애의 차이에 대하여 논의하시오.
2. '혼란스러운 식이'에 대하여 측정해 보시오.
3. '혼란스러운 식이'에서 성차에 대하여 논의하시오.
4. '혼란스러운 식이'를 예방하기 위한 프로그램을 기획해 보시오.

참고문헌

김혜련, 박수경(2007). 혼란스러운 식이행동과 보호요인: 부모가 알코올 중독자인 여자 청소년을 중심으로. **정신건강과 사회복지**, 26, 194-218.

김혜련, 박수경, 김혜성(2008). 청소년의 혼란스러운 식이행동에 영향을 미치는 요인: 성차(gender difference)를 중심으로. **한국아동복지학**, 25, 71-95.

김혜련, 전선영, 김정희(2006). 사회복지학 전공 여대생 ACOAs 지위에 따른 음주문제와 식이장애. **한국가족복지학**, 17, 29-56.

이정현(2004). 다이어트와 식이장애. **대한지역사회영양학회지**, 9(6), 769-771.

Anderson-Fye, E. P., & Becker, A. E. (2004). Sociocultural aspects of eating disorders. In J. K. Thompson (Ed.), *Handbook of eating disorders and obesity* (pp. 565-589). John Wiley & Sons, Inc.

Bardick, A. D., Bernes, K. B., McCulloch, A. R. M., Witko, K. D., Spriddle, J. W., & Roest, A. R. (2004). Eating disorder intervention, prevention, and treatment: Recommendations for school counselors. *Professional School Counseling, 8*, 168-175.

Bruch, H. (1973). Psychiatric aspects of obesity. *Psychiatric Annuals, 3*(7), 6-10.

Chandy, J. M., Harris, L., Blum, R. W., & Resnick, M. D. (1993). Children of alcohol misusers and school performance outcomes. *Children and Youth Services Review, 15,* 507-519.

Chandy, J. M., Harris, L., Blum, R. W., & Resnick, M. D. (1995). Female adolescents of alcohol misusers: Disordered eating features, *International Journal of Eating Disorders, 17*(3), 283-289.

Claydon, P. (1987). Self-reported alcohol, drug, and eating-disorder problems among male and female collegiate children of alcoholics. *Journal of American College Health, 36*(2), 111-116.

Cohane, G. H., & Pope, H. G. (2001). Body image in boys: A review of the literature. *International Journal of Eating Disorders, 29,* 373-379.

Dumont, M., & Provost, M. A. (1999). Resilience in adolescents: Protective role of social support, coping strategies, self-esteem, and social activities on experience of stress and depression. *Journal of Youth and Adolescence, 28*(3), 343-363.

Frayer, S., Waller, G., & Kroese, B. S. (1997). Stress, coping, and disturbed eating attitudes in teenage girls. *International Journal of Eating Disorders, 22*(4), 427-436.

French, S. A., Story, M., Downes, B., Resnick, M. D., & Blum, R. W. (1995). Frequent dieting among adolescents: Psychosocial and health behavior correlates. *American Journal of Public Health, 85*(5), 695-701.

Garner, D. M. (1991). *Eating disorder Inventory-2: Professional manual.* Odessa, FL: Psychological Assessment Resources.

Garner, D. M. Olmstead, M. P., & Polivy, J. (1983). Development and validation of a multidimensional eating disorder inventory for anorexia nervosa and bulimia. *International Journal of Eating Disorders, 2,* 15-34.

Garner, D. M., Olmsted, M. P., Bohr, Y., & Garfinkel, P. E. (1982). The eating attitudes test: Psychometric features and clinical correlates. *Psychological Medicine, 12,* 871-878.

Gray, S. H. (1977). Social aspects of body image: Perception of normalcy of weight and affect of college undergraduates. *Perceptual and Motor Skills*, *45*, 1035-1040.

Hesse-Biber, S., Leavy, P., Quinn, C. E., & Zoino, J. (2006). The mass marketing of disordered eating and eating disorders: The social psychology of women, thinness and culture. *Women's Studies International Forum, 29*, 208-224.

Jones, D. C., Vigfusdottir, T. H., & Lee, Y. (2004). Body image and the appearance culture among adolescent girls and boys: An examination of friend conversations, peer criticism, appearance magazines, and the internalization of appearance ideals. *Journal of Adolescent Research, 19*(3), 232-339.

Kiefer, I., Rathmanner, T., & Kunze, M. (2005). Eating and dieting differences in men and women. *The Journal of Men's Health and Gender*, *2*, 194-201.

Lock, J., Reisel, B., & Steiner, H. (2001). Associated health risks of adolescents with disordered eating: How different are they from their peers? Results from a high school survey. *Child Psychiatry and Human Development*, *31*, 249-265.

McVey, G. L., Pepler, D., Davis, R., Flett, G. L., & Abdolell, M. (2002). Risk and protective factors associated with disordered eating during early adolescence. *The Journal of Early Adolescence*, *22*(1), 75-95.

Mintz, L. B., Kashubeck, S., & Tracy, L. S. (1995). Relations among parental alcoholism, eating disorders, and substance abuse in nonclinical college women: Additional evidence against the uniformity myth. *Journal of Counseling Psychology*, *42*(1), 65-70.

Mintz, L. B., O'Halloran, M. S., Mulholland, A. M., & Schneider, P. A. (1997). Questionnaire for eating disorder diagnosis: reliability and validity of operationalizing *DSM-IV* criteria into a self-report format. *Journal of Counseling Psychology*, *44*(1), 63-79.

Mussell, M. P., Binford, R. B., & Fulkerson, J. A. (2000). Eating disorders: Summary of risk factors, prevention programming, and prevention research. *The Counseling Psychologist*, *28*(6), 764-796.

Neumark-Sztainer, D., & Hannan P. J. (2000). Weight-related behaviors among adolescent girls and boys: Results from a national survey. *Archives of pediatrics & adolescent medicine*, *154*(6), 569-577.

Nylander, L. (1971). The feeling of being fat and dieting in a school population: An epidemiologic interview investigation. *Acta Socio-Medica Scandinavica*, *3*(1), 17-26.

Orzolek-Kronner, C. (2002). The effect of attachment theory in the development of eating disorders: Can symptoms be proximity-seeking? *Child and Adolescent Social Work Journal, 19*, 421-435.

Palmer, N. (1991). *Exploring resiliency in adult children of alcoholics*. Doctoral dissertation, University of Kansas, Lawrence.

Patton, G. C., Johnson-Sabine, E., Wood, K., Mann, A. H., & Wakeling, A. (2009). Abnormal eating attitudes in London schoolgirls-a prospective epidemiological study: Outcome at twelve month follow-up. *Psychological Medicine*, *20*, 383-394.

Paxton, S. J., Schutz, H. K., Wertheim, E. H., & Muir, S. L. (1999). Friendship clique and peer influences on body image concerns, dietary restraint, extreme weight-loss behaviors, and binge eating in adolescent girls. *Journal of Abnormal Psychology*, *108*(2), 255-266.

Phelps, L., Andrea, R. K., & Rizzo, F. G. (1994). Weight control techniques among female adolescents: A comparative study. *Journal of School Psychology, 32*, 283-292.

Phelps, L., Johnston, L. S., & Augustyniak, K. (1999). Prevention of Eating Disorders: Identification of Predictor Variables. *The Journal of Treatment & Prevention*, *7*, 99-108.

Phelps, L., Sapia, J., Nathanson, D., & Nelson, L. (2000). An empirically supported eating disorder prevention program. *Psychology in the Schools*, *37*, 443-452.

Polivy, J., & Herman, C. P. (1985). Dieting and binging: a causal analysis. *American Psychologist*, *40*(2), 193-201.

Rauste-von Wright, M. (1989). Body image satisfaction in adolescent girls and boys:

A longitudinal study. *Journal of Youth and Adolescence*, *18*(1), 71-83.

Rodin, J., Silberstein, L., & Striegel-Moore, R. (1984). Women and weight: A normative discontent. *Nebraska Symposium on Motivation*, *32*, 267-307.

Rogers, L., Resnick, M. D., Mitchell, J. E., & Blum, R. W. (1997). The relationship between socioeconomic status and eating-disordered behaviors in a community sample of adolescent girls. *International Journal of Eating Disorders*, *22*(1), 15-23.

Scarano, G. M., & Kalodner-Martin, C. R. (1994) A description of the Continuum of Eating Disorders: Implications for Intervention and Research. *Journal of Counseling & Development*, *72*(4), 356-361.

Stice, E., Agras, W. S., & Hammer, L. D. (1999). Risk factors for the emergence of childhood eating disturbances: A five-year prospective study. *International Journal of Eating Disorders*, *25*(4), 375-387.

Story, M., Rosenwinkel, K., Himes, J. H., Resnick, M., Harris, L. J., & Blum, R. W. (1991). Demographic and Risk Factors Associated With Chronic Dieting in Adolescents. *American Journal of Diseases of Children*, *145*(9), 994-998.

Striegel-Moore, R. H., Silberstein, L. R., & Rodin, J. (1986). Toward an understanding of risk factors for bulimia. *American Psychologist*, *41*(3), 246-263.

VanBoven, A. M., & Espelage, D. L. (2006). Depressive symptoms, coping strategies, and disordered eating among college women. *Journal of Counseling & Development*, *84*, 341-348.

Vincent, M. A., & McCabe, M. P. (2000). Gender differences among adolescents in family, and peer influences on body dissatisfaction, weight loss, and binge eating behaviors. *Journal of Youth and Adolescence*, *29*, 205-221.

Wade, T. J., & Cooper, M. (1999). Sex differences in the links between attractiveness, self-esteem, and the body. *Personality and Individual Difference*, *27*, 1047-1056.

Weltzin, T. E., Weisensel, N., Franczyk, D., Burnett, K., Klitz, C., & Bean, P. (2005).

Eating disorders in men: Update. *Journal of Men's Health & Gender*, *2*(2), 186-193.

Werner, E. E. (1986). Resilient offspring of alcoholics: A longitudinal study from birth to age 18. *Journal of Studies on Alcohol, 47*(1), 34-40.

Wertheim, E. H., Paxton, S. J., Maude, D., Szmukler, G. I., Gibbons, K., & Hiller, L. (1992). Psychosocial predictors of weight loss behaviors and binge eating in adolescent girls and boys. *International Journal of Eating Disorders*, *12*, 151-160.

Windle, M. (1992). A longitudinal study of stress buffering for adolescent problem behaviors. *Developmental Psychology*, *28*, 522-530.

제6장

폭력과 정신건강

폭력은 신체적 · 정서적 · 성적 폭력 등 다양한 양상으로 가해지며, 아동과 노인, 여성 또는 배우자 등이 폭력의 피해자가 되면서 신체적 건강은 물론이고 정신건강까지 무너뜨리는 사회적 범죄이다. 특히 충격적인 폭력을 경험한 피해자들은 우울이나 불안, 분노는 물론 외상 후 스트레스 장애와 같은 장기간의 치료가 필요한 정신적 문제들을 경험하면서 고통을 받기 때문에 사회복지사는 폭력과 관련된 정신건강의 문제들을 이해하고 적절히 개입하는 지식과 기술이 요구된다. 이 장에서는 폭력과 관련해서 학대 및 방임, 가정폭력, 성폭력을 중심으로 개념과 원인, 정신건강의 이슈들을 살펴본다. 또한 폭력 피해자에 대한 개입방법과 국가 정책 및 서비스 전달체계에 대해 고찰하고자 한다.

1. 폭력의 개념 및 유형

1) 학대 및 방임

세계보건기구(WHO)는 아동학대와 방임을 책임과 신뢰 그리고 힘의 관계 속에서 18세 미만 아동의 건강과 생존, 발달, 존엄성에 실제의 또는 잠재적인 해를 끼치는 신체적 · 정서적 폭력, 성적 학대, 방치와 부주의, 상업적 또는 기타의 착취 행위로 규정한다. 우리나라 「아동복지법」 제3조 제7호에 의하면 아동학대는 "보호자를 포함한 성인이 아동의 건강 또는 복지를 해치거나 정상적 발달을 저해할 수 있는 신체적 · 정신적 · 성적 폭력이나 가혹행위를 하는 것과 아동의 보호자가 아동을 유기하거나 방임하는 것"을 의미한다. 따라서 「아동복지법」에 근거하여 볼 때 아동학대는 신체적 · 정서적 · 성적 학대 외에도 방임을 포함하고 있으며, 아동학대 방지의 궁극적인 목적은 아동의 건강과 복지 그리고 정상적인 발달 도모임을 알 수 있다(이세원, 2018). 아동학대에 포함되는 네 가지 학대 유형인 신체적 학대, 정서적 학대, 성적 학대, 방임의 구체적인 행위는 다음과 같다(아동권리보장원, 2021).

(1) 신체적 학대

보호자를 포함한 성인이 아동에게 우발적 사고가 아닌 상황에서 신체적 손상을 입히거나 신체 손상을 입도록 허용한 모든 행위를 의미한다. 구체적으로 손이나 발 등으로 때리거나 꼬집고 물어뜯는 행위, 조르고 비틀거나 할퀴는 행위 등 직접적으로 신체에 가해지는 행위와 도구를 사용하여 신체를 가해하는 행위가 있다. 또한 신체 부위를 묶거나 벽에 밀치는 등 완력을 사용하여 신체를 위협하는 행위, 신체에 유해한 화학물질이나 약물로 신체에 상해를 입히는 행위도 포함된다. 신체적 학대를 당하는 아동들에게서 나타나는 주요 신체적 징후들은 설명하기 어려운 신체적 상흔, 발생 및 회복에 시간차가 있거나 반복적으로 발생하는 상처, 화상자국, 고막 천공이나 귓불이 찢겨진 상처, 골격계 손상, 복부손상, 흉부손상 등이 있다.

(2) 정서적 학대

정서적 학대는 보호자를 포함한 성인이 아동에게 행하는 언어적 모욕, 정서적 위협, 감금이나 억제, 기타 가학적인 행위를 말하며 언어적·정신적·심리적 학대라고도 한다. 구체적인 정서적 학대 행위로는 적대적이거나 경멸적인 언어폭력, 잠을 재우지 않는 것, 벌거벗겨 내쫓는 행위, 가족 내에서 왕따 시키는 행위, 아동이 가정폭력을 목격하도록 하는 행위, 아동을 버리겠다고 위협하거나 쫓아내는 행위, 아동의 정서 발달 및 연령상 감당하기 어려운 것을 강요하는 행위, 다른 아동을 학대하도록 강요하는 행위 등을 포함한다. 정서적 학대의 피해 아동들은 발달지연이나 성장장애 또는 신체발달 저하 등의 신체적 징후들을 보인다.

(3) 성적 학대

보호자를 포함한 성인이 자신의 성적 충족을 목적으로 18세 미만의 아동에게 행하는 모든 성적 행위로, 자신의 성적 만족을 위해 아동을 관찰하거나 아동에게 성적인 노출을 하는 행위, 성적으로 추행하는 행위, 유사성행위, 성교 행위, 성매매를 시키는 행위 등이 포함된다. 성적 학대의 피해아동은 성병에 감염되거나 임신을 하기도 하고, 생식기가 손상되거나 요도염, 배뇨 곤란 등의 질병이 나타나기도 하며, 항문이나 구강이 손상되는 등 신체적으로 손상된 증후들이 나타난다.

(4) 방임

방임은 보호자가 아동에게 위험한 환경에 처하게 하거나 아동에게 필요한 의식주, 의무교육, 의료적 조치 등을 제공하지 않는 행위를 말하며, 유기란 보호자가 아동을 보호하지 않고 버리는 행위를 의미한다. 방임은 물리적 방임과 교육적 방임, 의료적 방임 등이 있다. 물리적 방임은 기본적인 의식주를 제공하지 않거나 불결한 환경이나 위험한 상태에 아동을 방치하는 행위, 아동의 출생신고를 하지 않고, 아동들만 가정에 두고 가출하는 행위 등을 말한다. 교육적 방임은 특별한 사유 없이 학교에 보내지 않거나 아동의 무단결석을 방치하는 행위를 말한다. 의료적 방임은 아동에게 필요한 의료적 처치 및 개입을 하지 않는 행위를 말한다. 방임 아동에게 나타나는 주요한 증상들은 계절에 맞지 않는 부적절한 옷차림, 불결하거나 비위생적인 신체상태, 발달 지연이나 성장장애 등이 있고, 예방접종과 의학적 치료 불이행으로 건강상태가 불량할 수 있다. 그밖에 음식을 구걸하거나 훔치는 행위, 비행이나 도벽, 지속적인 피로 또는 불안정감 호소, 잦은 결석 등의 행위를 보인다.

2) 가정폭력

가정폭력은 가족구성원 중 한 명이 다른 구성원을 굴욕시키고, 행동을 지배하고 통제하기 위해 자행되는 폭력적 행위를 의미한다(Wali et al., 2020). 우리나라에서 가정폭력에 대한 정의는 「가정폭력범죄의 처벌 등에 관한 특례법」(약칭: 가정폭력처벌법)에서 구체적으로 명시되어 있다. 관련 법에 의하면 '가정폭력'이란 '가정구성원 사이의 신체적, 정신적 또는 재산상 피해를 수반하는 행위'를 의미한다. 구체적으로, 가족구성원은 '배우자(사실혼 포함) 또는 배우자였던 사람, 자기 또는 배우자와 직계존비속관계에 있거나 있었던 사람, 계부모와 자녀의 관계 또는 적모와 서자의 관계에 있거나 있었던 사람, 동거하는 친족' 등 가족구성원의 범위를 포괄적으로 잡고 있다. 가정폭력의 개념은 부부간의 폭력, 부모-자녀 간의 폭력(아동학대), 노부모에 대한 폭력(노인학대)을 포함하고 있으나, 기존의 관련 연구들은 가정폭력을 '부부 사이에 발생하는 폭력'으로 한정하여 용어를 사용하는 경우가 많다. 이 장에서도 아동학대와 노인학대는 학대의 개념에서 설명하였기 때문에 가정폭력에 대한 설명은 부부간의 폭력을 중심으로 기술하고자 한다.

부부간의 폭력을 말할 때 가정폭력은 아내학대(wife-abuse), 아내구타(wife-battering), 아내폭행(wife-assault) 등의 용어들과 혼용되기도 한다. 또한 세계보건기구(WHO)와 유엔(UN)에서는 배우자 간의 가정폭력을 '친밀한 관계에서의 폭력(Intimate Partner Violence: IPV)'으로 개념화하여 사용하고 있다. 친밀한 관계에서의 폭력(IPV)은 사회경제적 지위나 종교, 문화와 상관없이 누구에게나 발생할 수 있는 폭력으로 폭력의 피해자는 주로 남성보다 여성인 경우가 많다(WHO, 2012). 세계보건기구가 정의한 친밀한 관계에서의 폭력(IPV)은 친밀한 관계에서 발생하는 신체적 · 심리적 · 성적 위협을 가하는 행동으로 신체적 공격, 성적 폭력, 스토킹, 심리적 학대 그리고 행동에 대한 통제를 의미한다. 또한 친밀한 관계의 대상은 현재의 부부나 동거인 외에도 전배우자 또는 동거인도 포함하고 있다(WHO, 2012).

부부간 폭력의 유형은 신체적 폭력, 성폭력, 스토킹, 심리적 공격의 네 가지로 구분할 수 있다(Breiding, Basile, Smith, Black, & Mahendra, 2015).

(1) 신체적 폭력

신체적 폭력은 죽음이나 장애, 심각한 상처나 상해를 일으킬 수 있는 물리적 힘을 의도적으로 사용하는 것을 말한다. 신체적 폭력은 상대방을 긁는 행위, 밀치거나 던지는 행위, 무는 행위, 꽉 움켜잡는 행위, 목을 조르거나 세게 흔드는 행위, 머리채를 잡아당기는 행위, 뺨을 때리거나 주먹으로 치는 행위, 화상을 입히는 행위, 칼이나 흉기 등을 사용하는 행위, 다른 사람의 몸이나 힘을 제압하는 행위를 포함한다. 또한 상대방에게 이러한 유형 중 하나를 다른 사람에게 사용하도록 강요하는 행위도 신체적 폭력에 해당한다.

(2) 스토킹

스토킹은 상대방에게 원하지 않는 반복적인 관심과 접촉을 함으로써 상대방의 안전을 위협하거나 불안하게 하는 행위를 말한다. 구체적으로, 원하지 않는 전화나 이메일, 문자를 반복적으로 보내는 행위, 멀리서 지켜보거나 따라오는 행위, 도청기나 카메라로 감시하는 행위, 피해자가 만나기를 거부함에도 불구하고 집이나 직장에 나타나거나 접근하는 행위, 피해자의 집이나 차에 몰래 들어가서 흔적을 남김으로써 피해자에게 겁을 주는 행위, 피해자의 물건이나 소지품을 망가뜨리는 행위, 물리적으로 피해자에게 상처를 주는 위협 등을 포함한다. 또한 피해자가 가해자의 행위로 인해 두려움을 느끼거나 본인이나 가까운 사람들이 상처를 입거나 죽을 수 있다고 믿는 경우 스토킹이 성립된다.

(3) 심리적 공격

심리적 공격은 상대방을 정신적 또는 정서적으로 해를 끼치거나 통제하기 위한 목적으로 언어적 · 비언어적 의사소통을 사용하는 것을 말한다. 심리적 공격은 은밀하고 교묘하게 이루어지기 때문에 공격적으로 보이지 않을 수 있지만 부부폭력에서 많이 나타나는 유형 중 하나이다. 심리적 공격은 주로 신체 및 성적 폭력과 동반되어 발생하거나 선행되는 경우가 많다. 심리적 공격은 상대방을 모욕하거나 무시하는 공격적인 표현이나 강압적인 통제, 신체적 · 성적 폭력을 암시하는 위협, 상대방의 성과 재생산 건강을 통제하는 행위, 피해자의 취약한 부분을 이용하는 행위, 가스라이팅이 포함된다.

3) 성폭력

성폭력은 상대방의 동의 없이 또는 동의나 거절을 할 수 없는 대상에게 성행위를 강요하는 것을 말하며, 가정이나 직장에만 국한하지 않고 어떤 장소에서든, 강압에 의한 성행위를 시도하거나 원치 않는 성적 언어나 접근, 또는 성매매 행위나 개인의 성적 지향(sexuality)을 공격하는 행동을 시도하는 것을 말한다(WHO, 2002). 강압의 의미는 물리적 힘 외에도 심리적 위협이나 협박, 신체적 위협이나 직장에서의 해고 위협 등을 포함한다. 또한 성폭력은 피해자가 알코올이나 약물에 취해 깊이 잠이 들었거나 정신적으로 성폭력의 상황을 인지할 수 없어 동의 의사를 전달할 수 없는 경우에도 발생한다(WHO, 2002). WHO의 성폭력에 대한 다국가 연구에서는 성폭력의 개념을 좀 더 구체적으로 규정하고 있다. 첫째, 성폭력은 피해자가 원하지 않는 상황에서 강압적으로 성관계를 갖는 것을 의미한다. 둘째, 협박이나 우월적 지위에 의해 강요된 원치 않는 성관계(nonphysically pressured unwanted penetration)를 가지는 것을 의미한다. 셋째, 피해자가 모멸감이나 수치심을 느끼는 성적인 행위를 하도록 강요받는 것을 의미한다.

성폭력의 유형과 범위는 다양하고 광범위하며 구체적으로 다음의 사례들을 포함한다.

- 부부관계나 연인관계에서의 강간
- 낯선 사람 또는 아는 사람으로부터의 강간
- 원치 않는 성적 접근이나 성희롱
- 무력 분쟁에서 자주 발생하는 조직적인 강간이나 성노예, 다른 형태의 폭력
- 정신장애나 지체 장애인들에 대한 성학대
- 아동에 대한 강간과 성학대
- 강제 결혼이나 강제 동거, 조혼제도와 같은 관습적인 형태의 성폭력
- 성적 착취를 목적으로 하는 강압적인 성매매

우리나라는 성폭력을 범죄로 간주하고, 「성폭력범죄의 처벌 등에 관한 특

례법」 제2조 제1항에 근거하여 강간, 강제추행, 준강간, 준강제추행, 장애인에 대한 간음 및 추행, 통신매체 이용 음란, 카메라 이용 촬영 등을 성폭력 범죄에 포함한다(양수진, 신의진, 2019). 최근에는 디지털 기술의 발전으로 인해 디지털 성폭력의 피해가 확대되고 있고, 피해자의 연령이 낮아지고 있다(김경희, 김수아, 김은경, 2020). 디지털 성폭력은 디지털 환경에서 발생하는 성폭력으로, 시공간을 초월하여 성폭력이 발생할 수 있고, 익명성이 보장되는 디지털 환경으로 인해 폭력의 가해자를 찾아내기 어렵다는 고정관념을 양산하여 불법 성적 촬영물을 생산, 유포, 소비하는 것에 대한 심각성이 간과되기 쉽다. 디지털 성폭력은 사이버 성폭력 또는 온라인 성폭력과 혼용되어 사용되기도 하지만 각 용어에 따라 성폭력을 규정하는 범위가 조금씩 다르다. 여기서는 디지털 성폭력의 개념을 토대로 기존 연구에서 정리한 디지털 성폭력의 다섯 가지 유형을 소개하였다(김경희 외, 2020).

첫째, 디지털 성폭력은 언어적인 행위로 상대방에게 성적 모욕과 비하하는 행위, 성적 농담이나 원치 않는 성적 정보를 접근하게 하는 행위와 같은 온라인상의 성적 괴롭힘이다.

둘째, SNS나 문자, 카톡 등을 통해 타인의 알몸 사진이나 야동 등을 요구하거나 게시하는 행위 또는 타인의 신체 부위 사진을 전송하는 행위이다.

셋째, 일반인의 사진을 편집하거나 합성하여 성적으로 사용하는 이미지를 제작, 유포하고, 이를 음담패설이나 성희롱적 묘사와 함께 제시하는 행위이다.

넷째, 공공장소에서 몰래 촬영하는 은닉 촬영 행위와 성폭력 행위 중 촬영하는 행위, 거부 의사를 밝혔으나 무시하고 촬영하는 행위 등 비동의 촬영을 하는 행위이다. 또한 상대방의 동의 없이 이루어지는 모든 유포 행위 또는 합의하에 촬영하였지만 상대방의 동의 없이 유포하는 행위도 디지털 성폭력에 포함된다.

다섯째, 온라인 그루밍은 온라인과 오프라인에서의 성적 관계를 조종할 목적으로 상대방과 관계를 맺기 위해 인터넷이나 다른 디지털 기술을 이용하는 것을 의미한다.

2. 폭력의 원인

1) 학대 및 방임의 원인

(1) 부모 요인

아동학대의 주요 발생 요인으로 부모가 아동기 학대경험이 있고, 부모의 성격이 충동적이거나 공격적인 성향을 가진 경우, 적대적이고 부적절한 양육태도를 가진 부모일수록 학대 유발 위험성이 높은 것으로 보고된다(김혜영, 장화정, 2002). 특히 어린 시절 학대 경험이 있는 부모들은 자신의 해결되지 않는 분노를 아동에게 표출함으로써 정서적 학대가 발생할 가능성이 높아진다. 여러 연구에서 부모가 음주 문제를 가지고 있는 경우 알코올로 인한 의식과 기억력, 감정조절 등의 문제가 발생하면서 자녀와의 지속적이고 친밀한 상호작용이 어려워지기 때문에 음주 빈도가 많은 경우 결과적으로 신체적 학대와 아동방임이 발생할 수 있음을 보여 준다(여진주, 2008).

(2) 아동 요인

아동이 신체적, 정신적 장애가 있거나 문제행동이 있는 경우 부모는 아동을 보살피는 동안 스트레스가 발생하지만 이를 해소하지 못할 경우 아동 학대로 이어질 가능성이 높아진다(노충래, 2002). 또한 아동이 공격적이거나 반항적인 행동을 하거나 자기행동에 대한 통제력이 낮은 경우 학대의 위험성이 높은 것으로 보고된다. 이는 충동적인 아동은 부모로부터 체벌이나 훈육을 더 많이 받게 되고, 자녀의 행동문제가 많을수록 부모의 훈육방식이 폭력적으로 나타날 수 있기 때문에 아동의 문제행동은 학대 발생에 주요한 관련이 있음을 보여준다(여진주, 2008).

(3) 가족 요인

아동학대 및 방임과 관련해서 가족 요인을 살펴보면, 빈곤, 가족 형태, 부부관계가 학대 및 방임과 관련성이 있다는 연구들이 보고된다. 가족의 경제적 수준이 낮은 경우 아동에 대한 물질적 지원 부족과 경제적 압박으로 인한 가족원의 불안과 스트레스가 높아져 학대나 방임이 발생할 가능성이 높아진다(여진주, 2008). 또한 한부모가족의 경우 부 또는 모가 양쪽 부모의 역할 및 기능을 모두 수행해야 하지만 이러한 책임을 이행하지 못할 때 아동을 방임하는 결과로 이어질 수 있다. 부모가 부부간 불화와 갈등이 많은 경우 이로 인한 부정적인 감정을 자녀에게 표출하거나 전이시키기 쉽기 때문에 자녀 구타와 같은 신체적 학대가 발생할 수 있다.

(4) 지역사회 및 문화적 요인

가족이 지역사회 내 사회적 지지망이 약하여 사회적 환경으로부터 분리되거나 고립되어 있는 경우 아동학대 발생이 더 높은 것으로 나타난다. 즉 주변에 물질적·정서적 교류를 할 수 있는 친구나 이웃, 친척들이 없을 때 부모는 가족의 갈등 상황에서 쉽게 화를 내고, 공격적인 방식으로 좌절감을 표현하여 아동에게 신체적·정서적 학대를 가할 수 있기 때문이다.

또한 문화적 요인에 있어서는 아동과 부모가 거주하는 사회의 문화나 신념, 폭력에 대한 태도 등이 아동학대 및 방임에 영향을 줄 수 있다. 특히 우리나라처럼 유교 문화권에서 체벌은 자녀 훈육을 위한 하나의 수단으로 간주되어 왔기 때문에 심하게 매를 때리거나 구타를 하여도 훈육 수단으로 인식할 뿐 신체적 폭력으로 연결하지 않는 경우가 많다. 이렇듯 체벌에 대해 허용적인 문화에서는 아동에 대한 신체적 학대 발생의 가능성이 높아질 수밖에 없다. 그러나 일부 연구에서는 부모의 체벌 선호가 아동학대에 유의미한 영향을 미치지 않는다는 결과도 있어서 부모의 체벌 사용이 아동학대 발생의 주요 원인으로 단정하기는 어렵다는 시각도 있다(여진주, 2008).

2) 가정폭력의 발생 원인

(1) 정신병리적 요인

정신병리적 관점은 가정폭력이 알코올 또는 약물 중독 등 개인의 비정상적인 행동이나 내적 결함에 의해 발생된다고 보는 관점이다. 가정폭력의 가해자는 병적 질투심이 강하고, 좌절하기 쉬운 성격이며, 충동을 억제하지 못하고, 정서적으로 아내와 자녀에게 의존하려고 한다. 따라서 가해자는 배우자가 심한 잔소리와 저항적인 행동을 보여 자신을 자극하거나 주체할 수 없는 가학적 충동을 느낄 때 또는 일상생활에서 심한 스트레스를 느꼈을 때 이를 해소할 만한 적절한 기제를 찾지 못해 폭력을 행사한다고 주장한다. 그러나 이러한 관점은 정신병리학적으로 정상인 남성의 폭력적인 행동을 설명하지 못하고, 모든 가정폭력의 가해자가 정신적 문제를 가지고 있다고 보기 어렵다는 점에서 비판을 받는다.

(2) 학습 및 모방 요인

사회학습이론에 의하면, 가정폭력 행위는 하나의 학습된 현상으로 타인의 폭력행위를 관찰 모방함으로써 새로운 공격행위의 기술을 습득하고 공격행위에 대한 양심의 가책이나 죄의식 없이 사용할 수 있다. 따라서 폭력가정에서 성장한 사람은 성인이 돼서 폭력의 가해자가 될 가능성이 높다. 즉, 어린 시절 부모의 폭력 행위를 반복적으로 목격하고 경험함으로써 성장한 이후 갈등과 문제 해결의 수단으로 폭력을 사용하려는 경향이 높아진다는 것이다. 따라서 사회학습이론에서는 가정폭력이 세대 간 대물림될 수 있고, 폭력 가정의 자녀가 폭력을 학습함으로써 폭력적인 배우자 또는 부모가 될 가능성이 상대적으로 높아진다고 본다.

(3) 사회구조적 요인

가정폭력은 성차별적인 사회구조에서 기인되는 것으로, 폭력을 허용하는 사회문화적 규범과 가부장적 이데올로기에 영향을 받은 남성의 권위적이고 우월한 태도가 가정폭력의 주요 원인이 되는 것이다. 반대로, 가정폭력의 피해 여성은 남성에게 종속되고 가족을 위해 희생해야 한다는 가부장적 성역할 이데올로기로 인해 가정폭력이 발생하는 결혼생활을 지속할 수밖에 없고, 그 과정에서 폭력은 반복되고 재생산되는 것이다(임혁, 채인숙, 2020).

가정폭력의 또 다른 사회구조적 요인은 스트레스이다. 사람들은 삶에서 다양한 스트레스를 경험할 수 있는데, 재정적 문제나 실직, 음주, 자녀 문제 등의 스트레스를 받고 있거나 이에 대처하는 개인적 기능이 떨어지는 경우 갈등을 완화시킬 수 있는 대처방안을 찾지 못해 폭력적인 행동으로 해결하기 쉽다고 보는 것이다. 그러나 스트레스는 누구나 경험할 수 있는 문제이지만 모든 사람이 폭력으로 해결하지는 않기 때문에 스트레스 요인을 일반화하는 것은 주의해야 한다.

3. 폭력 피해자의 정신건강 이슈

1) 외상 후 스트레스 장애(PTSD)

가정폭력이나 성폭력 피해자들은 폭력으로 인해 신체적 · 정신적 후유증을 경험하는데, 폭력의 유형과 심각성에 따라 대부분이 외상 후 스트레스 장애(Post-Traumatic Stress Disorder: PTSD)를 경험하고 있다. 장수미와 김주현(2012)의 연구에서는 가정폭력을 경험한 피해 여성의 89.7%가 외상 후 스트레스 장애의 진단기준에 해당하는 것으로 나타났다. 성폭력 피해와 관련한 연구결과에서도 피해자들의 정신과적 진단 중 외상 후 스트레스 장애 발생이 30~50%로 가장 높은 빈도를 보였다. 특히 외상 후 스트레스 장애 진단을 받은 청소년들의 주요 원인으로 성학대가 57%를 차지하여 청소년들의 성폭력 피해와 외상 후 스트레스 장애 간의 관계가 높음을 알 수 있다(Widom, 1999: 양수진, 신의진, 2019 재인용). 외상 후 스트레스 장애는 생명의 위협을 받을 정도의 끔찍한 사건을 경험한 생존자들이 겪는 증상으로 그 사건에 대한 재경험, 회피와 반응의 마비, 과도한 각성 증상, 왜곡되는 자기 비하와 지속되는 부정적인 믿음, 회상의 어려움 등을 보이는 심각한 정신장애이다(양수진, 신의진, 2019; 장수미, 김주현, 2012).

가정폭력으로 인한 외상 후 스트레스 장애 발생에 영향을 미치는 요인들로는 낮은 사회경제적 지위와 성장기의 폭력 피해 경험, 피해자 본인 및 가해자의 알코올사용 및 음주 문제, 우울 등이 관련이 있는 것으로 나타났다(장수미, 김주현, 2012). 반면에, 가정폭력이나 성폭력 피해를 경험하였지만 외상 후 스트레스 장애를 예방하는 보호요인들도 연구를 통해 보고되고 있는데, 개인의 특성인 자존감이나 레질리언스, 긍정적 태도와 사회적 지지 등이 유의미한 영향이 있는 것으로 나타났다(Salami, 2010: 장수미, 김주현, 2012 재인용). 즉, 개인의 자존감과 레질리언스가 높을수록 외상 후 스트레스 장애 증상이 낮아지는 것이다. 또한 폭력의 피해 여성이 긍정적인 태도를 보이고, 사회적 지지를 높게 지각하는 경우 폭력 경험에도 불구하고 외상 후 스트레스 장애 증상이 낮아진다는 연구결과도 보고되고 있다(장수미, 김주현, 2012). 이는 가정폭력이나 성폭력을 경험하는 피해자들에게서 외상 후 스트레스 장애 발병률이 높게 나타나지만 개인의 특성이나 사회적 지지와 같은 자원들은 외상 후 스트레스 장애 증상을 완하하는 보호요인으로 작용하기 때문에 이를 활용한 치료적 개입이 필요함을 보여 준다.

2) 학대 및 방임 피해 아동의 정신건강 이슈

기존 연구결과들을 보면, 아동학대는 심각한 신체적·정신적 후유증을 남기는 폭력으로 보고된다. 국내 아동보호전문기관에 의뢰된 아동학대 및 방임 피해 아동들을 대상으로 조사한 연구결과에 의하면, 응답자의 50% 이상이 한 가지 이상의 정신질환을 가지고 있는 것으로 나타났고, 그중에서도 주의력결핍 과잉행동장애가 가장 많은 유병률을 보였고, 그다음으로 외상 후 스트레스장애, 우울장애, 적대적 반항장애가 많은 것으로 나타났다. 더욱 심각한 것은 피해아동의 자살에 대한 위험성을 평가한 결과, 전체의 27.9%가 자살사고를 가지고 있었고, 실제 자살을 시도했던 경우도 17.6%나 차지하여 학대 피해 아동의 자살 위험도가 심각하게 높음을 알 수 있다(하지혜, 임성후, 조수현, 2015).

아동학대 및 방임 피해아동은 보호자로부터 학대를 받으면서 보호자에 대한 불신감과 언제 학대받을지 모른다는 두려움을 지속적으로 느끼고, 보호자에 대한 불신은 자기 자신과 환경의 안정성에 대한 의심으로 이어질 수 있다. 또한 언어적 학대를 받는 과정에서 자신이 나쁘다거나 잘못했다는 이유로 처벌을 받다 보니 수치심과 죄의식을 가질 수 있고, 결과적으로 자존감이 낮게 형성될 수 있다. 또한 아주 어릴 때부터 학대를 경험한 아동들은 학대로부터 도망치거나 도움을 구할 수 있는 능력이 없는 상태에서 장기적으로 학대를 받다 보니 학습된 무기력 상태에 빠지게 되어 어느 정도 성장을 한 이후에도 도움을 구하거나 도망칠 생각을 하지 못하기도 한다(이원숙, 2016). 학대받은 아이들의 정신건강문제는 아이들의 전반적인 삶의 기능 수준을 떨어뜨려 학교적응과 대인관계에 문제를 일으킬 수 있고, 적절한 시기에 치료받지 못하고 장기간 문제가 지속되면 청소년기와 성인기에 병이 악화되거나 다른 공존질환이 발생할 수 있기 때문에 적극적이고 즉각적인 개입이 필요하다(하지혜 외, 2015).

3) 가정폭력 피해자의 정신건강 이슈

2019년 가정폭력 실태조사 연구 결과에 의하면, 배우자에 의한 폭력 피해로 다양한 형태의 정신적 고통이 나타났는데, 전반적으로 남성에 비해 여성 피해자의 정신적 고통이 다소 높았다. 구체적으로, 가정폭력 피해 여성 중 '배우자에 대한 적대감과 분노'를 경험한 비율이 전체 중 18.4%로 가장 높았고, '무력감, 자존감 하락'은 16.0%, '계속 당시의 생각이 남'은 14.3%, '매사에 우울, 불안함'은 10.1%, '위협감, 공포심'은 8.4%, '죽고 싶다는 생각'은 4.2%, '고립감, 만남 기피'는 2.6%의 순으로 나타났다(김정혜 외, 2019). 정리하면, 가정폭력 피해를 경험한 여성들은 분노, 무력감, 낮은 자존감, 고립감 등의 정서적 어려움뿐만 아니라 우울, 불안, 공포, 자살 생각 등 정신질환을 겪고 있음을 알 수 있다. 또한 가정폭력 피해 경험은 약물과 알코올 남용, 자살기도, 신체화 질환 등을 일으키고, 피해가 장기화될 경우 피학대여성증후군(battered-women syndrome) 또는 외상 후 스트레스 장애(PTSD)로 발전할 수 있다(이영주, 2007).

가정폭력 피해자들에게서 정신질환의 증상들이 나타나는 이유는 배우자의 폭력에서 벗어나지 못하고 종속된 자신에 대한 존재가치의 상실과 자존감 손상이 동반되면서 우울증이 발생하기 때문이다. 또한 장기적으로 반복되는 배우자의 폭력에 대한 두려움과 폭력의 상황으로부터 벗어나려고 노력하지만 더욱 폭력적으로 변하는 남편으로 인해 불안과 절망감이 더욱 커지고, 결국에는 남편의 폭력으로부터 벗어나려는 시도 자체를 포기하면서 학습된 무기력과 무력감에 빠지게 된다(임혁, 채인숙, 2020).

가정폭력 또는 데이트폭력 중 스토킹 피해자들은 가해자의 집요한 추적으로 인한 공포감, 불안, 우울증과 같은 정신장애가 발생할 수 있고, 장기간 협박이나 괴롭힘에 시달려 온 경우 학교나 직장을 그만두거나 거주지나 연락처를 바꾸는 등 일상생활 전반에서 고립되거나 단절된 삶을 살게 된다. 또한 스토커의 분노로 인한 보복을 두려워하여 쉽게 법적인 보호를 요청하지 못하고, 장기간 스토킹에 시달릴 경우 무기력감에 빠지게 된다(정현미, 2020).

4) 성폭력 피해자의 정신건강 이슈

성폭력 피해자들은 폭력으로 인해 신체적 질병은 물론 심리, 정서적 증상과 외상 후 스트레스 장애를 경험하기도 한다. 성폭력 피해자의 정신건강 실태를 조사한 연구 결과에 따르면, 피해자들은 상당히 심각한 수준의 스트레스를 경험하고, 우울감과 자살생각이 증가하였으며, 음주와 흡연량이 증가하였다는 비율도 높았다. 또한 성폭력 피해 이후 가장 심각한 정신문제는 '자존감과 무력감 회복'(32.7%)으로 나타났고, '스트레스 감소'(19.6%), '분노와 증오 해소'(18.0%), '우울증에서 벗어나기'(13.13%), '화병 없애기'(4.0%), '자살충동 및 시도'(3.8%)였다. 성폭력 피해자들은 일반인과 비교할 때 스트레스 발생 및 관리의 어려움이 더욱 높은 것으로 나타났고, 우울증 경험과 자살 생각, 자살 시도와 관련해서는 성폭력 피해 여성과 일반인의 차이가 40%p 이상 나와 성폭력 피해 여성의 정신건강이 더욱 취약함을 알 수 있다(김영택 외, 2012).

성폭력 피해자들은 성적인 피해 장면을 연상케 하는 사건이나 장면에 민감한 반응을 보이면서 기억을 회피하기 위해 강박적인 행동을 보이거나 자신의 의사에 반해서 강제적으로 성폭력을 당했다는 무력감을 경험하기도 한다. 또한 성폭력을 당한 원인이 자신의 부주의나 옷차림 때문이라고 생각하며 죄책감과 수치심을 느끼기도 한다. 피해자의 사고 영역에서도 손상이 나타나는데 성폭행 당한 고통스러운 현실을 외면함으로써 문제를 해결하려는 부정이나 왜곡된 사고, 해리장애 등을 경험할 수 있다. 행동적인 증상과 관련해서는 자신의 신체에 상처를 내는 자해나 음식을 거부하거나 먹고 나서 토해 내는 섭식장애, 과도한 스트레스로 인한 수면장애 등이 나타나기도 한다(권진숙 외, 2014). 소아성폭력 피해 아동들의 경우 불안과 공포와 같은 정서적 문제 외에도 수면장애, 야뇨증, 사회적 관계의 단절, 산만함 및 주의집중장애를 보이는 경우가 있다. 또한 나이에 맞지 않는 성적 행동이나 자포자기적인 성적 난잡함과 같은 성적인 행동 증상을 보일 수 있다.

4. 폭력에 대한 개입

1) 개입 방법: 트라우마 기반 실천(TIC)[1)]

아동학대 및 방임, 가정폭력, 성폭력은 대상이나 유형이 조금씩 상이하지만 피해자들은 모두 폭력의 트라우마를 경험한다. 폭력의 유형이나 정도가 심각한 경우 우울이나, 불안, 외상 후 스트레스 장애로까지 이어지기 때문에 폭력 피해자들을 위한 전문적인 개입의 방법으로 트라우마 기반 실천을 적용할 수 있다. 트라우마 기반 실천(Trauma Informed Care: TIC)은 개인은 트라우마의 역사가 없다는 가정을 가지고 휴먼 서비스 분야에서 접근하는 방법이다. 즉, 트라우마 기반 실천은 기존의 트라우마에 특화된 서비스(trauma-specific services)가 아닌 트라우마 재발생을 방지하고 회복을 도모하는 환경과 관계를 만들기 위해 조직을 변화시키는 과정을 의미한다(Sweeney et al., 2018).

(1) 트라우마 기반 접근의 주요 개념과 원칙

트라우마 기반 접근(trauma-informed approach)은 실천 맥락의 중요한 개념틀로 간주되며, 다음의 네 가지 'R'의 주요 개념에 근거하여 프로그램, 조직

1) 트라우마 기반 실천의 내용은 SAMHSA's Trauma and Justice Strategic Initiative (2014). SAMHSA's concept of trauma and guidance for a trauma-informed approach의 내용을 정리 요약하였음.

또는 체계가 실행된다.

- 인식(realization): 트라우마 기반의 프로그램, 조직 또는 체계는 트라우마가 미치는 광범위한 영향을 인식하고, 회복을 위한 잠재적인 경로를 이해한다.
- 인지(recognize): 클라이언트, 가족, 직원, 체계와 연관된 다른 사람들의 트라우마 징후와 증상을 인지한다.
- 반응(respond): 정책과 과정 그리고 실천에서 트라우마에 대한 지식을 완전히 통합시키며 반응한다.
- 트라우마의 재발생 방지(resist re-traumatization): 적극적으로 트라우마가 재발생하는 것을 방지한다.

트라우마 기반 접근은 미리 규정된 실천 방법이나 절차가 아닌 여섯 가지의 주요 원칙들을 반영한다.

- 안전(safety): 조직 내 직원과 아동 및 성인 클라이언트가 신체적 · 심리적으로 안전함을 느끼고, 서비스를 제공받는 클라이언트가 안전을 이해하는 것을 최우선 순위로 함.
- 신뢰와 투명성(trustworthiness and transparency): 조직 운영과 결정은 클라이언트와 가족, 직원이나 조직과 연관된 모든 사람 사이의 신뢰를 형성하고 유지하는 것을 목적으로 투명하게 수행됨.
- 동료 지지(peer support): 동료 지지와 상호 자립은 안전과 희망, 신뢰를 형성하고 협력을 강화하며, 회복과 치유를 증진시키기 위해 그들의 이야기와 삶의 경험을 활용하는 데 중요한 도구임. '동료'란 트라우마와 관련된 삶의 경험을 가진 개인이나 트라우마 생존자들을 의미함.
- 협력과 상호관계(collaboration and mutuality): 전문가와 클라이언트 관계

및 조직 구성원 사이의 파트너십과 힘의 균형이 중요함. 조직은 트라우마 기반 접근에서 모든 사람은 중요한 역할이 있음을 인식함.

- 역량강화, 발언, 선택(empowerment, voice and choice): 트라우마로부터 치유되고 회복되기 위해서는 서비스를 제공하는 사람들이 최우선이라는 믿음과 레질리언스, 개인, 조직, 지역사회의 능력에 대한 믿음을 강화함. 클라이언트가 치유되고 앞으로 나아갈 수 있는 행동계획을 결정할 수 있도록 의사결정과 선택, 목표설정을 공유하고, 자기주장 기술을 증진하도록 지원함. 직원들은 회복을 통제하는 사람이 아닌 촉진하는 사람들로 자신의 업무를 잘할 수 있도록 역량강화되고 조직의 지원을 충분히 받아야 함.
- 문화적, 역사적, 젠더적 이슈(cultural, historical and gender issues): 조직은 인종이나 민족, 성적 지향, 연령, 종교, 성정체성, 지역에 대한 고정관념과 편견을 제거하고, 성인지적 서비스의 접근성을 높이며, 전통적인 문화적 연결의 치유적 가치를 활용함. 또한 클라이언트의 인종과 민족, 문화적 욕구에 반응하는 정책과 프로토콜, 과정을 통합하고, 트라우마의 역사를 인식하고 설명함.

(2) 트라우마 기반 접근 실행 지침

트라우마 기반 접근의 여섯 가지 핵심 원칙을 기반으로 이 접근을 실행하기 위한 열 가지 실행 지침과 각 지침에서 확인해야 할 질문 목록은 〈표 6-1〉과 같다. 표에서 제시하는 원칙과 실천 지침에 대한 질문들은 학대나 폭력의 피해로 인한 트라우마를 경험하는 피해자들을 위한 개입 및 실천 프로그램을 구상하고 제공하는 데 의미 있는 지침이 될 수 있다.

표 6-1 트라우마 기반 접근을 실행할 때 고려할 질문들

<table>
<tr><th colspan="6">핵심 원칙</th></tr>
<tr><td>안전</td><td>신뢰와
투명성</td><td>동료 지지</td><td>협력과
상호관계</td><td>역량강화,
발언, 선택</td><td>문화적, 역사적,
젠더 이슈</td></tr>
<tr><th colspan="6">10가지 실행 지침</th></tr>
<tr><td>거버넌스와
리더십</td><td colspan="5">• 조직의 리더들은 트라우마 기반 접근을 실행하기 위한 지원 및 지침을 어떻게 전달하고 있는가?
• 조직의 미션 및/또는 서면 정책 및 절차에는 트라우마 기반 서비스와 지원을 제공하겠다는 약속이 어떻게 포함되어 있는가?
• 리더십과 거버넌스 구조는 트라우마 이력이 있는 클라이언트들의 목소리와 참여에 대한 지지를 어떻게 설명하고 있는가?</td></tr>
<tr><td>정책</td><td colspan="5">• 조직의 서면 정책과 절차에는 트라우마에 대한 초점과 안전 및 비밀보장의 이슈들이 어떻게 포함되어 있는가?
• 조직의 서면 정책과 절차는 서비스를 이용하는 사람들의 삶에 만연한 트라우마를 인식하고 재트라우마화를 줄이고 웰빙과 회복을 도모하기 위한 의지를 어떻게 표현하고 있는가?
• 기관 계획, 거버넌스, 정책 결정, 서비스 및 평가에서 의미 있고 중요한 역할에 트라우마 생존자/서비스 및 동료 지지를 받는 사람들을 포함하기 위해 어떤 정책과 절차가 마련되어 있는가?</td></tr>
<tr><td>물리적
환경</td><td colspan="5">• 물리적 환경은 클라이언트와 직원들의 안전감과 차분함, 갈등 완화를 어떻게 촉진하는가?
• 직원들은 재트라우마화 될 수 있는 물리적 환경을 어떻게 인식하고, 이에 대처하기 위한 전략 개발에 있어 사람들과 협력하고 있는가?
• 기관은 젠더와 관련된 신체적 · 정서적 안전에 관한 우려사항을 해결하기 위해 어떻게 메커니즘을 개발했는가?</td></tr>
<tr><td>참여와
관여</td><td colspan="5">• 참여와 서비스를 위한 질적 제고 과정에서 실제 경험을 가진 사람들에게 조직에 피드백을 제공할 수 있는 기회가 있는가?
• 직원들은 두려워하거나 압도당한 사람들이 정보 처리에 어려움을 겪을 수 있다는 것을 염두에 두고, 이들에게 규칙, 절차, 활동, 일정을 충분히 알려주고 있는가?
• 직원과 클라이언트 사이에서 투명성과 신뢰는 어떻게 촉진되는가?
• 직원과 클라이언트 사이의 권력 차이를 줄이기 위해 어떠한 전략을 사용하는가?</td></tr>
</table>

여러 분야 간 협력	• 트라우마 기반 의사결정을 위해 서비스를 받는 클라이언트와 협력하는 다른 파트너 기관과 의사소통 체계가 마련되어 있는가? • 협력 기관은 트라우마 기반인가? • 트라우마와 트라우마 기반 접근에 대한 분야 간 교육을 촉진하기 위해 어떠한 메커니즘이 마련되어 있는가?
서비스 스크리닝, 사정, 치료	• 치료계획 안에 정서적 안전에 대한 개인의 정의가 포함되어 있는가? • 조직에는 트라우마에 특화된 치료를 제공할 능력이 있는가, 또는 적절한 트라우마 특화 서비스로 의뢰할 능력이 있는가? • 기관은 트라우마 스크리닝, 사정 및 치료의 맥락에서 성별에 따른 욕구를 어떻게 다루고 있는가?
훈련과 인적 개발	• 기관은 트라우마 경험을 가진 사람들과 일할 때 발생하는 정서적 스트레스에 대해 다루는가? • 기관은 직원들이 트라우마에 관한 지식과 개입기술을 이해하고 향상시키기 위해 훈련과 인적 개발을 지원하는가? • 인력개발/직원 훈련은 자신의 정체성, 문화, 지역사회, 억압이 개인의 트라우마 경험, 지원 및 자원에 대한 접근성, 안전의 기회에 영향을 미칠 수 있는 방법에 대해 설명하고 있는가? • 트라우마 기반 실천과 슈퍼비전을 업무에 포함시키기 위해 직원과 슈퍼바이저에게 어떤 유형의 훈련과 자원을 제공하고 있는가?
과정 점검과 질 관리	• 트라우마 기반이 되기 위한 기관의 과정을 점검하는 체계가 있는가? • 직원이 안전함을 느끼고 기관에서 존중받고 있는지를 평가하는 전략과 과정은 무엇인가? • 수집된 정보를 기관의 질 관리 과정에 통합하기 위해 어떤 메커니즘이 마련되어 있고, 이러한 메커니즘은 접근성 있고, 문화적으로 적절하며, 트라우마에 기반한 서비스 및 지원을 만들도록 잘 작동하고 있는가?
재정	• 기관의 예산에는 리더십과 직원 개발을 위한 트라우마와 트라우마 기반 접근에 대한 지속적인 훈련을 위한 자금 지원이 포함되어 있는가? • 트라우마와 트라우마 기반 접근법에 대한 영역 간 교육 및 동료 전문가를 위한 자금이 있는가?
평가	• 기관은 트라우마 기반의 조직 사정을 어떻게 수행하고, 트라우마 기반의 접근 수준을 보여 주는 척도나 지표를 가지고 있는가? • 트라우마를 경험한 사람들의 관점은 참여자 만족도를 넘어 기관의 수행 성과를 어떻게 보여 주는가? • 서비스를 이용하는 사람들에게 피드백을 요청하고 익명성과 비밀유지를 보장하기 위해 어떤 절차가 마련되어 있는가?

출처: SAMHSA(2014). SAMHSA's Concept of Trauma and Guidance for a Trauma-Informed Approach, pp. 14-16.

2) 정책 및 서비스 전달체계

우리나라는 가정폭력이나 성폭력을 가족 내 또는 개인의 사적인 문제로 간주하여 피해자에 대한 법이 마련되지 않았다가 1990년 이후 국가의 개입이 필요한 심각한 사회문제라는 인식이 대두되면서 비로소 관련 법이 제정되었다. 현재 학대, 가정폭력, 성폭력과 관련하여 각각의 법률들이 제정되었고, 이러한 법률을 총괄하는 정부부처도 보건복지부와 여성가족부로 나뉘어 있다. 구체적으로, 아동 또는 노인학대 관련 법은 보건복지부에서 총괄하고 있고, 가정폭력과 성폭력 관련 법은 여성가족부에서 총괄하면서 관련 정책 및 서비스 전달체계에 대한 업무를 담당하고 있다. 또한 가정폭력과 성폭력의 경우 가해자에 대한 처벌과 피해자에 대한 보호와 관련해서 분리된 법을 제정하여 규정을 명시하고 있다.

표 6-2 폭력 유형별 관련 법

아동 및 노인 학대	• 아동복지법: 아동학대의 개념 도입과 긴급전화 및 아동보호전문기관 설치근거 등을 규정 • 아동학대 범죄의 처벌 등에 관한 특례법 • 노인복지법: 노인학대의 개념 규정
가정폭력	• 가정폭력범죄의 처벌 등에 관한 특례법 • 가정폭력방지 및 피해자 보호 등에 관한 법률
성폭력	• 성폭력범죄의 처벌 및 피해자보호 등에 관한 법률: 1994년 1월 5일 제정된 법률로 2010년 4월 15일에 성폭력 가해자 처벌과 피해자 보호를 목적으로 하는 법률이 각각 제정되면서 폐지됨 • 성폭력범죄의 처벌 등에 관한 특례법 • 성폭력방지 및 피해자보호 등에 관한 법률

출처: 보건복지부, 여성가족부 홈페이지 내용을 재구성함.

학대 및 방임, 가정폭력 또는 성폭력 피해자들을 위한 지원 서비스들은 〈표 6-3〉과 같다. 전달체계를 살펴보면 관련 기관들은 피해자 보호, 법률,

복지, 상담 서비스 등 다양한 서비스들을 제공하지만 이들의 정신건강문제에 전문적으로 개입하고 치료하는 전달체계가 부재하고, 관련 서비스와의 연계도 구체적으로 제시되어 있지 않음을 알 수 있다.

표 6-3 폭력 유형별 전달체계 및 관련 사업

아동 및 노인 학대	• 학대 신고 전화: 112(아동학대), 1388(청소년전화), 1577-1389(노인학대) • 아동보호 전문기관: 학대피해아동 보호 및 사례개입, 학대피해아동 심리검사 및 심리치료, 가족치료, 행위자상담 및 교육 • 노인보호 전문기관: 24시간 노인학대 긴급전화 운영, 상담, 복지, 법률, 의료, 일시보호 서비스 지원
가정폭력	• 가정폭력 피해 상담: 여성긴급전화 1366 센터, 가정폭력상담소 • 가정폭력 피해자 숙식 제공 등 보호: 가정폭력 피해자 보호 시설 • 가정폭력 피해자 치료: 신체적 · 정신적 피해 치료, 보건 상담 및 지도, 임산부의 심리적 안정을 위한 정신치료 프로그램, 임산부 및 태아 보호를 위한 검사 및 치료 • 가정폭력 피해자 피해 회복 및 재발 방지 • 가정폭력 피해자 무료 법률 지원 • 폭력피해 이주여성 보호 · 지원 • 위기청소년상담 및 지자체 청소년안전망(CYS-Net) 운영: 청소년복지센터를 중심으로 가정폭력 등 위기상황에 노출된 청소년 대상 상담 및 정서적 지지 제공
성폭력	• 성폭력 피해에 대한 상담: 여성긴급전화 1366센터, 성폭력 상담소 • 성폭력 피해자 숙식 제공 등 보호: 성폭력 피해자 보호시설 • 성폭력 피해자 치료: 응급키트, 의료비, 간병비 지원 • 성폭력 피해자 방문 상담 및 돌봄서비스 지원 • 성폭력 피해자 피해 회복 및 재발 방지 • 성폭력 피해자 무료 법률 지원
가정폭력, 성폭력 통합지원	• 해바라기 센터: 성폭력 · 가정폭력 · 성매매 피해자 및 그 가족에 대하여 상담, 의료, 법률, 수사, 심리치료 지원서비스를 통합적으로 제공

출처: 여성가족부, 아동권리보장원, 노인보호전문기관(2021) 홈페이지 내용을 재구성함.

최근에는 스토킹이나 디지털 성폭력 등 폭력의 유형이 다양해지고, 가해자 처벌과 피해자 보호에 대한 보다 실질적인 정책 및 서비스 개입에 대한 요구가 높아지면서 향후 정책적 방향에 대한 과제들이 제기되고 있다. 먼저, 가정폭력에서의 반의사불벌죄 폐지에 대한 논의가 필요하다. 반의사불벌죄란 폭력의 피해자가 가해자의 처벌을 원하지 않는다는 의사를 표명하면 가해자를 처벌할 수 없는 범죄를 의미한다. 즉, 가정폭력 피해자가 경찰에 가정폭력을 신고했음에도 불구하고, 갑자기 신고를 취소하거나 피의자에 대한 처벌 불원 의사를 보여 피의자가 불기소되는 것이다. 결국 피해자는 가정으로 다시 돌아가거나 피의자의 끊임없는 협박을 받으며 가정폭력의 굴레에서 벗어나지 못하게 된다. 피해자가 신고를 한 후 신고를 취소하거나 처벌을 원하지 않는 의사를 보이는 비일관적 태도는 장기간 가정폭력으로 인한 불안이나 우울, 외상 후 스트레스 장애와 같은 정신건강문제에서 기인하는 것으로, 자신의 의사표현을 충분히 못하거나 합리적인 결정을 하는 데 어려움이 있는 것으로 보고된다. 이러한 폭력 피해자의 특성을 이해하지 못하고, 이들의 결정을 합리적인 결정으로 간주하여 가해자에 대한 처벌을 취소하는 경우 피해자는 폭력의 위험이 있는 가정으로 또다시 돌아갈 수 있음을 시사한다(이수정, 노주애, 강지은, 성현준, 김성현, 2020). 특히 피해자의 폭력에 대한 신고와 취소가 반복될수록 가해자에 대한 공포감이 더욱 높아지고, 결국에는 학습된 무기력 상태에 놓이며 죽음에 이르는 비극적인 결말을 맞이하는 경우도 많다. 따라서 가정폭력 피해자의 특성에 대한 이해를 기반으로 이들의 처벌불원 의사표현이 합리적 의사결정에 기반한 것인지를 확인하고, 가정폭력 반의사불벌죄를 폐지하는 방안을 추진해야 한다.

둘째, 가정폭력이나 데이트폭력 유형 중 스토킹의 수법이 다양해지고 피해사례가 점점 증가하면서 가해자 처벌과 피해자 보호에 대한 법적 지원이 필요하다는 주장이 꾸준히 제기되었다. 그 결과 2021년 3월 「스토킹범죄의 처벌 등에 관한 법률」(이하 스토킹 처벌법)이 국회를 통과했고, 2021년 10월 21일

● 가정폭력 스토킹 피해 사례 ●

최씨는 2017년 11월26일 서울 강남구 한 빌라 앞에서 남편 조아무개(25) 씨가 휘두른 흉기에 수십 차례 찔려 숨졌다. 협의이혼 숙려기간에 자신을 성폭행범으로 경찰에 신고했다는 이유로 신고 당일 아내를 찾아가 살해한 것이다. 당시 경찰은 최 씨의 성폭행 신고를 받고 이를 곧바로 조 씨에게 알린 뒤 "성폭행이 아니라는 증거가 있으면 빨리 사진으로 찍어 남기라"고 조언을 하기도 했다. 조 씨는 가정폭력범이자 스토커였다. 결혼 전부터 폭력을 가하던 남편을 견디지 못한 최씨가 10월 중순 집을 나가 따로 은신처를 마련하자 스토킹이 시작됐다. 조 씨는 포털 사이트에서 최 씨의 아이디와 비밀번호로 로그인해 이메일에 있던 택배 주문 내역에서 주소를 찾아냈다. 최 씨가 남편 조씨를 경찰에 처음 신고한 건 사망 두 달가량 전인 2017년 9월23일로 조 씨가 휘두른 칼에 최 씨 목에는 붉은 자국이 생겼다. 그러나 조 씨는 체포되지 않았다. "남편에 대한 처벌이나 임시조치를 원하지 않는다"는 최 씨의 말이 결정적이었다. 현재 가정폭력은 '반의사불벌죄'라 피해자가 처벌을 원치 않으면 형사처벌을 할 수가 없기 때문이다. 가정폭력에 대해 수사기관이 나서서 적극적으로 처벌할 수 있게 법 개정이 되어야 하는 이유도 이 때문이다. 전문가들은 가정폭력처벌법에 있는 반의사불벌죄 조항을 개정하여 피해자가 아닌 수사기관이 처벌 여부를 판단할 수 있게 바꿔야 한다고 설명한다.

출처: 한겨레(2018. 11. 4.). 신문기사 내용을 재구성함.

부터 법이 시행된다. 이 법이 제정되기 전에는 스토킹은 경범죄 처벌 범죄로 분류되어 '10만 원 이하 벌금이나 구류 또는 과료'에 그쳤으나, 스토킹 처벌법이 통과되면서 스토킹 범죄자는 최대 5년 이하 징역이나 5천만 원 이하의 벌금을 부과하는 것으로 처벌규정이 강화되었다. 또한 경찰은 스토킹 신고를 받고 현장에 출동하여 스토킹 행위를 제지하고, 필요한 경우 접근금지 조치도 내릴 수 있다. 그러나 법 규정에는 가해자 처벌에 대한 내용에 비해 피해자를 위한 보호 장치가 부족하여 피해자 신변안전 조치나 피해자 보호 명령 등의 규정이 추가되어야 한다(서울경제, 2021. 5. 21.). 이러한 의견을 반영하여 여성가족부는 법 시행 전이라도 스토킹 피해자가 가정폭력 · 성폭력 보호시설에 머무를 수 있고, 주거나 상담, 의료, 법률지원을 받을 수 있도록 운영지침을 변경하였다(여성가족부, 2021). 그러나 피해자에 대한 보호가 보다 제도적으로 보장되기 위해서는 관련 법 안에 이에 대한 규정을 포함하고, 구체적인 서비스로 연결될 수 있도록 적극적으로 지원할 필요가 있다.

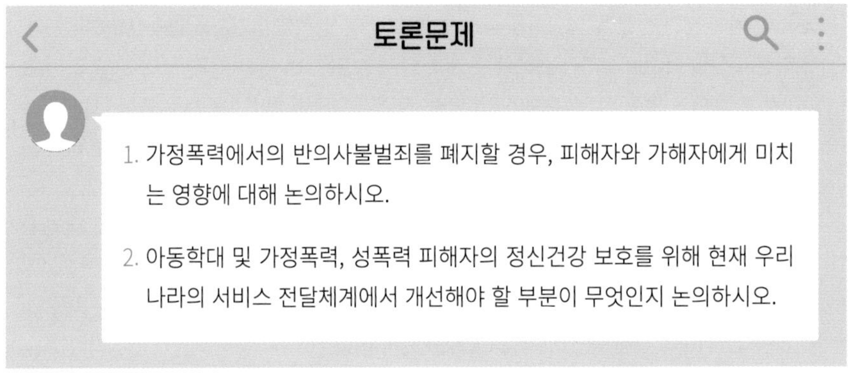

참고문헌

권진숙, 김정진, 전석균, 성준모(2014). **정신보건사회복지론**. 공동체.

김경희, 김수아, 김은경(2020). 중·고등학생의 디지털 성폭력에 대한 다면적 이해와 정책 시사점. **이화젠더법학**, 12(2), 257-289.

김영택, 김동식, 김인순, 차지영(2012). 성폭력 피해자 정신건강 현황 및 정책지원 방안. 여성정책연구원.

김정혜, 주재선, 정수연, 동제연, 김홍미리 외(2019). 2019년 가정폭력실태조사 연구. 여성가족부.

김혜영, 장화정(2002). 아동학대 유형별 영향을 미치는 부모위험요인에 관한 연구. **아동과 권리**, 6(2), 269-286.

노충래(2002). 아동 및 가해자의 특성에 따른 아동학대의 심각성 예측요인에 관한 연구. **한국아동복지학**, 13, 123-154.

서울경제(2021. 5. 21.). 최초 발의 22년 만에 스토킹 처벌법 마련됐지만… "피해자 보호 미비".

양수진, 신의진(2019). 성폭력에 대한 이해와 의료인의 역할. **대한신경정신의학회**, 58(4), 260-269.

여성가족부(2021). "스토킹 피해자 보호 · 지원 더욱 강화한다". 정책뉴스, 2021년 4월 28일.

여진주(2008). 아동학생 발생요인에 대한 생태학적 분석. **보건사회연구**, 28(1), 3-26.

이세원(2018). 정서학대와 방임에 대한 사법적 판단. **교정복지연구**, 53, 117-144.

이수정, 노주애, 강지은, 성현준, 김성현(2020). 처벌불원 의사를 드러내는 가정폭력 피해자의 진정성에 대한 실증적 의문 제기. **이화젠더법학**, 12(1), 237-276.

이영주(2007). 가정폭력 피해여성의 정신건강과 사회적응에 관한 연구: 사회적 지지의 매개효과 경로탐색. **한국정신보건사회복지학회 학술발표논문집**, 11, 161-183.

이원숙(2016). **가족복지론**. 학지사.

임혁, 채인숙(2020). **정신건강의 이해**. 공동체.

장수미, 김주현(2012). 가정폭력 피해경험과 외상후 스트레스장애의 관계: 긍정적 태도와 사회적 지지의 조절효과. **한국가족복지학**, 35, 173-202.

정현미(2020). 스토킹범죄 규제를 위한 입법방향. **이화젠더법학**, 12(3), 235-264.

하지혜, 임성후, 조수현(2015). 아동학대 피해 아동의 정신질환 유병률 조사. **신경정신의학**, 54(4), 542-548.

한겨레(2018. 10. 30.). 전문가가 말하는 강서구 주차장 살인 피의자의 세 가지 전형성.

한겨레(2018. 11. 4.). '가정폭력 스토킹 살해' 딸 잃은 엄마 "이 나라서 살 수 있을까".

Breiding, M., Basile, K., Smith, S., Black, M., & Mahendra, R. (2015). *Intimate partner violence surveillance uniform definitions and recommended data elements*. Atlanta: National Center for Injury Prevention and Control of the Centers for Disease Control and Prevention.

SAMHSA(2014). SAMHSA's Concept of Trauma and Guidance for a Trauma-Informed Approach.

Sweeney, A., Filson, B., Kennedy, A., Collinson, L., & Gillard, S. (2018). A paradigm shift: Relationships in trauma-informed mental health services. *BJPsych Advances, 24*(5), 319-333.

Wali, R., Khalil, A., Alattas, R., Foudah, R., Meftah, I., & Sarhan, S. (2020). Prevalence and risk factors of domestic violence in women attending the

National Guard Primary Health Care Centers in the Western Region, Saudi Arabia, 2018. *BMC Public Health, 20*(239), 1-9.

Widom, C. (1999). Posttraumatic stress disorder in abused and neglected children grown up. *American Journal of Psychiatry, 156*, 1223-1229.

아동권리보장원 홈페이지, https://www.ncrc.or.kr/

World Health Organization(WHO) (2002). World report on violence and health, https://www.who.int/violence_injury_prevention/violence/world_report/en/introduction.pdf?ua=1에서 2021년 3월 1일 인출.

World Health Organization(WHO) (2012). Understanding and addressing violence against women, https://apps.who.int/iris/bitstream/handle/10665/77432/WHO_RHR_12.36_eng.pdf?sequence=1&isAllowed=y에서 2021년 2월 22일 인출.

제7장

중독과 정신건강

알코올, 도박, 인터넷, 약물 중독 등 다양한 중독 행동(addictive behaviors)은 정신건강을 위협하는 사회문제이다. 중독으로 인해 개인적 · 가족적 · 사회적 어려움을 가진 클라이언트는 사회복지실천 현장에서 흔히 만날 수 있으므로 중독 행동에 대한 사회복지사의 깊이 있는 이해와 전문적 개입이 요구된다. 이 장에서는 알코올, 도박, 인터넷, 약물 등 4대 중독 행동을 중심으로 중독의 개념과 원인, 현황을 소개하고, 중독과 동반되는 우울, 불안, 자살 등 정신건강의 이슈를 살펴본다. 마지막으로 중독자 개인과 가족에 대한 개입 방법과 국가의 중독 정책 및 서비스 전달체계, 전문인력에 대해 고찰하고자 한다.

1. 중독에 대한 이해

1) 중독의 개념과 원인

중독이란 특정 물질과 행동에 집착하여 자기 통제력을 상실한 상태로서,

기본적으로 생리학적 현상이며 쾌락 중추가 과도하게 자극되어 발생한다. 원하는 효과를 얻기 위해 양과 횟수가 증가함에 따라 내성(tolerance)이 생기고, 중독 행동을 중단하면 신체적 · 심리적 불편함을 동반하는 금단 증상(withdrawal symptom)이라는 고유의 특성을 갖는다.

현재 중독문제에 개입하는 데 가장 보편적으로 사용되는 모델은 생심리사회적(Bio-Psycho-Social model) 모델이다. 이 모델에서는 질병의 원인을 파악하고 치료하기 위해서는 개인의 생물학적 취약성과 함께 개인을 둘러싼 사회적 · 환경적 요인들과 이에 대처하는 심리적 요인도 질병의 발생, 치료 및 회복에 중요한 것으로 바라본다(보건복지부, 가톨릭대, 2012).

먼저 생물학적 영역을 살펴보면, 중독은 뇌의 시상하부와 편도핵 등이 속한 변연계의 이상에 기인한다. 알코올이나 인터넷 게임으로 쾌락을 느끼는 것은 보상회로에서 중요한 도파민의 과다 분비에 의하며, 음주나 게임은 이 도파민의 농도를 상승시킨다. 이때 음주나 게임을 중단하면 도파민 농도가 감소하여 뇌 신경세포에서의 도파민 수용체의 감수성이 예민해지고 이것이 특정 금단 증상을 일으킨다. 이와 같이 중독은 뇌의 쾌락 중추가 과도하게 자극되어 나타난 생물학적 질환이므로 개인의 의지와 노력만으로 회복되기 어렵다(보건복지부, 가톨릭대, 2012; 임정원, 2016).

심리적 영역에서 중독을 설명하는 이론으로는 우울, 불안, 외로움, 스트레스, 긴장 등과 같은 부정적 정서에 대처하기 위한 수단으로 중독 행동에 탐닉한다는 자가처방 가설(Self-Medication Hypothesis)이 대표적이다. 이 이론은 알코올, 약물 등의 물질사용자들은 고통스러운 정서적 상태로부터 자신을 처방하기 위해 물질을 사용한다고 본다. 즉, 자가처방 가설에서는 사람들이 특정한 결과를 얻기 위하여 중독 행동을 한다고 설명한다. 중독의 동기는 부정적 정서를 없애거나 벗어나기 위한 것으로, 중독 행동은 강화제의 역할을 하여 원했던 결과를 얻으면 긍정적인 강화제로 작용하여 중독 행동이 지속된다는 것이다(장수미, 2017).

사회적 영역에서 보면, 중독 행동에 가장 영향을 주는 요인 중 하나는 한 사회의 문화이다. 전통적으로 우리나라 문화는 음주와 도박에 허용적이다. 술 권하는 사회라고 불릴 정도로 일상 생활에서 음주를 중요하게 여기고 도박을 여가의 수단으로 즐기며, 급속한 산업화 과정에서 올인, 대박, 한탕주의의 사회적 분위기가 만연되었다. 이러한 문화적 특성은 알코올 중독, 도박 중독에 대한 민감성과 위험성을 저하시킨다. 또한 초고속 인터넷 보급[1)]으로 인해 인터넷 접근성의 확대와 같은 사회적 환경도 인터넷 중독과 온라인 도박 문제를 초래하는 요인이 된다.

이와 같이 중독의 원인을 파악할 때는 특정 영역만 보는 것이 아니라, 생리적 · 심리적 · 사회적 측면에서 살펴보아야 하며, 치유와 회복에 있어서도 다각적인 영역에서의 개입이 필요하다.

중독은 진행성 질환이다. 이는 어느 날 갑자기 중독 상태가 되는 것이 아니라 학업이나 직업, 가족 및 사회생활에 조금씩 문제가 발생하는 초기 단계부터 시작하여 통제력을 상실하는 남용 단계를 거쳐 내성과 금단 증상이 고착화되는 만성화 수준인 의존 단계로 진행한다는 의미이다. 중독자가 자신의 중독 상태에 대해 부정(denial)하는 것이 질환의 특성이므로 초기 단계에 중독문제를 인식하고 스스로 치료를 받는 경우는 많지 않다. 대체로 중독으로 인해 건강, 가족, 학교, 직장, 사회생활 등에 심각한 수준의 문제가 발생해야 주위의 권고로 혹은 강제로 치료기관에 오게 되므로 만성단계에서 중독에 대한 치료는 쉽지 않다. 중독문제에 대해 조기에 개입하여 치료 효과성을 높일 수 있도록 중독에 대한 우리 사회의 민감성 제고, 치료 접근성을 높이는 정책과 서비스가 요구된다.

1) 2019년 기준, 우리나라 가구 인터넷 접속률은 99.7%, 국민 인터넷 이용률은 91.8%, 주 평균 이용 시간은 17.4시간으로 나타남(과학기술정보통신부, 한국정보화진흥원, 2020).

2) 중독의 유형과 현황

정신질환 실태조사에 의하면(보건복지부, 삼성서울병원, 2016), 우리나라 정신질환의 평생 유병률은 25.4%로서 국민 4명 중 1명은 평생 동안 정신질환에 이환되는 것으로 나타났다. 평생 유병률이 높은 질환 순서대로 보면, 알코올사용장애 12.2%, 불안장애 9.3%, 니코틴사용장애 6.0%, 기분장애 5.3%, 조현병 스펙트럼 장애 0.5%, 약물사용장애가 0.2%이다([그림 7-1] 참조). 입원 환자의 대다수도 알코올 중독이 26.7%를 차지하여 조현병 스펙트럼 장애 26.2%, 기분장애 23.6% 보다도 높아(전진아, 이난희, 김진호, 2017), 우리 국민의 높은 중독질환 유병률을 알 수 있다.

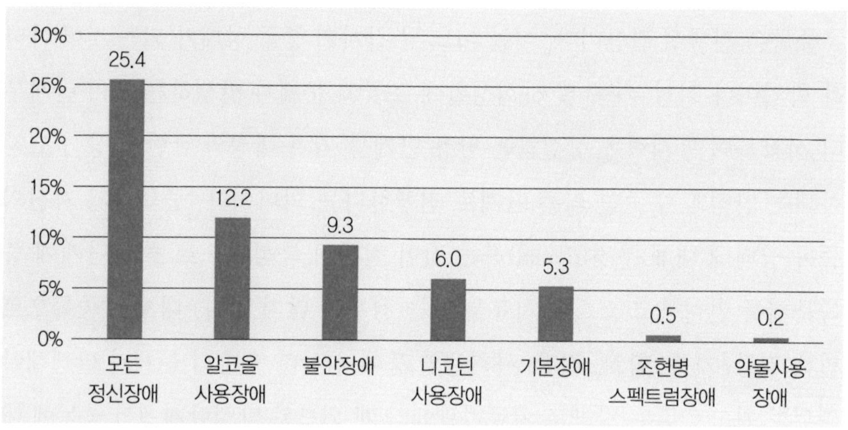

[그림 7-1] 주요 정신질환 평생 유병률

출처: 보건복지부, 삼성서울병원(2016).

중독은 크게 물질중독과 행위중독으로 구분된다. 중독되는 물질(substance)은 카페인, 니코틴, 알코올, 마약 등을 말하며, 중독되는 행동(behavior)에는 도박, 인터넷 게임, 쇼핑 등이 있다. 다양한 중독 유형 중에서 가장 보편적으로 발생하고 있는 알코올, 도박, 인터넷, 마약을 4대 중독으로 부른다. 우리나라 국민 8명 중 1명은 4대 중독에 해당하는 것으로 추산되어 인구 5천만 명

중 약 618만 명으로 집계할 수 있다. 중독으로 인한 사회경제적 비용 또한 막대하여, 총 109조 5천억 원으로 추정된 바 있다(〈표 7-1〉 참조; 보건복지부, 가톨릭대학교, 2012).

표 7-1 **4대 중독의 중독자 수와 사회적 비용**

구분	알코올 중독	마약 중독	도박 중독	인터넷 중독
중독자 수(추정)	155만 명	10만 명	220만 명	233만 명
사회적 비용(추정)	23조 4천억 원	2조 5천억 원	78조 2천억 원	5조 4천억 원

출처: 보건복지부, 가톨릭대학교(2012).

(1) 알코올 중독[2)]

대표적인 물질중독인 알코올 중독은 정신질환의 진단지침인 DSM-5에서는 알코올사용장애(alcohol use disorder)로 표기되었다. 알코올사용장애는 술에 대해 통제할 수 없으며 술로 인하여 개인, 가족, 사회에 부정적 영향을 미치는 것으로, mild, moderate, severe의 수준을 갖는다. DSM-IV에서는 알코올 남용(alcohol abuse)과 알코올 의존(alcohol dependence)으로 구분한 바 있는데, 알코올 남용은 알코올에 대한 내성과 금단 증상은 없지만 개인 생활에 다양한 부적응이 초래되는 경우로서, 음주로 인해 가정, 학교, 직장 등에서 다양한 문제가 있음에도 불구하고 음주를 반복하는 상태이다. 한편, 알코올 의존이란 알코올 섭취를 지속하여 알코올에 대한 내성이 생기고, 이에 따라 알코올 섭취량이나 빈도가 점차 증가하게 된다. 술을 마시지 않으면 금단 증상을 경험하게 되고, 이를 피하기 위해 또다시 술을 마시는 악순환이 나타난다.

정신질환 실태조사에서 알코올사용장애의 평생 유병률은 12.2%(남자 18.1%, 여자 6.4%)이며, 1년 유병률은 3.5%로서 2016년 기준 139만 명으로

---

2) DSM-5에서는 '알코올사용장애'로 표기하지만, 이 장에서는 4대 중독을 통일성 있게 부르기 위해 '알코올 중독' 용어를 사용하였다.

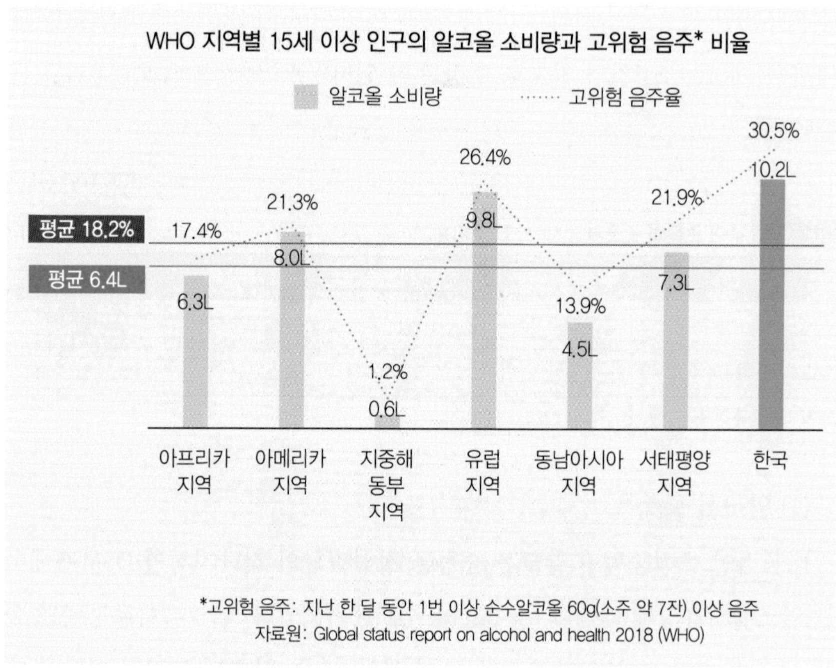

[그림 7-2] 세계의 알코올 소비량 및 고위험 음주율

출처: 중앙정신건강복지사업지원단(2021).

추산된다. 구체적으로 알코올 사용 행태를 살펴보면(보건복지부, 질병관리청, 2020), 2019년 기준 월간 음주율은 남자와 여자가 각각 73.4%, 48.4%, 월간 폭음률[3)]은 52.6%, 24.7%이며, 남자는 30대(62.0%), 여자는 20대(44.1%)에서 다른 연령에 비해 폭음률이 높았다. 우리 국민의 음주 행동을 다른 국가와 비교해 보면 [그림 7-2]와 같다. 아프리카, 아메리카, 유럽, 아시아 지역 15세 이상 인구의 알코올 소비량과 고위험 음주율을 비교했을 때 한국의 알코올 소비량과 고위험 음주율이 가장 높음을 알 수 있다.

---

3) 월간 폭음률: 최근 1년 동안 월 1회 이상 한 번의 술자리에서 남자의 경우 7잔(또는 맥주 5캔) 이상, 여자의 경우 5잔(또는 맥주 3캔) 이상 음주한 분율

(2) 도박 중독

사행(射倖)이란 우연에 의해 이익을 얻으려는 것으로서(사행산업통합감독위원회, 2020), 「사행행위 등 규제 및 특례법」에 의하면, 사행 행위란 "여러 사람으로부터 재물이나 재산상의 이익을 모아 우연적 방법으로 득실을 결정하여 재산상의 이익이나 손실을 주는 행위"로 정의된다. 한편, 도박에 대해서는 학설과 판례에 의해서 그 개념에 대한 해석이 다양하게 이루어지고 있는데, 일반적으로 도박이란 "당사자가 서로 재물을 걸고 우연한 승부로 그 재물의 득실을 결정하는 행위"로 규정되어(한국형사정책연구원, 2009), 우리 사회에서 도박과 사행 행위는 유사한 의미로 사용된다.

과도한 도박은 개인, 가족, 사회적 영역에서 부정적 결과를 초래한다. 병적 도박(pathological gambling)이란 반복적인 도박으로 인해 경제적 어려움, 친밀한 관계의 붕괴, 직업적인 발전의 피해와 같은 문제가 생김에도 불구하고 지속적, 반복적으로 도박을 하는 것을 말한다(보건복지부, 삼성서울병원, 2016). 한국인의 도박 중독 유병률은 세계적으로 단연 높은 수준인 5.3%이며, 그 외 국가의 경우 영국 2.5%, 호주 2.3% 순으로 높았다([그림 7-3] 참조;

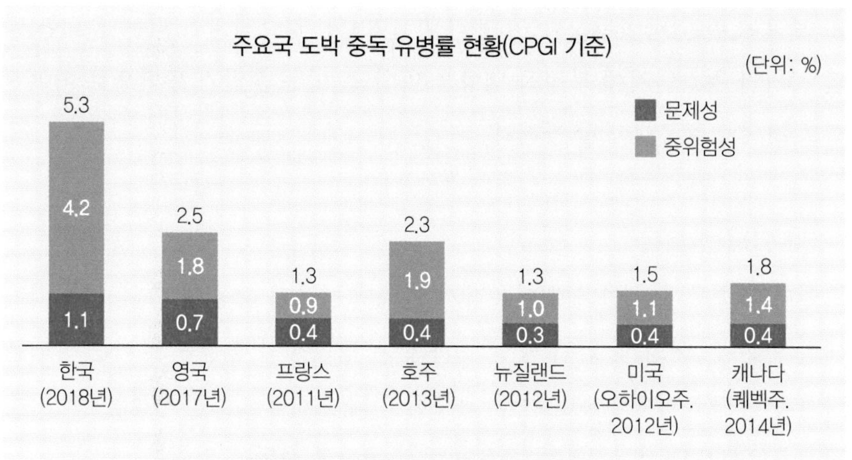

[그림 7-3] 세계의 도박 중독 유병률

출처: 사행산업통합감독위원회(2020).

사행산업통합감독위원회, 2020).

예전부터 도박은 한국의 일상적인 놀이문화로서 "세 사람만 모이면 화투판을 벌인다"는 말이 회자될 만큼 내기 게임이 일반화되어 있었다. 오락과 여가의 수단으로서의 도박이 도박 중독이라는 병적 행동으로 발전된 것에는 경마, 경정, 복권 등 손쉽게 합법 사행산업을 접할 수 있는 환경뿐 아니라 온라인도박 등 불법 사행산업도 일조한다고 볼 수 있다(장수미, 2014). 실제로, 우리나라는 OECD 30개 국가 중 GDP 대비 사행산업 순매출액이 7위인 국가로서, 사행산업의 활성화는 도박 접근성을 높이는 역할을 한다. 사행산업은 여가활동인 동시에 의존과 남용으로 정의되는 중독의 속성을 지니므로 과도한 사행산업 참여는 우울증, 직장에서의 생산성 저하, 범죄의 증가, 가족에 대한 피해를 야기하고, 고용 감소와 성장잠재력 약화, 사회적 비용 증가 등의 부작용을 낳는 중독자를 양산하게 된다(사행산업통합감독위원회, 2020).

최근 도박을 처음 접하는 연령이 낮아지는 추세를 보이며, 불법 온라인 도박을 경험하는 청소년이 증가하는 등 청소년의 도박행동이 사회문제화되고 있다. 청소년 도박문제 실태조사 결과에서 3만 명(1.1%)의 청소년이 도박 중독으로 나타났고, 위험수준에 이른 청소년도 약 12만 명(4%)에 이르는 것으로 보고된 바 있다(한국도박문제관리센터, 2015). 청소년의 도박은 중요한 발달 시기인 청소년기에 부정적 영향을 미치고, 이후 성인기 도박으로 이어진다는 점에서 주목해야 할 것이다.

(3) 인터넷 중독

인터넷 중독이란 인터넷 이용자가 인터넷 사용과 활동에 탐닉하여, 이에 대한 의존성, 내성 및 금단 증상 등과 같은 병리적인 증상을 보이는 상태를 말한다(이해국, 이보혜, 2013). 즉, 과도한 인터넷 사용으로 발생하는 갈망, 집착, 기분변화, 내성, 금단 등 중독의 핵심 증상과 충동 조절의 실패, 개인, 가족, 사회생활의 문제 등을 보이는 상태이다. 인터넷 사용에 대한 통제력을 상실하고, 학업, 업무, 인간관계에 방해가 될 정도로 인터넷을 사용하며, 인터넷 이용을 숨기기 위해 거짓말을 하거나, 우울한 감정을 잊기 위해 혹은 상황을 회피하기 위해 인터넷을 지속하기도 하며, 장시간 인터넷 사용으로 인해 체중 변화, 두통, 손목 터널 증후군 등의 신체적 곤란을 겪기도 한다(보건복지부, 가톨릭대학교, 2012).

개인 컴퓨터와 정보통신 기술의 발전, 초고속 인터넷 보급, 모바일 기기의 발전, 저렴한 가격으로 어디서나 이용할 수 있는 PC방 환경은 인터넷게임, 스마트폰 과다 사용 등을 사회적 문제로 부각시켰다. 인터넷 중독은 게임, 음란물 시청, SNS 및 채팅, 온라인 도박 등 다양한 콘텐츠 영역으로 확대되고 있다.

[그림 7-4]는 우리나라 인터넷 중독의 위험성을 나타낸다. 3~69세 스마트폰 이용자 중 23.3%(고위험군 4.0%, 잠재적 위험군 19.3%)[4]는 스마트폰 과의존

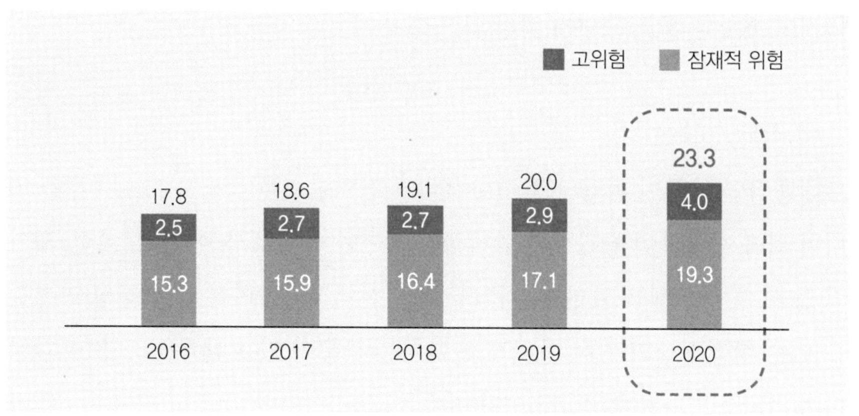

[그림 7-4] 연도별 스마트폰 과의존 위험군 현황

출처: 과학기술정보통신부, 한국지능정보사회진흥원(2021).

4) 과의존 위험군은 고위험군과 잠재적 위험군의 합으로 산출, 유아동의 경우 총 9문항 중 28점 이상인 경우, 청소년 이상은 총 10문항 중 청소년 31점, 성인 29점, 노인 28점 이상인 경우 고위험군이라 칭함.

위험군으로서 전년 대비 3.3% 증가하여 가장 큰 폭의 증가율을 보였다. 유·아동은 지속적으로 높은 상승 폭을 유지하고 있으며, 청소년은 전 연령대에서 가장 큰 폭으로 상승하였다. 이는 스마트폰의 보급 등 디지털 기기의 이용뿐 아니라 코로나19 이후 신체활동의 감소, 원격 수업, 재택근무로 인한 결과로도 해석할 수도 있다. 최근 조사에서는 팬데믹 이전과 비교하여 과의존 위험군과 일반군 모두 영화, TV, 동영상, 게임, 메신저, 상품/서비스 구매 이용량이 증가한 것으로 나타났다(과학기술정보통신부, 한국지능정보사회진흥원, 2021).

한편, 세계보건기구(WHO)는 2019년 게임사용장애(gaming disorder)를 질병으로 분류한 '국제질병분류 11차 개정안(ICD-11)'을 채택하였다. 게임사용장애는 게임 통제능력이 손상되고 게임의 중독적 사용으로 인해 일상생활 기능에 심각한 어려움이 발생하는 경우로서, 이러한 부정적 결과에도 불구하고 게임을 지속할 때 게임사용장애로 판단하게 된다. 세계보건기구는 게임사용장애를 질병으로 분류하여 각국의 보건의료체계가 게임사용장애에 대한 적극적인 예방과 치료를 위해 책임 있는 대응이 필요함을 촉구하였다.

(4) 약물 중독

대표적인 약물인 마약(痲藥, narcotic)은 강력한 진통작용과 마취작용을 지니며 계속 사용하면 습관성과 탐닉성이 생기는 물질로서, 아편, 모르핀, 코카인 등과 그 유도체를 말한다. 마약류에는 신체적·심리적 금단 증상이 생길 수 있는 향정신성의약품, 마취작용 및 환각작용이 있는 대마초 등을 포함한다(보건복지부, 가톨릭대학교, 2012).

우리나라는 전 국민 대상의 마약류 약물 사용 및 중독자 현황과 유병률에 관한 자료가 부재하며, 마약류 사범 숫자를 통한 추정만 가능하다. 그 수치는 연구마다 다르지만, 검거된 마약류 사범 수의 약 10배로 추정할 때, 2011년 기준 마약류 사범으로 단속된 9,174명을 근거로 추정되는 국내 마약중독자의 수는 약 10만 명으로 예측된다(이해국, 이보혜, 2013). 특히, 청소년 마약

사범의 증가가 주목되는데, 유해화학물질 흡입 사범의 경우 2010년 848명에서 2011년 1,188명으로 전년 대비 40.1% 증가하였으며, 2007년 대비 5배 이상 늘었다.

마약 이외에도 식욕억제제, 해열제 등 의약품 오남용 등을 포함하는 약물중독은 관리 사각지대로서, 연령별 약물 중독 비율은 10대 15.72%, 20대 14.18%, 80대 19.57%로 청소년과 고령 노년층을 중심으로 확대되고 있다(관계부처 합동, 2021). 청소년건강행태조사(교육부, 보건복지부, 질병관리본부, 2019) 결과, 평생 동안 기분 변화나 환각 등의 경험, 과도한 살 빼기 등의 목적으로 부탄가스, 본드를 비롯하여 각성제, 히로폰, 암페타민, 마약, 많은 양의 기침 가래약, 신경안정제 등을 먹거나 마신 적이 있는 청소년은 0.5%로 나타났다. 청소년 시기의 약물 중독은 정신과 육체를 파괴시키는 개인과 사회의 문제이며, 성폭력, 절도, 살인 등 범죄와의 연관성도 높은 것으로 나타나 더욱 관심을 가져야 할 것이다(보건복지부, 가톨릭대학교, 2012).

2. 중독과 정신건강 이슈

중독은 신체건강과 정신건강의 위험요인이 되며, 정신질환과의 높은 공존율이 보고되고 있다. 알코올은 간, 췌장, 위, 말초신경 등에 작용하여 신체적 질환을 야기하고, 우울증과 불안장애 등의 정신질환과 동반되며, 자살의 위험성을 높인다. 도박, 인터넷, 약물 중독 역시 신체건강과 정신건강에 부정적 영향을 미치며, 중독의 결과가 정신건강의 어려움을 초래하기도 한다.

중독 행동과 정신건강의 관련성은 여러 선행연구를 통해 잘 알려져 있다. 성인 초기 집단을 대상으로 한 연구에서, 대학생의 우울과 불안은 흡연, 알코올 소비, 자살과 관련이 있는 것으로 나타났다(Martin et al., 2014). 문제도박을 보이는 성인은 니코틴 중독, 약물 중독, 우울, 불안 등을 동반하였으며

(Lorains et al., 2011), 서구의 전국 조사 결과(Kessler et al., 2008)에서는 정신장애를 가진 사람이 그렇지 않은 사람보다 도박 중독이 될 가능성이 17배 높았다. 이 연구에서 도박 중독자는 비도박 중독자보다 정동장애 4배, 불안장애 3배의 더 높은 유병률을 보여 주었다(장수미, 2014 재인용). 마약중독자 중에서도 우울, 불안, 환각 등의 정신과적 증상을 호소하는 경우가 상당히 높았다. 마약류 실태조사(보건복지부, 가톨릭대학교, 2010)에 따르면 마약중독자 중 우울 36.9%, 불안 28.9%, 환각 10.3% 등으로 나타나 상당히 높은 빈도로 정신과적 증상을 나타냄을 알 수 있다. 이 연구에서 심각하게 자살 생각을 해 본 사람은 41.3%, 한 번이라도 자살을 시도해 본 사람은 23.7%로 나타나 약물중독자의 높은 자살위험성을 시사한다. 인터넷 중독 역시 우울장애, 불안장애, 충동조절장애, 물질사용장애와 동반되며 적대감, 우울감이 높은 것으로 보고된다(보건복지부, 가톨릭대학교, 2012).

최근 여러 연구에서 코로나19 이후 중독 행동의 증가를 보고하고 있다. 보건복지부와 한국트라우마스트레스학회(2021)는 감염병 이후 우리 국민의 정신건강 실태를 총 4회에 걸쳐 추적 조사한 결과, 음주율은 3월 63.8%, 5월 64.7%, 9월 64.9%, 12월 64.9%로 나타나 증가 및 유지 추세를 보이고 있다. 이는 지역사회건강조사(2018)의 음주율 60.9%에 비해 높은 수준이다.

중독포럼에서는 2020년 중독성 행동 대국민 실태조사 발표에서 코로나19 이후 성인남녀의 온라인 게임, 스마트폰, 도박, 성인 콘텐츠 시청 등 중독 행동의 위험이 전반적으로 증가했다고 보고하였다. 특히, 사회적 거리두기와 재택 근무 실시로 혼술이 증가하고, 우울감, 스트레스 등을 해결하고자 알코올 소비량이 증가한 것으로 파악하였다. 코로나 상황으로 집에서 머무는 시간이 길어지면서 온라인 게임 시간이 늘었고, 평소 도박 횟수가 많은 사람일수록 도박 행동이 늘어난 것으로 보고되었다. 코로나19의 장기화는 중독자의 치유 재활에도 영향을 미쳤다. 중독문제의 대표적인 지역사회 전문기관인 중독관리통합지원센터의 신규 등록률이 예년에 비해 대폭 감소하였고

(25% → 13.5%), 재발률은 21.9%에서 32.8%로 증가하였다(중독포럼, 2020). 이러한 결과는 팬데믹 이후 중독문제와 정신건강 이슈에 대한 서비스 제공에 어려움이 있음을 시사한다.

코로나19 이후 국민 정신건강 실태에 대한 조사에서 가장 주목할 결과 중 하나는 시간이 경과함에 따라 우울과 자살사고 수준이 높아졌다는 점이다. 우울 위험군(cut-off point 10점 이상)은 3월 17.5%, 5월 18.6%, 9월 22.1%, 자살사고는 9.7%, 10.1%, 13.8%로 각각 증가하였다. 이는 2018년 성인의 자살사고 비율이 4.7%임에 비해 매우 높은 수치이다(국립정신건강센터, 2020). 우울, 자살과 알코올, 도박과 같은 중독행동 간의 높은 관련성은 여러 선행 연구를 통해 검증되고 있으므로(Galaif, Sussman, Newcomb, & Locke, 2007; Jang & Hong, 2018) 자살과 중독 문제 예방을 위한 정책수립이 시급하다.

3. 중독에 대한 개입

1) 개입 방법

중독은 동일한 특성과 역동을 가지기 때문에 알코올, 도박, 인터넷, 마약 등 여러 중독 행동의 치유와 재활을 위한 개입 방법은 크게 다르지 않다. 미국 물질남용치료센터(CAST)에서는 중독치료의 기본원칙으로 다음의 두 가지를 지적하였다. 첫째, 중독의 원인과 중독문제를 지속시키는 생심리사회적(Bio-Psycho-Social) 요인을 파악하고 클라이언트의 신체건강, 정신건강, 사회경제적 결핍 및 장애가 다루어져야 한다. 둘째, 중독은 만성적이고 재발하는 질환이므로 회복의 전 과정 동안 연속적인 개입이 이루어져야 한다(김기태, 안영실, 최송식, 이은희, 2005: 101 재인용).

이러한 원칙은 효과적인 치료를 위해 중독의 원인 파악이 전제되어야 하며 단주, 단약, 단도박 이후 회복과정도 매우 중요함을 나타낸다. 또한 중독에 대한 개입은 의학적 치료만으로 이루어지지 않으며, 클라이언트의 심리사회적 어려움에 대한 통합적인 서비스가 제공되어야 함을 강조하는 것이다. 이 장에서는 이상의 원칙을 바탕으로, 중독문제에 대한 개입 방법을 개인, 집단, 가족 수준으로 구분하여 제시하고자 한다.

(1) 개인

중독에 대한 개입은 면밀하게 수집된 정보를 바탕으로 한 사정(assessment) 결과에 따라 개별화된 계획을 수립하는 것으로 시작된다. 계획 단계에서는 클라이언트의 신체적, 정서적, 인지적, 행동적, 사회적 변화를 반영하는 포괄적 목표를 수립한다. 치료계획은 클라이언트가 바라는 목표에 따라 수립되고, 초기사정의 결과에 기반해야 하는데, 클라이언트가 무엇을 해야 하고, 어떻게 목표를 달성할 수 있는지에 대해 이해할 수 있어야 한다. 계약 역시 개입의 한 부분으로서, 계약은 클라이언트가 동의하는 구체적인 의지의 표현이다. 수립된 계획을 통해 약물치료, 개별상담, 집단상담, 가족교육 및 상담, 자조집단(self-help group)의 활용, 기타 다양한 개입이 이루어진다.

개별상담은 치료에 대해 저항을 보이고, 변화 동기가 낮은 중독 클라이언트와 관계를 형성하고, 변화과정에 참여시키도록 하는 매우 중요한 수단으로서 다음의 측면에서 도움이 된다(SAMHASA, 2003).

- 목표를 검토하고 명확히 함으로써 클라이언트의 참여를 지속시킨다.
- 개입과정에서 자연스럽게 발생하는 클라이언트의 두려움과 불안을 다룬다.
- 클라이언트-사회복지사 관계를 강화하여 클라이언트 참여를 증진시킨다.
- 어렵고 힘든 상황에서 클라이언트가 건강하게 대처하도록 하고 최선의

해결책을 찾도록 한다.

이와 같이 개별상담을 통해 사회복지사와 관계를 형성하고, 동기를 가지도록 하는 것이 개별상담의 가장 중요한 과업이라 할 수 있다. 이 과업이 달성되면 이후의 집단, 가족 상담에서 인지행동치료, 동기증진치료, 단기개입, 부부 및 가족상담 등 다양한 모델을 활용하여 본격적인 개입이 이루어진다(〈표 7-2〉 참조).

표 7-2 중독 개입 모델

- **인지행동치료**(cognitive-behavioral therapy): 사회복지사와 일대일 관계 혹은 소집단에서 이루어진다. 인지행동치료에서는 과도한 음주를 야기하는 개인의 감정(느낌)이나 상황(단서)이 무엇인지 밝혀내고 재발을 일으키는 스트레스를 다루는 데 초점을 둔다. 인지행동치료의 목표는 과도한 음주를 가져오는 사고과정을 변화시키고 문제음주의 단초(trigger)가 되는 상황에 대처하는 데 필요한 기술을 개발하는 것이다.

- **동기증진치료**(motivational enhancement therapy): 음주행동을 변화시킬 수 있도록 동기를 만들고 강화하는 데 목적이 있으며 단기간에 이루어진다. 치료를 받는 것의 장단점(pros & cons)을 밝히는 데 초점을 두고 음주습관 변화를 위한 계획을 수립한다. 또한 자신감을 기르고 수립된 계획을 실행할 수 있는 기술을 개발시킨다.

- **단기개입**(brief intervention): 일대일이나 소집단으로 이루어지는 단기개입은 시간제한적이다. 사회복지사는 중독 클라이언트의 음주 패턴 및 잠재적 위험요소에 대한 정보를 제공한다. 사회복지사는 클라이언트가 목표를 수립하도록 돕고 변화할 수 있도록 구체적인 아이디어를 제공한다.

- **부부 및 가족상담**(marital and family counseling): 치료과정에서 배우자와 가족구성원과 협력하여 가족관계를 개선시키고 재건하는 데 초점을 둔다. 가족지지가 제공되면 개별상담만 진행될 때와 비교하여 단주유지 기회가 증가되는 것으로 알려져 있다.

출처: NIH(2014).

(2) 집단

집단상담은 중독에 대한 개입에서 매우 효과적인 것으로 알려져 있다. 사회복지사는 먼저 집단에서 적절한 행동이 무엇인지 출석, 정직성, 다른 성원에 대한 피드백, 비밀보장 등 세부적인 집단규칙을 설명한다. 이러한 부분에 대하여 사회복지사는 정확하고 구체적으로 설명하고 집단 성원이 모두 동의하는 시간을 갖는 것이 이후 집단상담의 효과를 가져오는 기본 전제가 된다. 특히 사회복지사는 집단발달의 초기 단계에서 집단규칙에 대한 동의, 집단목표에 대한 공유를 위해 충분한 시간을 갖고 구성원들과 논의해야 한다. 중독 클라이언트는 집단에서 고립되거나 소외되는 경향이 흔히 있다. 집단은 일상생활이 재현되는 장(場)이 되므로, 집단상담을 통하여 클라이언트가 고립되는 경향을 중단시키고, 알코올 없이 살아가는 삶에 대한 두려움과 불안을 탐색하며, 재사회화를 경험할 수 있도록 한다.

집단의 크기는 목적에 따라 다르지만 보통 8~12명 정도가 추천되는데(Velasquez, Maurer, Crouch, & DiClement, 2001), 일반적으로 8명 내외가 좋다. 그 이유는 너무 적은 수의 경우는 구성원 간의 상호작용 촉진이 쉽지 않고, 너무 많으면 한 명의 리더가 이끌고 가기 어렵기 때문이다. 일반적으로 집단상담은 주 1회 진행하며 집단에서 배운 기술을 클라이언트가 일상생활에 적용해 보고 피드백을 받도록 한다.

음주거절훈련, 문제해결훈련, 의사소통훈련 등은 집단을 활용하여 실시되는 대표적인 사회기술훈련 프로그램이다. 알코올 중독자들은 음주 상태에서의 감정표현과 의사표현에 익숙해 왔으므로 낮은 사회기술(social skills)로 인해 음주하지 않을 때는 자기표현이 쉽지 않은 경향이 있다. 따라서 술을 마시지 않고서도 타인과 즐거운 시간을 보낼 수 있으며, 하고 싶은 말을 전달하고 감정을 표현하는 법을 새로 배우는 것이 필요하다. 예를 들어, 음주를 권하는 상황에서 효과적으로 거절하는 법을 배우는 음주거절훈련에서 술을 거절하는 데 어려움을 겪는 상황을 설명하도록 하고, 자기주장적 반응에 대해 함께 브레인스토밍하며, 거절 상황에 대해 역할극을 해 본다. 이후 구성원들이 함께 역할극 내용에 대해 피드백을 주고받는다. 이때 언어적인 표현(대화 등), 비언어적인 표현(눈빛, 목소리의 단호함 등), 적절한 대안 등 거절에 필요한 요소를 유인물이나 동영상으로 만들어 제공할 수 있다(King, Lioyd, Meehan, Deane, & Kavanagh, 2012).

자조집단(self-help group)은 중독자의 회복에 매우 도움이 되는 것으로 알려져 있다. 1930년대 단 2명으로 시작한 AA(Alcoholics Anonymous)는 현재 전 세계 2백만 명의 회원으로 성장하였는데, 그 영향력은 막강하며 자조집단의 효과 역시 잘 알려져 있다(Kelly & White, 2012). 중독 클라이언트는 자조집단에 대해 처음에는 저항하는 경우가 많다, 어떤 클라이언트들은 병원치료만 받겠다고 하고, 당장은 필요 없다고 거부하기도 한다. 이 경우 사회복지사는 서두르지 말고 저항의 이유를 탐색해 본다. 예컨대, 사회성이 낮은 중독 클라이언트의 경우 AA라는 새로운 환경에 접근하고 참여하는 것이 쉽지 않을 것이다. 퇴원하기 전 준비 기간을 충분히 갖고 AA에 대해 알아보고, 지역사회 모임에 미리 참여하도록 안내한다.

(3) 가족

많은 경우 중독 클라이언트 본인보다 가족이 먼저 중독문제의 심각성을 느끼고 주변이나 전문기관에 도움을 구하는 경우가 많다. 하지만 가족도 중독문제에 대하여 도움을 찾기까지는 오랜 시간이 걸리고 결단이 필요한데, 전문가의 도움을 망설이는 이유는 다음과 같이 매우 다양하다(광주서구중독관리통합지원센터, 2017).

- 중독에 대한 사회적 선입견, 편견 때문에
- 중독 자체에 대한 무지 때문에
- 강한 의지가 있으면 나을 수 있다고 생각하기 때문에

- 중독자의 강한 거부로 인해서
- 다른 가족(시댁, 처가, 형제)의 협조가 되지 않아서
- 직장에서 불이익을 받을까 봐
- 경제적인 어려움(병원비, 생활비) 때문에
- 창피함, 수치스러움, 두려움, 무서움 등 죄책감, 안쓰러움의 감정 때문에

가족이 치료를 위한 결단을 내리고, 치료에 적극적으로 참여하는 것은 성공적인 개입을 위해 결정적이며, 실제 성과에도 큰 차이를 가져온다. 하지만 가족들은 어떻게 도와야 할지에 대해 확신이 서지 않기 때문에 중독에 대한 정확한 이해와 지지방법에 대한 교육이 필요하다. 가족은 교육을 통해 중독 치료와 회복과정에 대한 이해가 증진되며, 어떻게 도울 수 있는지에 대해 배우게 된다. 가족교육에서 주로 다루는 주제는 치료 및 회복의 역동과 가족관계, 재발과 재발 방지, 중독가정의 어려움, 조장(enabling)과 부정(denial), 건강한 가족기능, 건강한 분리와 냉정한 사랑(tough love), 가족 의사소통과 문제해결, 알라난, 알라틴, 기타 가족지지 체계 등이다(NIH, 2014).

가족은 중독 클라이언트를 도와야 하는 동시에 자신을 돌보는 것도 매우 중요하다. 중독에 대한 회복은 가족이 아니라 중독자 본인에게 궁극적인 책임이 있음을 잊지 말고, 우울이나 불안할 때 자신을 위하여 전문적인 도움을 받아야 한다. 또 회복에 장애가 되는 가족의 오래된 어려움이나 갈등을 다루기 위해서는 가족상담도 필요하다. 가족상담의 목표는 회복과정에서 발생하는 가족 역동에 대해 가족 스스로 충분히 이해하도록 하는 것이고, 가족이 중독과 관련된 가족 문제가 무엇인지 밝혀내고 해결할 수 있도록 돕는 것이다.

2) 정책 및 서비스 전달체계

우리나라의 높은 중독 유병률로 인해 중독자 개인과 가족의 신체적 · 정신

적 건강의 폐해, 낮은 생산성 등 사회경제적 비용이 막대하지만, 실제 전문서비스를 이용하는 경우는 많지 않다. 예컨대, 알코올 중독은 정신질환 중 유병률이 가장 높지만 실제 정신건강서비스 이용률은 12.1%로 타 정신질환의 서비스 이용률 22.2%의 절반 수준이다(관계부처 합동, 2021). 이러한 이유는 아직까지 중독문제에 대한 정신건강 서비스 전달체계 등의 국가 인프라가 부족하며, 중독에 특화된 전문 치료 프로그램이 충분하지 않기 때문이다.

〈표 7-3〉에서 볼 수 있듯이, 4대 중독에 대한 정부 관할 부처와 사업수행기구는 보건복지부, 농림축산식품부, 과학기술정보통신부, 문화체육관광부, 여성가족부, 교육부, 식약청 등으로 분산되어 있으며, 사업수행기구 역시 부처별로 상이한 실정으로 범부처 간 협력구조가 미비하고 업무분담도 모호한 상황이다. 이는 중독문제에 대한 국가 목표의 수립 및 공통 사업추진의 어려움을 초래하므로 중독문제에 대한 국가 거버넌스의 체계 구축이 필요하다.

표 7-3 중독 분야별 관할 부처와 사업수행기구

중독 분야	관할 부처	사업 수행 기구
알코올	• 보건복지부	• 보건소 • 중독관리통합지원센터(49개소)
마약	• 보건복지부 • 식품의약품안전청	• 마약퇴치운동본부(전국 14개소) • 중독재활센터
도박	• 사행산업통합감독 위원회 • 농림축산식품부	• 도박문제관리센터(14개소) • 사업자센터 및 민간 상담센터
인터넷 (게임)	• 문화체육관광부 • 여성가족부 • 교육부 • 보건복지부 • 과학기술정보통신부	(문) Wee센터에 게임 과몰입 전문 상담사 지원 (여) 청소년상담복지센터(230개소), 건강가정지원센터(207개) (교) Wee센터(206개) (복) 정신건강복지센터(255개) (과) 스마트쉼센터(18개소)

출처: 보건복지부, 가톨릭대학교(2012)에서 재구성함.

한편, 〈표 7-4〉는 대표적인 지역사회 중독 전문개입 기관인 중독관리통합지원센터가 수행해야 하는 기본 사업이다. 주로 알코올 문제에 대한 개입을 필수로 하지만 도박, 인터넷, 마약 등 4대 중독이 망라되어 있으며 예방교육부터 사례관리와 회복 프로그램 실시, 노숙인 등 취약계층의 자활을 위한 상담, 지역사회 보건복지기관과의 네트워크 구축까지 사업이 광범위함을 알 수 있다. 2019년 12월 31일 기준 전국의 중독관리통합지원센터는 49개소에 불과하며(보건복지부, 국립정신건강센터, 2020), 전문인력과 예산의 부족은 증가하는 중독문제에 대응하기에 역부족인 상황이다.[5)]

도박 중독에 대한 전문기관은 도박문제관리센터로서 2021년 기준 전국에 14개소가 있다. 세계적으로 높은 우리나라의 도박 중독 유병률(5.3%)에 비해 약 1% 정도만 센터를 이용한다는 점에서 전문 서비스를 받는 도박 중독자는 매우 제한적임을 알 수 있다.[6)] 이는 중독서비스의 특성상 대부분 중독자 개인이 동의하여야 서비스를 제공할 수 있다는 점, 그리고 부정(denial)을 하는 것이 중독 질환의 특성으로 인해 중독자 본인의 낮은 문제 인식은 적절한 개입이 이루어지지 못하는 원인이 되고 있다. 따라서 도박 등 중독문제에 대한 대국민 인식 개선과 상담서비스에 대한 접근성 강화가 필요하다. 선진국의 경우 1개 지역센터에서 담당하는 도박 중독자의 수가 평균 5,600명임을 감안할 때, 우리나라에 필요한 지역센터의 수는 470여 개로 추정된다. 필요 수준의 1/10의 서비스가 제공된다고 하더라도 최소 47개소가 필요한 상황이므로(한국도박문제관리센터, 2016), 서비스 인프라의 확대가 요구된다.

2021년 수립된 제2차 정신건강복지기본계획(2021~2025)에서는 중독을 국가 정신건강복지 정책의 중요 영역으로 포함하여 구체적인 핵심과제와 추진

---

5) 중독관리통합지원센터는 국민건강증진기금을 재원으로 하며 센터당 예산 규모는 1억 51,20만 원으로 국비와 지방비의 매칭으로 이루어진다(전진아 외, 2017).

6) 2016년 사행산업 이용실태 조사 결과 도박 중독 문제군 추정 인구(약 49만 명) 중에서 치유서비스를 이용한 비율은 1.09%이다(국회입법조사처, 2017).

표 7-4 중독관리통합지원센터의 기본적 중독관리사업

영역	필수사업	선택사업
중독문제 조기발견 및 개입서비스	• 알코올문제 신규발견 및 이용체계 구축 • 고위험 음주군 조기발견 및 단기개입 서비스	• 기타 중독(도박, 인터넷, 마약) 신규 발견 및 이용체계 구축 • 기타 중독(도박, 인터넷, 마약) 고위험군 조기발견 및 단기 개입 서비스
중독질환 관리사업	• 알코올 중독자 관리체계 구축 –사례관리 서비스 –재활 프로그램	• 알코올 중독자 위기관리 서비스 • 알코올 중독자 직업재활 서비스 • 기타 중독 관리체계 구축 –사례관리 서비스 –재활 프로그램
중독질환 가족지원 사업	• 알코올 중독자 가족 신규 발견 및 이용체계 구축 –사례관리 서비스 –가족모임 지원 서비스	• 알코올 중독자 및 기타 중독자 가족 신규발견 및 이용체계 구축 –가족교육 및 프로그램
중독 폐해 예방 및 교육사업	• 취약계층 알코올문제 교육사업 • 인식 개선 및 홍보사업	• 아동 · 청소년 예방교육사업 • 직장인 중독폐해 예방지원사업 • 지역주민 예방교육사업
지역사회 사회안전망 조성사업	• 보건복지 네트워크 구축 • 지역 인프라 구축	• 지역 법무 연계 · 협력체계 구축 • 자원봉사 관리 · 운영체계 구축 • 경찰 및 응급지원 네트워크 구축
지역 진단 및 기획		• 지역사회 진단 및 연구 • 지역 특성을 고려한 특화 서비스 기획 • 자원 조정 및 중재

출처: 보건복지부(2020).

전략을 제시하였다. 중독 영역의 주요 핵심과제로는 알코올 중독자 치료 및 재활 서비스 강화, 마약류 등 약물 중독 관리체계 구축, 디지털 기기 등 이용장애 대응강화가 선정이 되었고 세부 추진과제가 제시되었다.

3) 중독 전문인력

중독 분야를 비롯한 정신건강 현장은 의사, 간호사, 임상심리사, 사회복지사 등의 다학제적 팀 접근을 통해 전문적 개입이 이루어진다. 2017년 기준 우리나라 정신건강 현장의 상근인력은 인구 10만 명당 30.6명으로, 그중 정신건강전문요원 등의 전문인력은 16.1명으로 절반을 조금 넘는 수준이다. 주요 정신건강기관별로 인구 10만 명당 상근인력을 살펴보면 〈표 7-5〉, 정신의료기관(21.6명)이 가장 많아 대부분 입원 세팅에서 일하고 있음을 알 수 있고, 정신건강복지센터(4.3명), 정신재활시설(2.2명) 순으로 나타났으며, 중독관리통합지원센터(0.4명)에는 매우 소수의 인원이 일하고 있음을 알 수 있다(중앙정신건강복지사업지원단, 2019).

표 7-5 정신건강 기관별 상근인력 현황

(단위: 인구 10만 명당)

기관	계	전문인력	일반인력
정신의료기관	21.6	11.3	10.3
정신요양시설	2.0	0.3	1.7
정신재활시설	2.2	1.3	0.9
정신건강복지센터	4.3	2.9	1.4
중독관리통합지원센터	0.4	0.3	0.1
계	30.6	16.1	14.5

출처: 중앙정신건강복지사업지원단(2019).

중독은 정신건강 전문요원 이외에도 중독문제의 독특성과 복잡한 역동으로 인해 중독문제에 전문성을 갖고 개입하기 위해 중독 전문인력 양성과정이 개설되어 있다. 먼저 학문 분야에서는 사회복지학, 간호학, 심리학 등 직역별 학회 및 협회가 주관하는 자격제도가 있다. 사회복지 분야를 중심으로 과정을 살펴보면, 한국정신건강사회복지학회에서는 사회복지사와 정신건강사회복지사를 대상으로 중독전문사회복지사 1, 2급 과정을 운영 중으로, 이론, 실습, 사례발표, 필기시험을 통해 2020년 말 기준으로 총 695명의 중독전문사회복지사를 배출하였다. 보수교육을 통해 5년마다 자격증을 갱신해야 한다. 이외에 한국중독전문가협회의 중독전문가 자격제도, 한국도박문제관리센터의 도박문제예방강사와 도박 중독 치유인력, 한국건강증진개발원의 절주 전문인력 등 다양한 기관에서 시행하고 있다.

중독 분야의 전문인력 양성과정을 종합적으로 살펴보면, 대체로 1급과 2급을 구분하고 있고, 4대 중독을 포괄하거나 중독 행동별로 특화된 과정을 운영하고 있으며, 전문자격증 소지자부터 공무원, 교사, 산업체 종사자, 회복자 및 가족 등의 일반인까지 다양한 집단을 대상으로 하고 있다. 대부분 유료 과정으로 진행되며, 이론교육의 시간도 18시간에서 120시간까지 다양하다(장수미, 2019). 전문인력은 정신건강서비스 제공의 핵심으로서, 증가하고 있는 중독문제에 대응하기 위해 앞으로 중독 분야 전문인력 양성과정의 표준화, 질적 수준의 제고를 통한 양적 확대가 요구된다.

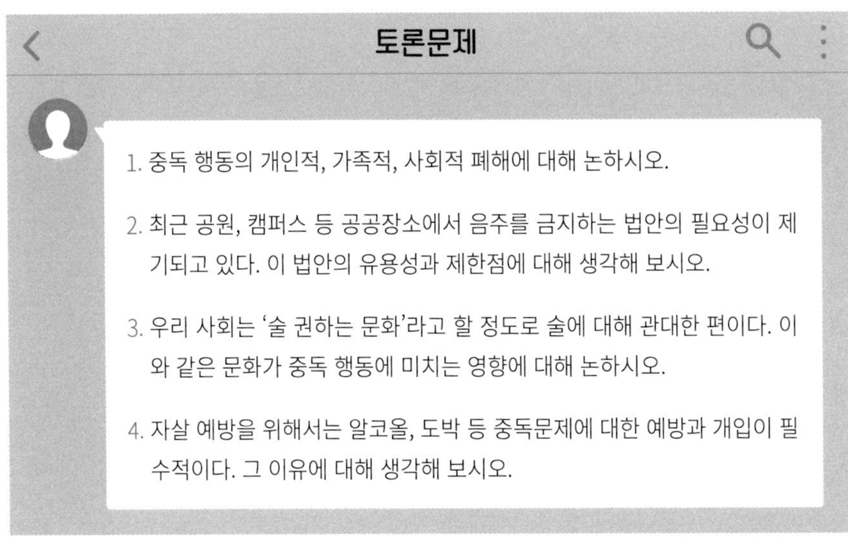

참고문헌

과학기술정보통신부, 한국정보화진흥원(2020). **2019 스마트폰 과의존 실태조사**.

과학기술정보통신부, 한국지능정보사회진흥원(2021). **2020 스마트폰 과의존 실태조사**.

관계부처 합동(2021). **제2차 정신건강복지기본계획**.

광주서구중독관리통합지원센터(2017). **중독가족회복교실**. 신정.

교육부, 보건복지부, 질병관리본부(2019). **제15차 청소년건강행태조사 통계**.

국립정신건강센터(2020). **한울e야기**. 23호.

국립정신건강센터, 건강보험심사평가원, 한국보건사회연구원(2020). 2019 국가정신건강현황보고서.

국회입법조사처(2017). 한국도박문제관리센터의 현황과 과제, **현장조사보고서** vol. 53.

김기태, 안영실, 최송식, 이은희(2005). **알코올중독의 이해**. 양서원.

보건복지부(2020). **2020년 정신건강사업 안내**.

보건복지부, 가톨릭대학교(2010). **2009 마약류 실태조사**.

보건복지부, 가톨릭대학교(2012). 국가 중독예방관리 정책 및 서비스 전달체계 개발.

보건복지부, 국립정신건강관리센터(2020). 2020 전국 정신건강 관련 기관 현황집.

보건복지부, 삼성서울병원(2016). **2016년도 정신질환 실태조사**.

보건복지부, 질병관리청(2020). **2019 국민건강통계**.

보건복지부, 한국트라우마스트레스학회(2021). 2021년 1분기 코로나19 국민정신건강실태조사. 한국트라우마스트레스학회, http://kstss.kr/?p=2065에서 2021년 3월 13일 인출.

사행산업통합감독위원회(2020). **2019 사행산업백서**.

이해국, 이보혜(2013). 4대 중독 원인 및 중독예방정책. **보건복지포럼, 200**, 30-42.

임정원(2016). **정신건강론**. 신정.

장수미(2014). 대학생의 도박행동과 정신건강. **한국사회과학연구, 36**(1), 1-10.

장수미(2017). 대학생의 우울, 대처동기, 음주문제의 관계: 자가처방가설의 검증. **보건사회연구, 37**(1), 5-33.

장수미(2019). 중독전문인력 양성실태와 개선방안. **경상대학교 인권사회발전연구소 추계학술대회 자료집**.

장수미, 전영민, 김성재(2009). 외국의 도박중독상담 전문인력 자격제도 비교: 미국, 호주, 싱가폴을 중심으로. **대한스트레스학회지**, 17(1), 53-62.

전진아, 이난희, 김진호(2017). 정신건강증진사업의 현황과 최근의 정책적 변화. **보건복지포럼**, 246, 51-63.

중독포럼(2020). 2020. 9. 7. 보도자료. http://www.addictionfr.org/2020/bbs/board.php?bo_table=sub06_ 1&wr_id=33에서 2021년 3월 13일 인출.

중앙정신건강복지사업지원단(2019). **정신건강동향**, Vol. 13.

중앙정신건강복지사업지원단(2021). Annual report 2020.

한국도박문제관리센터(2015). **청소년 도박문제 실태조사 요약보고서**.

한국도박문제관리센터(2016). **2015 도박문제관리백서**.

한국형사정책연구원(2009). **사설경마의 실태와 대응전략에 관한 연구**.

Galaif, E. R., Sussman, S., Newcomb, M., & Locke, T. F. (2007). Suicidality, depression, and alcohol use among adolescents: A review of empirical findings. *International Journal of Adolescent Medicine and Health, 19*(1), 27-35.

Jang, S. M., & Hong, S. H. (2018). Do addictive behaviors matter for college students' depression and suicidal ideation? *International Journal of Mental Health and Addiction, 16*, 1095-1112.

Kelly, J., & White, W. (2012). Broadening the base of addiction recovery mutual aid. *Journal of Groups in Addiction & Recovery, 7*(2-4), 82-101.

Kessler, R. C., Hwang, I., LaBrie, R., Petukhova, M., Sampson, N. A., Winters,K. C., & Shaffer, H. J. (2008). DSM-IV pathological gambling in the National Comorbidity Survey Replication. *Psychological Medicine, 38*, 1351-1360.

King, R., Lioyd, C., Meehan, T., Deane, P., & Kavanagh, D. J. (2012). *Manual of Psychosocial Rehabilitation, Blackwell Publishing*. 신성만, 강상경, 이영문, 정숙희 역(2017). **정신사회재활의 실제**. 시그마프레스.

Lorains, F., Cowlishaw, S., & Thomas, S. (2011). Prevalence of comorbid disorders in problem and pathological gambling: Systematic review and meta-analysis of population surveys. *Addiction, 106*(3), 490-498.

Martin, R. J., Usdan, S., Cremeens, J., & Vail-Smith, K. (2014). Disordered gambling and co-morbidity of psychiatric disorders among college students: An examination of problem drinking, anxiety, and depression. *Journal of Gambling Studies, 30*, 321-333.

National Institute on Health (2014). Treatment for alcohol problems: Finding and Getting Help, NIH Publication No. 14-7974.

Substance Abuse and Mental Health Service Administration (2003). Intensive outpatient treatment for alcohol and other drug abuse, Treatment Improvement Protocol (TIP) Series. US department of health and human services.

Velasquez, M. M., Maurer, G. G., Crouch, C., & DiClemente, C. C. (2001). **알코올 및 약물중독환자를 위한 집단치료**. 다사랑병원 알코올중독연구소 역(2003). 하나의 학사.

제8장

외로움과 정신건강

최근 영국을 중심으로 외로움을 사회적 문제로 인식하고 국가적 차원에서 대응하고 있다. 우리나라는 중년 남성 1인 가구의 '외로운 죽음(lonely deaths)'에 관심을 가지고 서울시의 노원구, 양천구, 강남구 등에서 대처하고 있다. 이 장에서는 외로움에 대한 정의를 살펴보고 외로움과 관련하여 많이 언급되고 있는 관련 개념들, 예컨대 사회적 관계, 사회적 고립, 홀로 있음, 고독 등의 개념 등에 대해서 살펴보고자 한다. 어떤 특성을 가진 사람들이 외로움을 느끼는가를 알아보기 위하여 외로움과 관련된 인구사회학적 특성들도 살펴본다.

외로움은 인생 주기에 따라 다르게 나타난다. 어떤 인생 주기에서 외로움은 극적인 형태로 나타나기도 하고, 정서적으로 안정적으로 나타나기도 한다. 이 장에서는 다른 어떤 연령대보다 외로움의 정도가 극심하다고 검증된 청년기의 외로움에 대하여 알아보고자 한다. 그리고 비교적 평탄하다고 생각되어 온 중년기에서의 외로움에 주목하고자 한다. 마지막으로 주로 미디어에서 고독사로 많이 알려진 '외로운 죽음'에 대해서도 살펴보고자 한다.

1. 외로움의 정의

외로움의 사전적 정의는 '홀로 되어 쓸쓸한 마음이나 느낌'을 뜻한다(네이버 국어사전, 2020). 사회적 동물인 인간이 타인과 소통하지 못하고 격리되었을 때 외로움을 느끼게 된다. 예를 들면, 낯선 환경에서 혼자서 적응할 때, 사랑하는 사람과 이별하였을 때 등 혼자가 되었다고 느낄 때 외로움을 느낀다고 할 수 있다.

외로움은 괴롭고(distressing), 부정적이며, 주관적인 감정이다(de Jong Gierveld, 1998). 외로움은 개인의 사회적 욕구가 개인의 사회적 관계의 양이나 질에 의해 충족되지 않는 고통스러운 감정으로 정의될 수 있다(Peplau & Perlman, 1982). 외로움은 혼자 있을 때에 느낄 수 있다. 혼자 있으면 외로울 수 있으며 혼자 있어도 외롭지 않을 수도 있다. 혼자 있어서 내면의 소리에 귀를 기울일 수 있는 성장의 시간을 확보할 수 있다. 혼자 있으면 외로울 것이라고 즉각적으로 또는 반사적으로 생각할 수 있다. '홀로 있음'과 외로움을 동일시할 수 있다. 하지만 혼자 있으면 외로울 수도 있으며, 혼자 있어서 자기성찰을 할 수 있는 고독(solitude)의 상태를 즐길 수도 있다. 따라서 외로움과 '홀로 있음(aloneness)'의 관계를 잘 이해해야 한다.

외로움은 만족스러운 관계가 결여되어 있는 주관적인 감정이다(Peplau & Perlman, 1982). 외로움은 사회적 관계(social relationships)의 크기가 기대한 것보다 작거나 사회적 관계의 질이 원하는 정도에 못 미칠 때에 맞게 되는 상황이기도 하다(de Jong Gierveld & Van Tilburg, 1999b).

바이스(Weiss, 1973)는 외로움을 특정 상황에 대한 개인의 자연스러운 반응으로 보았다. 바이스(1973)는 외로움을 정서적 외로움(emotional loneliness)과 사회적 외로움(social loneliness)으로 구분하였다. 정서적 외로움은 자신이 좋아하는 부모, 배우자, 친한 친구 등 중요한 애착 대상이 없어서 나타나는 쓸쓸한 감정, 불안 또는 불안정한 느낌의 상태를 말한다. 사회적 외로움은 공통된 관심과 활동을 공유하는 사회적 관계인 친구나 동료집단, 이웃에 소속되지 못하는 것과 같이 자신이 원하는 사회적 연결망이 없거나 붕괴되었을 때 개인에게 나타나는 상실감, 지루함, 사회적 배제의 감정이라고 할 수 있다.

바이스(1973)는 정서적 외로움과 사회적 외로움은 발생 원인이 서로 다르므로 해결방법도 같지 않다고 보았다. 정서적 외로움은 애착 대상의 부재나 관계 약화에 원인이 있기 때문에 애착 대상과의 관계를 회복하거나 새롭게 만들어 주는 방법으로 정서적 친밀감을 높이면 해결할 수 있다고 보았다. 사회적 외로움은 사회적 연결망이 약화되거나 붕괴된 것이기 때문에 사회적 관계를 회복할 수 있도록 도와주어 사회의 한 일원으로서 사회적 통합감을 갖게 하면 해결될 수 있다고 보았다.

다익스트라(Dykstra, 2009)는 외로움을 세 가지 요인으로 설명하였다. 첫 번째 요인은 사회망의 특성에 관한 것으로 사람들이 관여하고 있는 사회적 관계의 양과 질에 관한 것이다. 예를 들면, 비혼(unmarried)은 기혼(married)에 비하여 외로우며, 사회망의 크기가 작고 지지적이지 않은 경우에는 사회망에서 활발하게 활동하는 경우보다 외로울 수 있다.

두 번째 요인은 개인적인 관계에서의 선호, 기대, 바라는 바 등에 관한 것이다. 외로움은 관계가 그들의 기준을 충족시키지 못할 때에 생길 수 있다. 개인은 사회적으로 고립되어 있음에도 외롭다고 느끼지 않을 수 있으며, 사회망의 크기가 큰 곳에 소속되어 있어도 외롭다고 느낄 수 있다. 세 번째 요인은 개인의 성향(predisposing conditions)으로 외로움을 설명할 수 있다. 그 예로 낮은 자존감(self-esteem)을 언급할 수 있다. 낮은 자신감(confidence)은 다른 사람들과 상호작용하는 것에 방해가 될 수 있으며, 다른 사람들에게 매력적이지 않게 보일 수 있다.

2. 관련 개념

1) 사회적 관계

사회적 관계는 만나는 사람이 몇 명인지, 그리고 얼마나 자주 만나는지 등의 양적인 측면과 알고 지내는 사람들 중에 자신이 도움이 필요할 때 도움을 줄 수 있는지, 있다면 몇 명인지 등의 질적인 측면을 포함한다. 통계청(2015)에서는 몸이 아파 집안일을 부탁할 경우에 도움받을 사람이 있는지, 있다면 몇 명이 있는지, 갑자기 많은 돈을 빌릴 일이 생길 경우에 도움받을 사람이 있는지, 있다면 몇 명이 있는지, 낙심하거나 우울해서 이야기 상대가 필요한 경우에 도움받을 사람이 있는지, 있다면 몇 명이 있는지 등으로 사회적 관계의 질적인 측면을 조사하고 있다. 사회적 관계의 질적 측면은 사회적 지지의 수준을 말한다.

사회적 관계는 개인의 사회경제적 지위에 따라 달라질 수 있다. 사회경제적 지위가 높은 사람들은 더 많은 사람들과 관계를 맺을 수 있으며, 사회망으로부터의 사회적 지지 수준 또한 높을 수 있다(House, Uberson. & Landis, 1988; Taylor & Seeman, 1999). 반면에, 사회경제적 지위가 낮은 사람들은 자신을 둘러싼 사회망으로부터 자원을 동원할 가능성도 낮을 수 있다.

사회적 관계의 질적 측면이 주관적인 평가라면, 사회적 관계를 맺는 사람들의 수나 접촉 빈도는 사회적 관계의 양적 측면으로 객관적인 평가라고 볼 수 있다. 연구결과에 의하면, 사람 수나 접촉 빈도에서 나오는 사회적 관계에 대한 양적인 객관적인 측면보다는 사회적 관계에서 도움이 필요한 경우에 얼마나 도움을 받을 수 있는지에 대한 질적인 주관적인 평가가 외로움과 같은 정신건강에 미치는 영향이 더 크다고 보고되고 있다(Golden et al., 2009).

사회적 관계의 질(quality of relationships)은 유의미한 타자들(significant

others)에 의해 제공되는 정서적 지지와 같은 긍정적인 측면과 갈등이나 스트레스와 같이 긴장을 주는 측면들을 포함한다. 사회적 관계는 대부분의 사람에게는 정서적 지지의 주요 원천이다. 하지만 사회적 관계가 극단적인 스트레스를 줄 수도 있다. 예컨대, 결혼은 개인에게 지지와 스트레스의 가장 중요한 원천이다(Walen & Lachman, 2000). 결혼생활의 질이 좋지 않은 경우에는 면역력과 내분비 기능이 약해지고 우울해지는 것으로 나타났다(Kiecolt-Glaser & Newton, 2001).

앞서 사회적 관계는 만나는 사람들의 수와 접촉 빈도인 양적인 측면과 도움이 필요할 때에 기꺼이 도와줄 수 있는 사람이 있는지에 관한 질적인 측면이 있다고 언급하였다. 사회적 관계의 질적인 측면이 양적인 측면보다 정신건강에 미치는 영향이 더 크다는 연구결과들도 보고되고 있다(Golden et al., 2009). 그럼에도 불구하고 사회적 관계의 질적인 측면 또한 긍정적인 면과 부정적인 면을 모두 포함하고 있음도 유념할 필요가 있다(Walen & Lachman, 2000). 통상 사회적 관계의 질적인 측면은 사회적 관계의 긍정적 측면을 반영한다. 하지만 한국 사회에 만연해 있는 다른 사람들과의 비교는 자신을 비하하게 되어 사회적 관계의 어두운 부정적인 측면이기도 하다(한준, 김석호, 하상응, 신인철, 2014).

2) 사회적 고립

사회적 고립은 사회적 관계에서 야기되는 감정과 무관하게 사회적 관계의 연관성이 없는 객관적 상태이다. 사회적 고립은 외로움을 증가시키는 하나의 요인인 것은 분명하지만, 고독(solitude)과 마찬가지로 개인이 홀로 있음의 상태를 즐기고 선택한 것이라면 외로움은 발생하지 않게 된다. 반대로, 외롭다고 하여 사회적 고립이 일어나는 것은 아니다. 사회적 관계의 수나 빈도가 증가한다고 하여 반드시 외로움이 감소하거나 없어지는 것은 아니기 때문에 사회적 관계는 양보다 질이 중요하다. 사회적 고립은 주관적인 평가 없이 좋지 않은 사회적 통합의 객관적인 기준이다.

외로움을 완화시키기 위한 전략으로 종종 사회적 고립을 감소시키는 데에 초점을 둔다. 하지만 외로움은 사회적 고립의 정도와 같지 않다. 대신 사회적 관계가 개인의 기대치에 미치지 못할 경우에 외로움을 느낀다(Weiss, 1973).

사회적 고립의 정도와 무관하게, 개인은 그들의 사회적 관계의 질이나 양이 결여되어 있다고 인식할 때에 외로움을 느끼게 된다. 따라서 어떤 사람은 외롭다는 감정 없이 상대적으로 사회적으로 고립되어 있을 수도 있으며, 또 다른 사람은 사회생활을 활발히 할지라도 여전히 외롭다고 느낄 수 있다(Hawkley & Cacioppo, 2010).

사회관계망의 결여로 일어날 수 있는 사회적 외로움을 경험하고 있는 사람들은 사회적 관계 맺기에 대한 개인적 성향과 기존의 사회적 관계에서의 갈등이나 괴롭힘 등 사회적 폭력을 경험했을 수도 있기 때문에 공적 서비스로 지원을 할 경우에 그러한 점들을 고려하여 세심하고 신중한 접근이 요구된다.

3) 홀로 있음

'홀로 있음(aloneness)'은 가족이나 친구, 사회와 떨어져 혼자 있는 상태에 초점을 두지만, 사회적 고립은 1차적 관계인 가족을 제외하고 친구나 사회 등 사회적 관계로부터 멀어져 있는 것에 초점을 둔다. '홀로 있음'은 주의에 아무도 없는 객관적인 상태이다. 보다 정확하게 말하자면, 물리적인 고립이라기보다는 의사소통을 하고 있다는 의미로, 자신과의 소통을 의미한다. 즉, 그 자신의 존재 자체이다. 전화로 친구와 이야기하는 것은 '홀로 있음'이 아니다. 외로움은 '홀로 있음'에서 나올 수도 있고, 나오지 않을 수도 있다.

고독은 자발적인 '홀로 있음' 상태이다. 고독을 통하여 성격이 개발되고,

창의적인 활동이 이루어질 수 있다. 예술가, 작가, 과학자들은 고독을 가장 창의적이고 생산적인 상태라고 말한다. 객관적인 상태의 '홀로 있음'은 외로움을 낳게 할 수도 있으며, '홀로 있음'이 활동적이고 건설적으로 사용될 때에는 고독의 본질이 된다. 외로움은 혼자가 아니어도 경험할 수 있으며, 외로움은 중요하거나 혹은 그렇지 않은 다른 사람이 있어도 경험하는 주관적인 상태이다(Peplau & Perlman, 1982).

외로움은 바람직하지 않은 경험인데, '홀로 있음'이나 고독은 자기반성(self-reflection), 자기규제(self-regulation), 집중과 학습 등을 촉진시키고 창조성을 육성하는 바람직한 것이다.'홀로 있음'은 '외롭다(being lonely)'와 종종 유사한 구성체로 잘못 이해되고 있다(Olson & Wong, 2001). 외로움과 사회적 고립, '홀로 있음' 등을 잘 구분할 필요가 있다.

4) 고독

외로움을 극복하는 방법으로 흔히 관계를 통한 지지를 생각하게 된다. 다른 사람들로부터 정서적 지지를 받으면 외로움을 극복할 수 있을 것이라고 생각한다(Rook & Peplau, 1982). 하지만 사람들의 도움을 받을 수 없는 상황이라면 다른 사람들로부터의 정서적 지지는 그림의 떡이 되는 셈이다. 기존의 연구에서는 고독이 외로움을 극복하는 효과적인 방법이라고 제안하고 있다(Gibson, 2000). 고독을 선호하는 사람들은 더 낮은 수준의 우울감을 보이고, 삶의 만족도도 더 높다고 보고되었다(Larson & Lee, 1996).

외로운 사람은 혼자 있는 것을 두려워하기 때문에 사람들과의 관계를 추구하는 경향이 있다. 혼자 있는 시간을 잘 보내게 되면 외로움을 극복할 수 있다. 고독과 혼자 하는 활동이 다른 사람들에 의존하지 않게 해 주기 때문에 외로움을 다루는 데에 도움이 될 수 있다(Fuchs & Rehn, 1977).

현대사회는 '함께 지내는 것'은 가치가 있지만(Gibson, 2000), '홀로 있음'은 불행하고 실패한 것이라는 편견을 가지고 있다(André 1991). 외로움의 부정적인 특성으로 인하여 창의성이 발현되는 고독마저도 '혼자 있는' 것으로 이해하여 부정적으로 이해하는 우를 범하고 있다

고독을 선호하는 사람은 통찰의 시간을 가지고, 혼자 있음에서 자기 자신을 이해하며 세상을 바라볼 수 있는 자기반성적 측면의 창의성을 개발하게 된다. 반면에, 외로운 사람은 사고의 경직성으로 인하여 낮은 수준의 창의성을 보인다(정은이, 2002).

외로운 사람은 자기 반추적(self-rumination) 사고를 하게 되는데(Boyd & Fales, 1983), 반추척 사고는 자신의 단점에만 초점을 맞추기 때문에 건강하지 못한 자아상을 가지고 걱정과 염려, 우울한 기분을 가지게 된다(Nolen-Hoeksema, 1991). 반면에, 고독은 자기 반성적(self-reflection) 사고를 가지게 된다. 반성적 사고는 자기 자신의 새로운 면을 배우는 것에 초점을 맞추기 때문에 정확한 자아상을 가지고 건강한 심리적 상태를 형성하는 데 중요한 역할을 하게 된다. 즉, 사람들은 고독의 상태에서 반성적 사고를 경험함으로써 자신의 문제를 객관화하게 되고, 나아가 사회적 관계를 돌아보아 보다 건강한 자아를 형성하게 된다(Perlman & Peplau, 1984).

고독을 선호하는 사람들은 대인관계가 좋다(Burger, 1995). 그들은 안정적인 애착대상을 내면으로 표상하기 때문이다. 즉, 물리적으로 혼자 있다 해도 외롭다고 느끼지 않는 것은 소중한 사람들의 존재를 고맙게 여기고 자신의 든든한 지지가 되어 주는 대상을 안정적으로 내면화하기 때문이다. 반면에, 외로움을 많이 경험하는 사람은 불안정 애착과 관계가 있다고 보고되고 있다(이소영, 2013).

3. 외로움과 인구사회학적 특성

1) 결혼지위

결혼은 외로움으로부터 보호하는 요인으로 나타났으며(Stack, 1998), 결혼지위는 외로움과 매우 높은 관계를 보이는 것으로 나타났다(Koropeckyj-Cox, 1998). 결혼지위와 우울의 관계는 매우 약하며, 결혼지위와 우울은 관계가 없다는 연구결과도 있다(Chou, Ho, & Chi, 2006). 결혼지위와 외로움의 관계에서 비혼남성, 비혼여성, 기혼여성, 기혼남성 순으로 외로움을 많이 느끼는 경향이 있다. 즉, 결혼의 수혜자는 여성보다는 남성인 듯하다. 여기에서 비혼(unmarried)이란 기혼이 아닌 미혼, 별거, 이혼, 사별한 지위를 지칭한다.

17개국을 대상으로 연구한 스택(Stack, 1998)의 연구에서는 성별 관계없이 결혼지위와 외로움의 관계를 살펴보았을 때 기혼, 동거는 외로움과 부적 관계를 보였으며, 이혼, 별거, 사별은 외로움과 정적 관계를 보였다. 성별 차이를 보았을 때 40세 미만의 여성 중 기혼은 외로움과 부적 관계를, 이혼과 별거, 사별은 외로움과 정적 관계를 보였다. 40세 미만의 남성 중 기혼과 동거는 외로움과 부적 관계를, 이혼, 별거, 사별은 외로움과 정적 관계를 보였다. 40세 미만의 여성의 경우에는 동거가 외로움과 전혀 관계가 없는 것으로 나타난 것에 비하여 40세 미만의 남성은 동거가 외로움을 경감시키는 보호요인으로 나타난 점이 주목된다.

2) 부모지위

50~84세를 대상으로 한 연구에서 무자녀(childless)가 외로움에 대한 직접적 영향을 주는 경우는 남성에게만 나타났으며, 여성에게는 통계적으로 유

의미한 차이를 보이지 않았다. 즉, 남성들은 부모지위를 가지지 않았을 때 외로움에 더 취약한 것으로 나타났다. 단 1인 가구나 결혼지위를 통제하고 나서는 남성의 경우에 무자녀는 외로움에 영향을 미치지 않는 것으로 나타났다(Koropeckyj-Cox, 1998). 남성의 경우에 1인 가구 여부와 결혼지위는 외로움에 큰 영향을 미치는 것을 알 수 있다. 외로움과 관련하여 결혼과 부모지위는 여성보다는 남성에게 더 큰 영향을 미치는 것으로 나타난 스택(1998)의 연구결과와도 일치한다.

3) 연령

록(Rook, 2000)은 청소년기와 성인 초기에 외로움을 많이 느끼다가, 성인기에 외로움이 감소하며 배우자의 사별과 건강에서 문제가 생기게 됨에 따라 그 이후의 연령대에서 외로움이 증가한다고 주장하였다. 외로움을 연령과 관련하여 연구할 때 노인기의 문제로 생각할 수 있다. 그러나 15세 이상과 노인을 포함한 성인 대상 연구에서 보면, 25세 미만 연령대와 65세 이상의 노인집단이 외로움의 정도가 가장 높은 집단으로 보고되었다(Victor & Yang, 2012). 따라서 25세 미만인 대학생의 외로움에 대하여 주목할 필요가 있다.

4) 동거 유형

동거 유형은 혼자 사는 것, 다른 누구와 함께 사는 것, 영구적인 시설에 거주하는 것 등으로 생각해 볼 수 있다. 혼자 사는 것은 다른 누구와 함께 사는 것보다 외로움을 더 많이 느끼는 것으로 보고되었다. 또한 영구적인 시설에서 거주하는 사람은 집에서 거주하는 사람들에 비하여 외로움을 더 많이 느끼는 것으로 나타났다. 이는 다른 사람들과 서비스를 공유하는 것이 반드시 서로 연결되어 있다는 것을 의미하는 것이 아님을 알 수 있게 해 준다

(Ferreira-Alves, Magalhães, Viola, & Simoes, 2014).

50~84세의 성인을 대상으로 한 코로페키-콕스(Koropeckyj-Cox, 1998)의 연구에서는 남성은 1인 가구인 경우에 외로움을 많이 경험하는 것으로 나타났으나, 여성은 1인 가구이더라도 외로움과 아무런 관계가 없는 것으로 나타났다. 가구원 수와 외로움의 관계는 성별에 따라 다르게 나타나는 것을 알 수 있다.

5) 수입

전문직의 여부나 수입은 외로움과 관계가 있는 것으로 나타났다. 현재 일을 하고 수입이 있는 사람은 외로움을 덜 느끼는 것으로 나타났다. 이와 관련하여 낮은 사회경제적 지위에 있는 사람은 외로움을 더 많이 느끼는 것으로 나타났다(Perlman & Peplau, 1984). 현재 일을 하고 있는 사람들이 외로움을 느끼는 것은 성별에 따라 다르게 나타났다. 즉, 현재 일을 하고 있는 여성들은 외로움과 아무런 관계를 보이지 않은 반면에, 현재 일을 하고 있는 남성들은 외로움과 부적 관계를 가지는 것으로 나타났다(Koropeckyj-Cox, 1998). 이는 일을 하는 것에 대해 성별로 달리 보는 사회의 성역할 태도에 기인하는 것으로 보인다.

6) 건강

외로움은 개인의 삶에 부정적인 영향을 미치는 것으로 나타났다. 외로움은 우울에 영향을 미치며(Domènech-Abella et al., 2017), 수면의 질(Matthews et al., 2017)에도 영향을 미치는 것으로 나타났다.

외로운 사람은 그렇지 않은 사람에 비하여 흡연자일 가능성이 높으며, 과체중이나 비만일 가능성도 높은 것으로 나타났다(Lauder, Mummery, Jones,

& Caperchione, 2006). 외로움은 알츠하이머에 걸릴 가능성을 높이고(Wilson, Krueger, & Arnold, 2007), 면역기능을 떨어뜨리며(Kiecolt-Glaser et al., 1984), 심장 기능을 낮추고(Cacioppo et al., 2002), 사망률을 높이는 것으로 나타났다(Luo, Hawkley, Waite, & Cacioppo, 2012).

외로움은 자존감과 역관계를 보이며(Jones, Freemon, & Goswick, 1981), 우울, 불안, 대인관계에서의 적대감(interpersonal hostility)과는 강한 관계를 보였다(Hansson, Jones, Carpenter, & Remondet, 1986).

주관적인 건강 상태 또한 외로움과 관계가 있는 것으로 나타났다. 자신의 건강이 좋지 않다고 인식하고 만성적인 질병을 가지고 있는 사람들은 외로움을 더 많이 느끼는 것으로 나타났다. 하지만 급성 질환을 가지고 있는 사람의 70% 정도는 외로움을 전혀 혹은 거의 느끼지 않는다고 응답하였다. 좋지 않은 건강상태는 누군가에게 의존해야 한다는 감정을 느끼게 하여 외로움을 초래할 수 있다. 건강이 좋지 않으면 다른 사람의 도움을 필요로 하여 자신이 의존적이라는 생각을 많이 할 수 있으며, 건강이 좋지 않을 때에는 불안하고 우울할 수 있다. 반대로, 자신이 독립적이며 자신의 문제를 혼자서 해결할 수 있는 자율적인 사람이라는 생각이 들 때에는 외로운 감정이 들지 않거나 그러한 감정이 들더라도 정도가 미약할 것이다. 즉, 독립적이고 자율적이라고 생각하는 것은 외로움과 부적 관계를 가질 수 있다(Ferreira-Alves, Magalhães, Viola & Simoes, 2014).

외로움과 신체적 건강의 관계는 연령을 고려할 때 달라질 수 있다. 20~30대 청년(young adult)과 중년기(midlife)에서는 신체적 건강과 외로움은 관계가 있는 것으로 나타났다. 반면에, 65세 이상의 노년기에서는 신체적 건강과 외로움은 관계를 보이지 않았다(Victor & Yang, 2012). 다른 요인들이 영향을 미칠 수 있다. 이상에서 살펴보았듯이 외로움은 건강에 해로운 결과를 초래하기 때문에, 외로움은 개인의 문제이기도 하지만 사회가 해결해야 할 사회문제이기도 하다.

4. 인생주기에서 외로움

1) 청년기의 외로움

BBC Radio 4와 BBC World Service는 외로움에 관한 온라인 설문조사를 시행하였다. 데이터 수는 46,054명이었으며, 분석한 결과에 따르면 연령과 외로움은 부적 관계를 보였다. 즉, 연령이 증가할수록 외로움이 덜한 것으로 나타났다. 보통 연령대에서 노인층이 가장 외로울 것이라고 생각한다. 결과는 그러하지 않았다. 구체적으로 보면, 나이가 어린 참여자들(younger people)이 중년기 참여자들(the middle-aged)보다 더 외로워하였으며, 중년기 참여자들은 노인 참여자(older people)보다 더 외롭다고 보고하였다(Barretoa et al., 2021).

16~24세에 해당되는 젊은이들이 자주 혹은 매우 자주(often or very often) 외로움을 느낀다고 답한 비율이 40%로 나타났다. 이에 반해 75세 이상 노인이 외롭다고 보고한 비율은 27%로 나타났다. 이러한 비율은 다른 조사보다 더 높게 나왔다. 이 조사 방법은 온라인으로 이루어진 자기선택 샘플(self-selecting sample)로서, 외롭다고 느끼는 사람에게 더 매력적일 수 있기 때문이다(Hammond, 2021).

왜 젊은이들이 이렇게 외롭다고 하는가? 여기에 대한 이유들을 생각해 보면, 젊은이들은 자신의 감정(emotion)을 규제하는 경험이 적어서, 모든 일이 더 강렬하게 느껴질 수 있다. 이러한 경험은 그들의 인생에서 단지 첫 번째 혹은 두 번째 시기이므로 외로움은 항상 지나간다는 사실을 배울 수 있는 기회를 가지지 못해서일 수 있다(Hammond, 2021).

16~24세의 연령은 정체성이 변화하는 시기이다. 젊은이들은 어떻게 그들이 다른 사람들과 연결되고, 사회의 어디에 그들이 위치하고 있는지를 고민

한다. 이러한 과정에서 자연스럽게 어느 정도는 고립되기도 하고, 이 시기 동안 외롭다고 느끼는 것은 매우 자연스러운 일일 수 있다. 노인들은 회고해 보면 청년기(young adulthood)가 그들이 느끼기에 가장 외로웠던 시기라고 말하고 있다. 그리하여 청년기가 인생에서 항상 가장 외로운 시기라고 인식하는 것으로 나타났다(Hammond, 2021).

청년기는 대인관계, 학업, 취업 걱정 등 고민이 많은 시기이다. 청년기는 팬데믹 동안에 우울과 불안을 포함하는 정신건강문제의 고위험군이라고 볼 수 있다(Lee, Cadigan & Rhew, 2020). 특히 2019년 코로나 바이러스 질병(Coronavirus disease 2019 :COVID-19)은 사회적 고립과 질병에 감염될지 모른다는 두려움, 경제적 부담, 미래에 대한 불확실 등에서 오는 외로움을 포함하는 정신건강 이슈를 가져왔다(McGinty, Presskreischer, Han, & Barry, 2020).

청년은 팬데믹 상황에서 우울과 불안을 포함하는 정신건강문제에서 고위험군이다(McGinty et al., 2020). 2018년에 비하여 2020년 현재, 18~29세 연령집단이 다른 30~54세, 55세 이상 연령집단에 비하여 훨씬 더 많이 심리적 디스트레스를 경험하는 것으로 나타났다. 성별로 차이를 보았을 때에는 여성이 남성에 비하여 2020년 현재 2018년에 비하여 심리적 디스트레스를 더 많이 느낀다고 보고하였다(McGinty et al., 2020). 18~34세, 35~54세, 55세 이상의 세 집단을 대상으로 한 연구에서도 18~34세 집단이 다른 두 연령집단에 비하여 스트레스와 불안, 우울 정도가 더 큰 것으로 나타났다(Varma, Junge, Meaklim, & Jackson, 2021).

2020년 1월에서 4~5월로 넘어가면서 외로움이 증가하였는데, 이러한 현상은 1월에 사회적 지지를 많이 받았다고 지각하였으며, 팬데믹이 사회에 미치는 영향에 대하여 더 큰 관심을 가진 여성에게서 더 두드러진 현상으로 나타났다. 이 기간 동안에 외로움이 증가하면서 정신건강문제들 중에서 불안에는 영향을 미치지 않았으며, 우울은 훨씬 더 증가한 것으로 나타났다(McGinty, Presskreischer, Han, & Barry, 2020).

이러한 사실을 근거로 하여 청년에 대한 개입전략으로 팬데믹 기간 동안 청년들로 하여금 외로움에 대하여 언급하도록 도우면서, 이 기간 동안 사회적 지지가 감소되지는 않았는지 살펴보고, 특히 사회활동에서 붕괴된 경험이 있는 청년층에 대하여 더욱더 관심을 가질 필요가 있다(McGinty et al., 2020).

다른 연구에서도 청년들은 코로나19 팬데믹 동안 외로움과 우울이 증가하고 있다고 보고되고 있으며, 따라서 청년들의 외로움을 표적으로 하는 스크리닝과 개입이 뒷받침되어야 할 것이다(Lee et al., 2020).

외로움에 대한 스크리닝과 개입은 적응적인 대처 전략이나 공중보건 완화 전략을 가지면서도 사회적으로 연결되어 있다는 느낌을 갖게 하고, 실제로도 사회적 연결을 증가시키는 웰빙을 증진시키고 레질리언스를 강화하는 데 적합하다는 것이 입증되었다(Holmes, O'Connor, & Perry, 2020).

대학생은 독립과 개인화(individualization)가 증가하여 자율적으로 의사결정을 시작하는 새로운 역할을 수행하게 되는 시기에 놓이게 된다(Rice, 1992). 대학생이 되면서 가정을 떠나 새로운 환경에서 혼자가 되기도 하고 이로 인해 외로움을 느낄 수 있다.

외로움은 개인이 양적 혹은 질적으로 사회적 관계에서의 주관적인 결핍을 경험하는 상황이다(de Jong Gierveld, 1987). 바이스(1973)는 외로움을 두 가지 유형으로 보았는데, 가깝고 친밀한 관계의 결핍에서 오는 정서적 외로움과 사회적 관계망의 결핍에서 오는 사회적 외로움이다. 정서적 외로움은 이혼이나 파트너의 사망으로 인해 야기될 수 있으며, 사회적 외로움은 공통적인 관심을 나눌 수 있는 친구집단의 부재로 사회적으로 통합되지 못할 때 생길 수 있다. 이 두 가지 유형의 외로움은 독립적으로 고려되어야 한다. 그 이유는 정서적 외로움의 욕구에 대한 만족은 사회적 외로움으로 인해 균형이 잡힐 수 없기 때문이다. 사회적 외로움 또한 정서적 외로움으로 대체되기 어렵다(Weiss, 1973).

외롭다고 느끼는 사람은 페이스북과 같은 온라인 친구만을 가지는 경향이 있으며, 외로운 시기에 데이트는 가장 덜 도움이 되는 해결책이라고 하는 제안들도 새겨들을 필요가 있다.

2) 중년기의 외로움

중년기는 인생에 있어서 안정성, 수용, 편안함으로 인식되며, 사회적 통합이 가장 높은 시기이기도 하다. 중년기에 있는 개인은 좋은 직장을 가지며, 사회에서의 영향력도 가장 많을 때이다(Stack, 2000). 뒤르켐(Durkheim, 1966)에 따르면, 결혼은 개인으로 하여금 자신의 이기적인 경향을 배우자에게 맞추는 것이다. 즉, 결혼은 다른 사람을 도움으로써 자신의 이기적인 문제들을 해결하게 된다는 것이다. 결혼은 통합과 규제와 더 큰 의미를 증가시키고, 자살위험을 감소시킨다. 반면에, 이혼은 결혼과 개인 간의 유대를 깨뜨리기 때문에 자살위험을 증가시킨다(Stack, 1982). 가정을 통한 통합(domestic integration)은 자녀 유무와 관련이 있다. 부모역할은 가족단위에 복종하게 함으로써 자신을 위하는 이기적인 경향을 감소시켜 자살위험을 감소시킨다(Durkheim, 1966; Stack, 1982).

주요 우울증(major depression)을 보이지 않았던 사람들을 대상으로 종단연구를 한 결과, 최근에 이혼한 남성은 14.3%, 행복한 결혼생활을 하는 남성은 0.3%, 행복하지 않은 결혼생활을 하는 남성은 1.0%가 주요 우울증으로 진전된 것으로 나타났다(Bruce & Kim, 1992). 이혼은 남성에게 주요 우울증의 위험을 증가시키는 것으로 나타났다. 이혼한 남성은 행복한 결혼생활을 하는 남성에 비하여 45배 이상, 그리고 행복하지 않은 결혼생활을 하는 남성보다 14.3배 이상 주요 우울증을 경험하는 것으로 나타났다. 반면에, 최근에 이혼한 여성은 5%가 주요 우울증을 경험하고, 행복한 결혼생활을 하는 여성은 3.2%, 행복하지 않은 결혼생활을 하는 여성은 5.2%가 주요 우울증을 경험한 것으로 나타났다. 이혼은 여성보다 남성에게 있어서 주요 우울증을 수반하는 경향이 높은 것을 알 수 있다(Bruce & Kim, 1992).

(1) 결혼생활과 외로움

결혼은 외로움을 감소시키는 것으로 알려져 왔다. 외로움에 영향을 미치는 다른 요소들로는 재정적 안정, 건강, 동지애(companionship) 등도 있다(Stack, 1998). 바이스(Weiss, 1973)는 외로움을 정서적 외로움과 사회적 외로움으로 구분하였다. 사회적 외로움은 친구와 같은 네트워크의 결여를 의미하고, 정서적 외로움은 가깝고 친밀한 애착 형상(attachment figure)의 결여를 의미한다(Russell, Cutrona, Rose, & Yurko, 1984).

① 정서적 외로움

정서적 외로움은 가깝고 친밀한 애착의 결여에서 나온다(Russell et al., 1984). 정서적 외로움은 종종 결혼에 의해 감소되며, 이혼이나 배우자의 사별로 인해 야기된다. 정서적 외로움은 불안, 고립, 사람을 그리워하는 데에 사로잡히게 한다. 이는 어린이가 경험하는 분리불안과 유사하며, 애착 형상의 부재로 인하여 야기될 수 있는 불만스러운 상태이다(Weiss, 1973).

정서적 외로움은 사회망으로 인하여 경감되지는 않는다(Stroebe, Stroebe, Schut, & Abakoumkm, 1996). 배우자와 사별한 경우에도 사회적 지지는 외로움을 경감시키지 못하였다(Stroebe et al., 1996). 정서적 외로움은 다른 사람과 친밀한 애착을 형성하는 것을 통해서만 경감되는 것으로 나타난다(Weiss, 1973).

결혼생활에서의 외로움은 잘 다루어지지 않은 이슈이다. 결혼이 자동적으로 정서적 외로움을 보상하는가? 결혼은 항상 가깝고 친밀한 애착을 제공하는가? 특히 여성들에게 이런 질문을 해 볼 수 있다. 기혼여성들은 결혼생활에서 외로움을 많이 느낀다고 보고하고 있다(Tornstam, 1992).

가족 내에서 외로움은 만연해 있다. 이는 친밀감의 부재 혹은 결여와 충족되지 않은 결혼에서 오는 실망 그리고 '끝나지 않은 숙제(unfinished business)' 등으로 인해서이다. 결혼생활 만족에서 가장 공통적인 요인은 친밀감과 의사소통이다(Billideau, 1997). 결혼생활에서의 만족은 외로움을 감소시킨다. 여성들이 배우자와 가깝다고 느끼는 인식은 결혼생활에서의 만족과 유의미하게 관계가 있으며, 배우자가 지지하는 개별성(individuality)인 자율성 또한 결혼생활 만족과 유의미한 관계가 있는 것으로 나타났다(Billideau, 1997).

채드윅(Chadwick, 1998)에 따르면, 여성은 결혼생활에서 가장 주요한 욕구를 애정, 대화, 솔직함, 정직함으로 보았으며, 남성은 성적 수행, 여가생활을 함께 하는 것으로 보았다. 여성과 남성 간에 결혼에 대한 기대와 욕구에서 불일치를 보이기 때문에, 결혼생활에서 정서적 외로움이 지속될 수 있는지를 이해할 수 있다.

② 결혼생활 불만족과 외로움[1)]

외로움의 수준이 높은 사람들은 부정적인 감정에서 벗어나기 위한 대안으로 소셜 네트워킹 서비스(social networking service: SNS)를 습관적으로 사용할 가능성이 높으며, 중독에 이를 수 있다. 결혼생활에서 만족감을 느끼지 못할 경우 종종 만족 추구를 위해 다른 방법을 찾게 되며, 그 도구로 인터넷이 이용되기도 한다. 미국에서는 트위터나 페이스북을 많이 사용하는 사람들이 배우자나 파트너와의 관계에서 갈등을 겪을 확률이 높고 정신적 · 육체적 외도, 결별, 별거, 이혼 등으로 이어질 확률 역시 통계적으로 높은 것으로 나타났다. 선행연구들에서는 외로움, 따분함, 우울, 공감 부족, 불행감 등 결혼생활 불만족 자체가 SNS 중독에 영향을 줄 것이라고 보았다.

1) '② 결혼생활 불만족과 외로움' '③ 외로움과 SNS'의 내용은 '김남희(2017). 결혼불만족과 외로움, SNS중독의 관계. **한국사회복지학**, 69(1), 223-254'에서 일부 발췌하였다.

③ 외로움과 SNS

외로움은 중독의 대표적 원인 중 하나로 주목받아 왔다. 특히, 알코올, 약물 등 물질 중독뿐 아니라 인터넷 중독, 게임 중독, 스마트폰 중독 등의 행위 중독에서도 외로움이 중요한 예측요인으로 꼽힌다. 외로운 사람들이 중독 행동을 더 많이 보이는 것은 현실에서 만족시키지 못한 개인적 욕구에 대한 보상 심리 때문인 것으로 해석된다. 외로움을 많이 타는 사람일수록 외로움이라는 고통스러운 감정을 잊기 위해 습관적으로, 사교 및 휴식을 위해, 또는 도피의 목적으로 중독행위에 빠져들게 된다는 것이다.

선행연구들에서도 SNS 중독 성향이 높은 사람들이 그렇지 않은 사람들보다 우울하고 외로움을 더 경험하여 대인관계에서 만족감이 적은 것으로 나타났다. 미국 대학생을 대상으로 온라인 조사를 한 결과, 외로운 학생들이 강박적으로 인터넷 사용 행동을 보이며, 이러한 행동으로 인하여 학교, 중요한 관계를 해치는 부정적인 결과를 가져오게 된다고 밝혔다.

기혼 성인의 경우에도 외로움 수준이 높을수록 인터넷이나 스마트폰을 과다 사용하는 것으로 나타났다. 외로움을 많이 느끼는 사람들이 온라인 상호작용을 통해 타인과 커뮤니케이션하는 경향이 있는 것으로 나타났다.

외로움이 '사회적 관계 속에서 기대수준과 성취수준의 불일치로 인해 발생되는 불유쾌한 경험'이라고 볼 때, 낮은 결혼만족도는 외로움의 원인이 된다. 이는 단순히 배우자의 존재가 아니라 관계의 질이 문제가 됨을 의미한다.

5. '외로운 죽음'

1) '외로운 죽음'의 정의

죽음은 좋은 죽음(good death)과 나쁜 죽음(bad death)으로 구분하여 생각해 볼 수 있다. 굳이 좋은 죽음에 대하여 고민할 필요는 없고, 나쁜 죽음이라고 볼 수 있는 외로운 죽음이 우리의 관심 주제이다. 나쁜 죽음과 좋은 죽음을 판단하는 기준은 죽음을 혼자 맞이했는가 혹은 가족과 같은 유의미한 사람이 그 자리에 함께하지 않았는가로 간주된다(Nelson-Becker & Victor, 2020). '외로운 죽음', 즉 홀로 하는 죽음(dying alone)은 사회문제로 인식되지 못하였으며, 사회가 적절한 보호의 책임을 수행하는 데 실패했다고 볼 수 있다(Leontiev, 2019).

앞서 외로움과 고독이 혼용되어 사용되고 있다고 언급하였다. 외로움을 고독 혹은 고독감으로 소개하는 경우도 많다. 그러나 외로움은 고통스러운 정서 상태이며, 고독은 자기성찰, 자기반성, 창의적이기도 하다. 외로움과 고독의 공통점은 '홀로 있음'이다. 홀로 있음이 괴로울 수 있으며, 성장할 수 있음도 포함하고 있다. 외로움의 대안으로 고독할 것을 권하는 학자들도 있다(Fuchs & Rehn, 1977; Gibson, 2000).

항간에는 '고독사'라는 용어가 많이 사용되고 있다. '고독사' '무연고사망' '외로운 죽음'과 같은 용어들이 엉켜서 사용되고 있다. 영어로는 'lonely deaths' 'solitary deaths' 등으로도 기술되고 있다. '고독사'와 '외로운 죽음'이 한 논문에서 함께 사용되고 있기도 한다. '고독사' 개념은 법적 · 학문적 근거가 없으며(권미형, 권영은, 2012), 저널리즘 용어이기도 하다(강상준 외, 2017). '외로운 죽음'과 '고독사'에 대한 구분이 필요하다면 그 구분의 근거는 고독과 외로움의 개념 차이에서 찾아보는 것이 적절할 것이다. 이은영(2018)은 학문적인 고찰에서 나온 고독의 개념과는 달리 고독사는 부정적인 의미로 전달되어 아이러니하다고 말하고 있다. 더욱이 '고독사'는 저널리즘 용어이다(강상준 외, 2017).

사실 '고독사' 용어는 우리 사회에서 아직 학문적 · 법적 정의가 이루어지지 않은 상태인데, 매스컴을 중심으로 고독사라는 용어가 사용되고 있다(김희연, 김군수, 빈미영, 신기동, 2013). 학문적인 관점에서 '고독사'가 어떠한 맥락에서 우리 사회에서 사용되고 있는지를 살펴볼 필요가 있다.

2) 고독사

1980년대부터 시작되었다는 일본의 '외로운 죽음'은 미국 언론에서 자주 등장하며, 영어 고유명사 'Kodokushi'가 있을 정도로 잘 알려져 있다. 미국인들에게 'Kodokushi'란 홀로 맞이하는 쓸쓸한 죽음이라는 뜻을 넘어서 일본만의 독특한 문화가 빚어낸 일본 고유의 사회현상이라는 인식이 강한 편이다(전채경, 2016). 그래서인지 외로운 죽음을 뜻하는 'lonely death'라는 단어보다 'Kodokushi'라는 단어를 더 많이 사용한다. 실제로 학자들은 'Kodokushi'를 일본 사회가 겪어 온 가족구조의 변화, 세대 간 갈등, 장기 경제불황이 복합적으로 빚어낸 현상으로 풀이하며, 특히 불평 없이 고립과 결핍을 견뎌 내는 것을 미덕으로 여기는 일본인의 특성을 강조하는 문화에 주목하였다(전채경, 2016).

우리나라에서는 일본의 'Kodokushi'를 '고독사'라는 명칭으로 사용하고 있다. '고독사' 용어는 고령화를 일찍 경험한 일본에서 독거노인이 죽음을 맞이한 뒤 나중에 발견되는 사회현상, 즉 'Kodokushi'를 염두에 두고 사용되기 시작하였다(권미형, 권영은, 2012). 그래서인지 '외로운 죽음'보다는 '고독사'를 정의하는 논문들이 더 많이 보고되는 듯하다.

최지연(2018)은 '고독사'를 가족, 이웃 간 교류가 없이 고립된 1인 가구가 혼자 죽음을 맞이하는 것으로 통상적으로 자신의 주거지에서 사망한 후 1주일 이상 방치되다가 발견되는 것을 뜻하며, 사회적 고립이나 경제적 빈곤을 비관한 1인 가구의 자살도 한정적으로 포함한다고 정의하였다.

우리 사회에서 처음으로 '고독사'에 대한 실상을 보고한 KBS 파노라마 제작진들은 '고독사'를 혼자 거주하고 도움을 청할 사람이 없는 상태에서 사망했으며 일정 시간이 지난 후 시신이 발견된 경우로 정의하였다(KBS, 2014). 최지연(2018)과 김명숙(2014)은 '고독사'를 1인 가구이며, 자신의 거주지에서 사망한 후 일정 기간이 지나 시신이 부패한 상태에서 발견된 경우라고 보았다.

또한 '고독사'는 경제적으로 빈곤한 상태에서 가족이나 다른 사람들과의 관계가 끊어진 사회적 고립이 특징이라고 보았다. '외로운 죽음'의 실체를 제대로 파악하였다고 볼 수 있다. 물론 경제적으로 부유한 계층에 속하는 경우에도 사회적으로 고립되어 1인 가구로 살다가 홀로 죽음을 맞이하여 부패된 시신이 발견된 경우도 있다. 하지만 빈곤층 1인 가구의 '외로운 죽음'을 사회가 더 주목하고 있다. 변미리(2016)도 '고독사'를 빈곤과 사회적 고립으로 특징지었다. 이와 같이 '외로운 죽음'보다는 '고독사'라는 용어를 더 많이 사용하고 있다.

전통적으로 일본인은 이웃과의 관계에 대하여 높은 가치를 부여한 사회였다. 하지만 현대 도시생활에서 친밀한 인간 연결망(human connections)을 만들고 유지하기가 매우 어려워지고 있다. 우리나라의 경우도 마찬가지이다. 이러한 상황은 사람들을 외롭게 만들고 있다.

사람들은 과거에는 전통적인 가족집단과 공동체에서 살아왔으나 점차적으로 도시에서 혼자 살아가면서 외로운 개인으로 살아가게 되었다. 도시에서 1인 가구로 사는 사람들은 외로움을 느끼게 되고, 또 어떤 사람들은 외로움과 관련된 정신건강문제를 가지게 된다. 일본의 1인 가구에 속하는 이슈들, 특히 'Kodokushi'는 단순히 일본이나 한 국가만의 이야기가 아니며, 급격하게 증가하는 세계적인 현상들이다. 전 세계적인 연구에 근거를 둔 해결 대책이 요구된다(Kato, Shinfuku, Sartorius, & Kanba, 2017).

3) 무연고사망

우리나라에서는 법적으로 정의되지 않은 '외로운 죽음'을 대신하여 무연고사망으로 실태를 유추하고 있다(최지연, 2018). 무연고사망은 2020년 「장사 등에 관한 법률(약칭 장사법)」 제12조에 무연고사망자를 "연고자가 없거나 연고자를 알 수 없는 시신"으로 명시하고 있다. 이때 연고자는 배우자, 자녀, 부모, 자녀 외의 직계비속, 부모 외의 직계존속, 형제자매, 사망하기 전에 치료, 보호 또는 관리하고 있었던 행정기관 또는 치료, 보호기관의 장, 시신이나 유골을 사실상 관리하는 자 등으로 「장사법」 제2조에 상세하게 기술되어 있다.

무연고사망은 유가족이 없거나 유가족이 있어도 주검 인수를 거부해 지방자치단체가 장례와 유품정리 등을 대행한 경우를 뜻한다. 관계 단절을 경험하면서 홀로 죽음을 맞이한다는 점에서 '외로운 죽음'이라고 볼 수 있다.

KBS 파노라마 〈한국인의 고독사 1년의 기록〉 제작팀은 1년 동안 전국의 '외로운 죽음' 현장을 취재했고 2014년 5월에 두 편에 걸쳐 방송에 내보냈다. 제작진은 1년여 동안 경찰을 따라 '외로운 죽음' 현장을 다니며 그 모습을 카메라에 담았다. 한 해 평균 '외로운 죽음'이 얼마나 발생하는지 정확한 통계는 없었다. 그동안 언론에 언급된 통계는 지자체에서 장례를 치러 준 무연고사망자 수치이거나 독거노인 수를 잠재적 '외로운 죽음'군으로 추정해 인용하는 것이 전부였다.

'외로운 죽음'의 경우 대부분 가족이 없다. 가족이 있어도 생계가 곤란하거나 혹은 서로 안 보고 산 지 20~30년 되었다(국민일보, 2020)는 등의 이유로 연고자인 가족은 사체포기각서를 쓰고, 보통의 경우 무연고사망자는 장례의례 없이 장례식장 안치실에서 화장장으로 바로 이동하는 무빈소 직장(直葬)의 방식으로 시신만 화장된다. 한때는 자신의 가족으로 살았던 누군가가 가족이 없는 상태로 마지막을 외롭게 간다는 것이다.

이에 대하여 서울시는 2018년 3월 「서울시 공영장례 조례」를 제정해 제도적 근거를 마련하여 그해 5월부터 무연고 사망자와 기초생활수급자, 장례를 치를 능력이 없는 저소득층에게 서울시가 빈소와 장례 예식을 지원하고 있다. 최소한의 인간존엄성을 지켜주는 제도라고 볼 수 있다.

4) '외로운 죽음'에 대한 대책

(1) 중년 남성 1인 가구에 초점 두기

'외로운 죽음' 통계에 대한 한국과 일본을 비교한 연구에서 성별로는 한일 모두 남성이 여성보다 약 3배 이상 더 '외로운 죽음'을 맞이하는 것으로 나타났다. 연령대에서 일본은 60대 남성이, 한국은 50대 남성이 외로운 죽음의 고위험군으로 나타났다(강기철, 손종윤, 2017). 한 미디어 조사에 의하면, '외로운 죽음'은 50대 남자가 압도적으로 많았다. 50대의 외로운 죽음에는 일정한 패턴이 있다. 파산하거나 명퇴를 하고, 경제적인 어려움을 겪다가, 가족관계가 나빠지고, 이혼하고, 건강이 약화되고, 계속 일자리를 구하다가, 마침내 외로운 죽음을 맞이하는 패턴을 보였다(김명숙, 2016).

서울시는 '찾아가는 동주민센터'를 중심으로 사회적 고립, 특히 '외로운 죽음'의 문제에 대응해 왔다. 서울시 '외로운 죽음' 실태분석을 살펴보면, '외로운 죽음'은 여성보다는 남성에게서 월등히 높으며, 노인보다는 40대 후반과 50대에서 더 많이 나타나서 '외로운 죽음'이 노인층에서 많이 일어날 것이라는 예상과는 다른 결과를 볼 수 있다. 다른 나라에서의 '외로운 죽음'과 관련된 논의는 노인에 초점이 맞추어져 있다. 프랑스, 일본, 미국, 핀란드 모두 노인이 사회적 고립의 대상이다. 노인층보다 40대 후반에서 50대에 이르는 중년 남성 1인 가구가 '외로운 죽음'의 주 대상인 우리나라와는 사뭇 다르다(이수영, 2016).

(2) 이웃, 친구와의 관계망 강화

'외로운 죽음'이 발생하는 주요 원인으로 전통적 가족관계망의 붕괴를 지적할 수 있다. 자녀들이 부모와 오랫동안 연락을 끊고 지내다 부모의 생사도 모르고 지나쳐 버리는 사례들이 늘어나고 있다(김현미, 2016). 앞으로 비혼, 1인 가구의 증가, 경제적 양극화 등으로 '외로운 죽음'으로 인한 사회문제는 더 증가될 것으로 보인다. 가족이 아닌 이웃, 친구와의 관계를 강화시킬 필요가 있다.

일본의 한 연구에서 2000년에서 2007년까지 65사례를 '외로운 죽음'으로 사망한 사례와 구출된 사례로 구분해 보았다. 그리고 이를 가족성원, 이웃 혹은 친구, 공식적 직책을 가진 사람(official) 유형과의 관계를 살펴보았다. '외로운 죽음' 사망자는 남성이 60.3%였으며, 사망 당시 남성의 평균 연령은 61.3 ± 10.0(범위는 32~82), 여성의 평균 연령은 71.3 ± 12.2(범위는 40~90)이며 유의미한 성차를 보였다. 즉, 여성의 사망 연령이 남성의 사망 연령보다 높았으며, 이는 통계적으로 유의미한 차이를 보였다.

가족에 의해 위험이 보고된 사례들의 90% 정도는 이미 사망한 후여서 '외로운 죽음'으로부터 구해내지 못했으며, 가족에 의해 구조된 사례는 없는 것으로 나타났다. 반면에, 구조된 사례들의 절반 정도는 정보제공자가 이웃 혹은 친구로 나타났다. 이 연구에서 보면 1인 가구 남성은 여성보다 외로운 죽음 위험이 더 높은 것으로 나타났다. 일반적으로 남성은 여성에 비하여 사회적으로 고립되어 있으며, 남성은 '외로운 죽음'으로 더 젊은 나이에 사망하는 것으로 나타났다.

여기에서 중요한 점은 가장 유능한 정보제공자가 이웃 혹은 친구라는 점이다. '외로운 죽음'을 감지하고 동시에 구조활동을 조직화하는 데에 실제로 이웃이 중요한 역할을 하였다. 불행하게도 가족은 '외로운 죽음'을 예방하는 데에 도움이 되지 못했다. 정부 자료에 의하면 1인 가구 노인의 57.8%는 걸어서 15분 내에 가족 구성원이 없는 것으로 나타났다. 따라서 '외로운 죽음'은 일본의 약한 가족연대와 관계있는 대표적인 사회문제라고 볼 수 있다. 공식적 인물은 이웃이나 친구 같은 비공식적 인물만큼 일상의 생활 스케줄을 파악하기 어려운 것으로 나타났다(Fukukawa, 2011). 일본의 사례에서 '외로운 죽음'을 막을 수 있는 사회망으로 가족 같은 비공식적 인물들보다는 이웃이나 친구 등의 비공식적 인물들이 실질적으로 도움을 제공할 수 있는 자원으로 나타났다. 우리나라 중년 남성 1인 가구의 경우에도 가족이나 친구, 이웃과의 관계가 어떠한지, 이들의 사회적 관계의 양과 질은 어떠한지 파악할 필요가 있다.

(3) 사회적 관계 파악

기존 연구에서는 하루에 직접 만나거나 전화, 편지, 인터넷 등으로 개인적으로 인사하거나 이야기하는 사람들의 수인 사회망의 크기(network size), 즉 사회적 관계의 양적 측면보다는 걱정이 있을 때 마음을 터놓고 이야기하거나 함께 의논할 수 있는 사람이 있는지를 묻는 정서적 지지(emotional support)와 아플 때 돌보아 줄 사람이나 경제적인 문제가 생겼을 때에 돈을 빌릴 수 있는 사람이 있는지를 묻는 도구적 지지(instrumental support) 등의 사회적 지지(social support), 즉 질적 측면의 사회적 관계가 활성화될 때 개인은 외로움을 덜 느끼는 것으로 나타났다(Golden et al., 2009).

변미리(2016)도 '외로운 죽음' 가능성이 높은 집단에 대해 사회적 지지망을 구축하기 위하여 공동체의 역할을 구축할 필요가 있다고 주장하였다. 일단 중년 남성 1인 가구의 양적 측면의 사회적 관계와 사회지지망이 될 수 있는 질적 측면의 사회적 관계의 정도 등 사회적 관계를 파악할 필요가 있다.

(4) 정신건강 서비스 제공

가족이나 친구, 이웃으로부터의 비공식적 사회적 지지뿐만 아니라 전문가로부터의 도움, 즉 공식적 지지가 함께 병행될 때 중년 남성 1인 가구의 외로움은 효과적이고 효율적으로 경감될 것으로 보인다. 이때 정신건강 서비스는 전문가로부터의 도움을 의미한다. 현재 중년 남성의 1인 가구 증가와 '외로운 죽음'은 한국 사회가 당면하고 있는 중요한 사회문제로 부각되고 있다. 서울시는 2018년부터 노원구, 양천구, 송파구 등에서 중년 남성 1인 가구에 대하여 개입하려는 노력을 보이고 있다. 하지만 여전히 개입의 초점은 최소한의 미흡한 경제적인 측면에서의 지원만이 고려되고 있으며, 심리적인 지원에는 전혀 무방비 상태로 방치되고 있다.

변미리(2016)는 1인 가구의 '외로운 죽음'을 예방하기 위하여 건강검진과 심리상담을 포함하는 돌봄 서비스를 제안하였다. 실제 1인 가구인 중년 남성은 정기적인 건강검진을 하지 않는 경우가 많은 것으로 보인다. 상용직이 아닌 임시직이나 일용직의 경우에는 직장에서 구조적으로 건강검진을 하는 것을 관리하지 않기 때문에 더욱이 건강에 취약할 것으로 생각된다.

유럽에서도 '외로운 죽음'이 심심치 않게 보도되고 있다. 1인 가구 비율이 1위인 스웨덴은 개인이 소외되는 것을 막기 위해 일찍이 공동주택을 만들어 공동체 생활을 돕고 있다(이명진, 2019). 이와 같은 공동체 생활이 하나의 대안이 될 수 있다. 일본, 프랑스, 스웨덴 모두 '외로운 죽음'에 대한 대책에서는 다를 수 있지만 '외로운 죽음'을 관계 맺음의 문제로 풀어야 한다고 보았다. 중년 남성 1인 가구의 경우 사회적 관계가 원활하지 않을 가능성은 짐작하고도 남는다. 그렇다면 이들이 어떻게 하면 지지적인 사회망을 가질 수 있는가에 개입의 초점을 맞출 필요가 있다. 여기에 정신건강 서비스를 제공할 수 있는 공식적인 전문가 집단의 개입이 필수적이라고 생각된다.

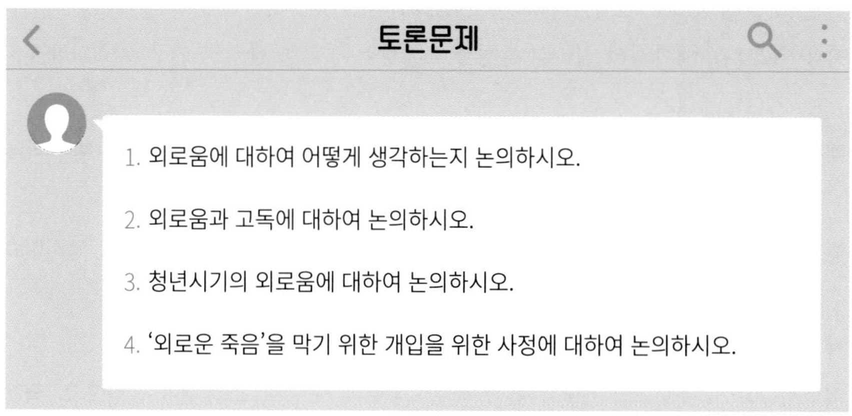

참고문헌

강기철, 손종윤(2017). 고독사 통계에 대한 한일 비교 연구. **일본문화연구, 61**, 5-25.

강상준, 김정동, 정창욱, 문태성, 박민성, 양준석, 신진영, 양병준, 김진영, 조성호, 황성재(2017). 사회복지연대-언제, 어떻게 죽었는지 모르는 외로운 죽음 '고독사' 외. **월간 복지동향, 226**, 52-57.

국민일보(2020. 10. 5.). 아무도 찾지 않는 죽음...지난해 무연고 사망 2536명[이슈&탐사].

권미형, 권영은(2012). 독거노인돌보미의 고독사 인식에 관한 주관성 연구. **성인간호학회지, 24**(6), 647-658.

김남희(2017). 결혼불만족과 외로움, SNS중독의 관계. **한국사회복지학, 69**(1), 223-254

김명숙(2016). 고독사로 갈 수밖에 없었던 그들의 '고독생'을 돌아보자. **복지이슈 Today, 9**(42), 9.

김현미(2016). 노인의 고독사. **복지이슈 Today, 9**(42), 5.

김혜성(2017). 고령화 한국사회의 노인 고독사: 위험요인과 예방전략. **한국콘텐츠학회논문지, 17**(8), 454-462.

김희연, 김군수, 빈미영, 신기동(2013). 무연사회(無緣社會), 우리의 미래인가? **경기연구원 이슈 & 진단, 113**, 1-25.

박신영, 이서정, 현명호(2016). 외로움, 영성 및 우울의 관계: 베트남 거주 한인 이주여성을 중심으로. **한국심리학회지: 건강, 21**(2), 339-356.

박웅기(2014). 대학생의 심리적 특성과 SNS 중독에 관한 탐색적 연구. **사회과학연구, 27**(1), 95-125.

배성희, 양난미(2016). 대학생의 불안정 애착과 외로움과의 관계: 거절민감성과 적극적 스트레스 대처의 매개효과. **상담학연구, 17**(3), 355-375.

변미리(2016). 탈연결 도시와 공동체의 균열: 1인 가구 증가와 고독사. **복지이슈 Today, 4**, 7.

서울특별시의회(2014). **서울특별시 1인 가구 대책 정책연구**. 서울연구원.

이명진(2019). 유럽 1인 가구 관련 정책 동향: 영국, 프랑스, 스웨덴을 중심으로. **국제사회보장리뷰, 11**, 16-26.

이상훈(2016). 1인 가구와 고독사, 그리고 법체제. 복지이슈 Today, 4, 8.

이소영(2013). 성인애착과 외로움의 관계에서 거절민감성과 대처방식의 매개효과. 가톨릭대학교 대학원 석사학위논문.

이수영(2016). 사회적 고립과 고독사. 복지이슈 Today, 4, 3.

이연수, 이재모(2015). 일본 고독사의 변화과정과 대책방안에 관한 연구. 일어일문학, 65, 421-435.

이은영(2018). 외로움과 관계단절로부터 야기되는 자살은 고독사로 지정될 수 있는가?: 고독사의 개념과 대상에 관한 새로운 정립을 중심으로. 인간 · 환경 · 미래, 21, 71-102.

이정기(2018). 대학생 학업 중단의도 결정요인 분석을 통한 학교 부적응, 학업 중단 예방 전략의 제안: 스트레스, 외로움, 확장된 계획행동이론 변인을 중심으로. 사회과학연구, 34(3), 1-24.

전채경(2016). 사회적 고립과 경제문제, 미국판 '고독사' 불러오나? 복지이슈 Today, 4, 15.

정은이(2002). 일상적 창의성과 개별성-관계성 및 심리 · 사회적 적응의 관계. 고려대학교 대학원 박사학위논문.

정혜경(2016). 청소년의 외로움, 분노, 자살생각이 비행에 미치는 영향. 한국웰니스학회지, 11(4), 89-99.

최승호, 조병철, 전승환(2017). 노인 고독사 어떻게 대응할 것인가? 자기 결정론적 관점에서. 한국학연구, 62, 403-436.

최지연(2018). 고독사 예방 정책방안 연구. 연세대학교 대학원 석사학위논문.

최현영, 이동혁(2016). '홀로 있음'에서 고독과 외로움 간의 차이탐색. 청소년학연구, 23(12), 77-103.

통계청(2015). 2015년 사회조사 결과(복지 · 사회참여 · 문화와 여가 · 노동).

한준, 김석호, 하상응, 신인철(2014). 사회적 관계의 양면성과 삶의 만족. 한국사회학, 48(5), 101-124.

황재영(2016). 일본의 고립사 현황과 정책. 복지이슈 Today, 9(42), 13.

KBS(2014). 한국인의 고독사.

Adams, K. B., Sanders, S. & Auth, E. A. (2004). Loneliness and depression in independent living retirement communities: Risk and resilience factors. *Aging Mental Health*, *8*(6), 475-485.

Allen, J. P., Moore, C., Kuperminc, G., & Bell, K. (1998). Attachment and adolescent psychosocial functioning. *Child Development*, *69*(5), 1406-1419.

Andersson, L. (1982). Interdisciplinary study of loneliness. *Acta Sociologica 25*, 75-80.

André, R. (1991). *Positive solitute: A practical program for mastering loneliness and achieving self-fulfillment*. New York: Harper Collins.

Barretoa, M., Victorb, C., Hammondc, C., Ecclesd, A., Richinsa, M. T., & Qualter, P. (2021). Loneliness around the world: Age, gender, and cultural differences in loneliness. *Personality and Individual Differences*, *169*, 110066

Billideau, A., (1997). Marital satisfaction: Recent research (On-line). Available: World Wide Web.

Bowlby, J. (1979). *The making and breaking of affectional bonds*. London: Tavistock Publications.

Boyd, R. D., & Fales, A. W. (1983). Reflective learning: Key to learning from experience. *Journal of Humanistic Psychology*, *23*(2), 99-117.

Bruce, M. L., & Kim, K. M. (1992). Differences in the effects of divorce on major depression in men and women. *The American Journal of Psychiatry*, *149*(7), 914-917.

Burger, J. M. (1995). Individual differences in preference for solitude. *Journal of Research in Personality*, *29*(1), 85-108.

Cacioppo, J. T., Hawkley, L. C., Crawford, E. L., Ernst, J. M., Burleson, M. H., Kowalewski, R. B., Malarkey, W. B., Van Cauter, E., & Berntson, G. G. (2002). Loneliness and health: Potential mechanisms. *Psychosomatic Medicine*, *64*, 407-417.

Chadwick, N. (1998). Enduring marriage (On-line). Available: World Wide Web.

Chou, K. L., Ho, A. H. Y., & Chi, I. (2006). Living alone and depression in Chinese older adults. *Aging and Mental Health*, *10*(6), 583-591.

de Jong Gierveld, J. (1987). Developing and testing a model of loneliness. *Journal of Personality and Social Psychology*, *53*(1), 119-128.

de Jong Gierveld, J. (1998). A review of loneliness: Concept and definitions, determinants and consequences. *Reviews in Clinical Gerontology, 8,* 73-80.

de Jong Gierveld, J., & Van Tilburg, T. G. (1999a). *Manual of the loneliness scale*. Amsterdam: Vrije Universiteit.

de Jong Gierveld, J., & Van Tilburg, T. G. (1999b). Living arrangements of older adults in the Netherlands and Italy: Coresidence values and behaviour and their consequences for loneliness. *Journal of Cross-Cultural Gerontology*, *14*, 1-24.

Domènech-Abella, J., Lara, E., Rubio-Valera, M., Olaya, B., Moneta, M. V., Rico-Uribe, L. A., Ayuso-Mateos, J. L., Mundó, J., & Haro, J. M. (2017). Loneliness and depression in the elderly: The role of social network. *Social Psychiatry and Psychiatric Epidemiology*, *52*, 381-390.

Durkheim, E. (1966). *Suicide*. New York: Free Press.

Dykstra, P. A. (2009). Older adult loneliness: myths and realities. *European Journal of Aging, 6,* 91-100.

Ferreira-Alves, J., Magalhães, P., Viola, L., & Simoes, R. (2014). Loneliness in middle and old age: Demographics, perceived health, and social satisfaction as predictors. *Archives of Gerontology and Geriatrics, 59,* 613-623.

Fraley, R. C. (2002). Attachment stability from infancy to adulthood: Meta-analysis and dynamic modeling of developmental mechanisms. *Personality and Social Psychology Review, 6*, 123-151.

Fukukawa, Y. (2011). Solitary death: a new problem of an aging society in Japan. *Journal of the American Geriatrics Society, 59*(1), 174-175.

Fuchs, C. Z., & Rehn, I. P. (1977). A self-control behaviour therapy program for depression. *Journal of Consulting and Clinical Psychology*, *45,* 2006-215.

Gibson, H. B. (2000). *Loneliness in later life*. New York: St. Martin's Press.

Golden, J., Conroy, R. M., Bruce, I., Denihan, A., Greene, E., Kirby, M., & Lawlor, B. A. (2009). Loneliness, social support networks, mood and wellbeing in community-dwelling elderly. *International Journal of Geriatric Psychiatry*, *24*(7), 694-700.

Hammond, C. (2021). *Who feels lonely? The results of the world's largest loneliness study*. Presenter of Radio 4's All in the Mind.

Hansson, R. O., Jones, W. H., Carpenter, B. N., & Remondet, I. (1986). Loneliness and adjustment to old age. *International Journal of Aging and Human Development, 24,* 41-53.

Hawkley, L. C., & Cacioppo, J. T. (2010). Loneliness matters: A theoretical and empirical review of consequences and mechanisms. *Annual Behavioral Medicine, 40,* 218-227.

Holmes, E. A., O'Connor, R. C, & Perry, V. H, (2020). Multidisciplinary research priorities for the COVID-19 pandemic: A call for action for mental health science. *Lancet Psychiatry*, 7, 547-60.

House, J. S., Umberson, D., & Landis, K. R. (1988). Structures and processes of social support. *Annual Review of Sociology*, *14*, 293-318.

Jones, W. H., Freemon, J. R., & Goswick, R. A. (1981). The persistence of loneliness: Self and other determinants. *Journal of Personality, 49*, 27-48.

Kato, T. A., Shinfuku, N., Sartorius, N., & Kanba, S. (2017). Loneliness and single-person households: Issues of kodokushi and hikikomori in Japan. In N. Okkels, C. B. Kristiansen, & P. Munk-Jørgensen (Eds.), *Mental health and illness worldwide: Mental health and illness in the city* (pp. 205-219). Springer Science Business Media.

Kiecolt-Glaser, J. K., & Newton, T. L. (2001). Marriage and health: His and hers. *Psychological Bulletin, 127*, 472-503.

Kiecolt-Glaser, J. K., Garner, W., Speicher, C., Penn, G. M., Holliday, J., & Glaser, R. (1984). Psychosocial modifiers of immunocompetence in medical students. *Psychosomatic Medicine, 46*, 7-14.

Koropeckyj-Cox, T. (1998). Loneliness and depression in middle and old age: Are the childless more vulnerable? *Journal of Gerontology: Social Sciences, 53B*, S303-S312.

Larson, R., & Lee, M. (1996). The capacity to be alone as a stress buffer. *The Journal of Psychology, 136*, 5-12.

Lauder, W., Mummery, K., Jones, M., & Caperchione, C. (2006). A comparision of health behaviors in lonely and non-lonely populations. *Psychology, Health & Medicine*, *11*(2), 233-245.

Lee, C. M., Cadigan, J. M., & Rhew, I. C. (2020). Increases in loneliness among young adults during the COVID-19 pandemic and association with increases in mental health problems. *Journal of Adolescent Health, 67*, 714-717.

Leontiev, D. (2019). The dialectics of aloneness: positive vs. negative meaning and differential assessment. *Counselling Psychology Quarterly*, *32*, 3-4, 548-562.

Lawlor, B. A. (2009). Loneliness, social support networks, mood and wellbeing in community-dwelling elderly. *International Journal of Geriatric Psychiatry*, *24*, 694-700.

Luo, Y., Hawkley, L. C., Waite, L. J. & Cacioppo, J. T. (2012). Loneliness, health, and mortality in old age: A national longitudinal study. *Social science & medicine*, *74*, 907-914.

Matthews, T., Danese, A., Gregory, A. M., Caspi1, A., Moffitt, T. E., & Arseneault, L. (2017). Sleeping with one eye open: Loneliness and sleep quality in young adults. *Psychological Medicine*, *47*, 2177-2186.

McGinty E. E., Presskreischer, R., Han, H., & Barry, C. L. (2020). Psychological distress and loneliness reported by US adults in 2018 and April 2020. *Journal of the American Medical Association*, *324*(1), 93-94.

Nelson-Becker, H., & Victor, C. (2020). Dying alone and lonely dying: Media discourse and pandemic conditions. *Journal of Aging Studies*, *55*, 1-9.

Nolen-Hoeksema, S. (1991). Responses to depression and their effects on the duration of depressive episodes. *Journal of Abnormal Psychology*, *100*(4),

569-582.

Olson, K. L., & Wong, E. H., (2001). Loneliness in marriage. *Family Therapy, 28*(2), 105-111.

Peltzer, K., & Pengpid, S. (2017) Loneliness: Its correlates and associations with health risk behaviours among university students in 25 countries. *Journal of Psychology in Africa, 27*(3), 247-255.

Peplau, L., & Perlman, D. (1982). *Loneliness: A sourcebook of current theory, research, and therapy*. New York: Wiley.

Perlman, D., & Peplau, L. A. (1984). Loneliness research: A survey of empirical findings. In L. A. Peplau & S. E. Goldsto (Eds.), *Preventing the harmful consequences of severe and persistent loneliness* (pp. 13-46). New York: Wiley & Sons.

Rice, K. G. (1992). Separation-individuation and adjustment to college: A longitudinal study. *Journal of. Counseling Psychology, 39*, 203-213.

Rook, K. S. (2000). Loneliness. In A. Kazdin & E. Alan (Eds.), *Encyclopedia of psychology* (Vol. 5, pp. 73-76). Washington DC, USA: APA.

Rook, K. S., & Peplau, L. A. (1982). Perspectives on helping the lonely. In L. A. Peplau & D. Perlman (Eds.), *Loneliness: A sourcebook of current theory, research and therapy* (pp. 351-378), New York: Wiley.

Russell, D., Cutrona, C. E., Rose, J., & Yurko, K. (1984). Social and emotional loneliness: An examination of Weiss's typology of loneliness. *Journal of Personality and Social Psychology, 46*(6), 1313-1321.

Stack, S. (1982). Suicide: A decade review of the sociological literature. *Deviant Behavior, 4*, 41-66.

Stack, S. (1998). Marriage, family and loneliness: A cross-national study. *Sociological Perspectives, 41*, 415-432.

Stack, S. (2000). Suicide: A 15-year review of the sociological literature part II: Modernization and social integration perspectives. *Suicide and Life-Threatening Behavior, 30*, 91-182.

Stickley, A., & Koyanagi, A. (2016). Loneliness, common mental disorders and suicidal behavior: Findings from a general population survey. *Journal of Affective Disorders, 197*, 81-87.

Stroebe, W., Stroebe, M., Schut, H., & Abakoumkm, G. (1996). The role of loneliness and social support in adjustment to loss: A test of attachment versus stress theory. *Journal of Personality and Social Psychology, 70*(6), 1241-1249.

Taylor, S. E., & Seeman, T. E. (1999). Psychosocial resources and the SES-health relationship. In N. E. Adler, M. Marmot, B. S. McEwen, & J. Stewart (Eds.), *Annals of the New York Academy of Sciences: Vol. 896. Socioeconomic status and health in industrial nations: Social, psychological, and biological pathways* (pp. 210-225). New York Academy of Sciences.

Tornstam, L. (1992). Loneliness in marriage. *Journal of Social and Personal Relationships, 9,* 197-217.

Varma, P., Junge, M., Meaklim, H., & Jackson, M. L. (2021). Younger people are more vulnerable to stress, anxiety and depression during COVID-19 pandemic: A global cross-sectional survey. *Progress in Neuropsychopharmacology & Biological Psychiatry, 109*, 110236.

Victor, C. R., & Yang, K. (2012). The prevalence of loneliness among adults: A case study of the United Kingdom. *The Journal of Psychology, 146*, 85-104.

Walen, H. R., & Lachman, M. E. (2000). Social support and strain from partner, family, and friends: Costs and benefits for men and women in adulthood. *Journal of Social and Personal relationships, 17*(1), 5-30.

Weiss, R. S. (1973). *Loneliness: The experience of emotional and social isolation*. Cambridge, MA: MIT Press.

Wilson, R. S., Krueger, K. R., & Arnold, S. E. (2007). Loneliness and risk of Alzheimer disease. *Archives Of General Psychiatry, 64*, 234-240.

www.naver.com 네이버 국어사전

청소년 자살과 정신건강

세계보건기구(World Health Organization[WHO], 2014: 15)가 2014년 발표한 자살예방에 관한 보고서의 본문은 자살에 대해 사람들이 잘못 이해하고 있는 한 가지 사실을 바로잡는 것으로 시작한다. 그 오해는 바로 '자살에 대해 이야기하는 사람은 실제로 자살을 할 의도가 없다'는 것이다. 이러한 인식은 자살의 징후를 보이는 주변 사람들의 힘겨움과 간절한 지원 요청에 대해 무관심하게 만들 우려가 있다. 세계보건기구에 따르면 진실은 오히려 정반대에 가깝다. 즉, 자살에 대해 생각하는 사람 대부분은 불안, 우울, 무력감을 경험하고 있고, 자살 외에는 다른 선택이 없다고 느끼며, 이들이 자살에 대해 이야기하는 것은 곧 도움과 지지 요청으로 이해되어야 한다는 것이다. 그렇다면 결국 정신건강 분야의 전문가들에게 있어 가장 중대한 이슈이자 과제는 '어떻게 도울 것인가?' 하는 것이다. 이를 위해 이 장에서는 먼저 자살과 관련 개념을 정리하고, 자살의 위험성이 높은 대표적인 인구집단인 청소년 자살의 현황과 특징에 대해 살펴볼 것이다. 이어서 청소년 자살의 위험요인과 보호요인을 검토하고, 자살 위험성을 사정하는 방법을 소개한 후, 마지막으로 효과적 개입방법에 대해 현재 운영되고 있는 모범적 프로그램을 살펴보고자 한다.

1. 자살 개념 이해

영어로 자살(suicide)은 '자기 자신'을 의미하는 'sui'와 '죽이다'를 뜻하는 'caedo'라는 라틴어원을 갖는 두 개의 단어로 이루어진 합성어로서(전영주, 2010; 조성연 외, 2016), 자살이라는 개념은 '자기 스스로를 죽이는 행위'라고 간단하게 정의 내릴 수 있다. 그러나 의미 차원에서 이 개념은 결코 단순하지 않으며, 두 가지의 깊이 생각해 볼 이슈가 내재되어 있다. 하나는 행위의 적극성이며, 또 다른 하나는 행위의 의도성이다. 먼저 행위의 적극성 차원에서 살펴볼 때, 자살은 광범위한 스펙트럼을 가진다는 것이다. 사람들은 일반적으로 자살을 생각할 때, 목을 매거나 고층건물 등 높은 위치에서의 투신, 총기가 허용되는 사회의 경우는 총기를 발사하는 것 등 즉각적으로 생명을 제거하려는 행위로 이해하는 경향이 있으나, 자살은 생명을 유지하려는 행위를 하지 않는 상대적으로 소극적이라고 볼 수 있는 행위까지 포함한다(Michel & Gysin-Mailart, 2015). 고령의 환자가 음식을 지속적으로 거부한다거나 신장장애인이 투석을 하지 않으려는 행위 등이 예가 될 수 있다.

자살의 의도성은 그 의미가 다소 복잡하며 때로 논쟁적 이슈가 되기도 한다. 인간의 건강 및 자살과 관련하여 권위 있는 기관과 학자들은 자살 개념을 구성하는 핵심 요소로서 '의도성'을 중요하게 고려하는 경향이 있다. WHO(2014: 12)는 자살을 자기 자신을 의도적으로 죽이는 행위라 하였으며, 빌슨(Bilsen, 2018: 1)은 죽으려는 의도가 분명한 증거가 있는 치명적인 자기 손상이라고 개념을 규정하였다. 조성연과 동료들(2016: 297) 역시 자살의 원인은 다양할 수 있지만 '당사자가 자유의사에 의하여 자신의 목숨을 끊는 행위'라고 정의 내림으로써 자살이 행위의 당사자의 선택에 의한 의도적 행위라는 점을 강조하였다. 그러나 자살을 적극적 의지에 의한 행위로 이해하는 것이 실제 현상을 적절히 반영하는 것이 아니라는 지적도 있다(Michel &

Gysin-Mailart, 2015). 자살을 시도하거나 행하는 사람들이 자유의지에 따라 이성적으로 그러한 선택을 하기도 하지만 이는 오히려 예외적이며, 더 많은 사례에서 사람들은 극심한 스트레스, 충격적 사건 또는 정신장애와 같은 요인으로 인해 정상이라고 보기 어려운 정신적 상태에서 극단적 행위로 내몰리는 현상이 발견되기 때문이다.

2. 자살행동 개념 이해

자살행동(suicidal behavior)은 자살보다 큰 범주의 개념으로서 자살생각 및 자살계획, 자살시도 그리고 자살 그 자체까지를 포괄한다(WHO, 2014). 이처럼 자살행동은 여러 하위요소로 구성된 연속적 과정 또는 단계로 볼 수 있기 때문에(전영주, 2010; 최진영, 유비, 김기현, 최윤선, 함혜욱, 2020), 자살에 대해 명확히 이해하기 위해서는 각 단계에 대한 지식이 전제될 필요가 있다. 많은 사례에서 자살이 어느 순간 갑작스럽게 이루어지기보다 일정한 단계를 거쳐 진행된다는 사실은[1] 사회복지실천 차원에서 볼 때 각 단계가 가지는 특성을 명확히 이해한다면 결국 사회복지사가 클라이언트의 자살 위험성을 빨리 감지하고 예방적 조치를 취할 수 있는 가능성도 그만큼 커지게 됨을 의미하는 것이다. 따라서 이 장에서는 자살행동을 구성하는 일련의 과정을 중심으로 자살행동 개념에 대해 살펴보고자 한다.

---

1) 일반적으로 자살은 여러 단계로 이루어지는 일련의 과정으로 이해되나 예외적 사례 또한 존재한다. 즉, 모든 자살이 연속적 과정을 거쳐 이루어지는 것은 아니며 자살행동을 구성하는 각 요소가 완전하게 분절되는 상호배타적 범주라기보다는 서로 중첩되는 현상과 의미를 가질 수 있다(Miler & Eckert, 2009).

1) 자살생각

자살생각(suicide ideation) 역시 그 의미에 있어서 광범위의 스펙트럼을 갖는다. 이 개념은 불현듯 죽고 싶다고 생각하는 것에서부터 자살의 계획을 구체적으로 세우는 것까지를 모두 포함한다(전영주, 2010). 일부 학자들은 자살계획을 자살생각과 분리하여 별도의 단계로 규정하기도 한다. 이 경우 자살생각은 죽음과 방법에 대한 관념으로서 정신적 또는 심리적 과정인 반면, 자살계획은 죽는 방법에 대한 정보를 수집한다거나, 유서를 작성하는 등 행동적 요소가 포함되어 있다는 것이 강조된다(홍명숙, 2017). 자살생각은 크게 능동적 생각과 수동적 생각으로 그 양상을 구분해 볼 수 있다(Simon, 2011). 스스로 생을 마감하기 위해 적극적인 계획을 세우는 것이 전자에 해당한다면, 절망스러운 상황에서 벗어날 수 있도록 신이 자신을 데려갔으면 좋겠다는 바람을 갖는 것은 후자의 예가 된다.

학자들은 '자살생각'이 반드시 자살로 이어지는 것은 아니라는 점을 지적하고 있다. 대부분의 사람들이 인생을 살면서 죽고 싶다는 생각을 한 번 이상 경험하지만 실제로 그러한 선택을 하는 사례는 소수에 불과하다는 사실이 이러한 주장의 근거가 될 수 있다. 한 조사에 따르면, 자살을 고려한다고 답한 사람들 중 2년 이내 실제로 자살을 시도한 사례는 7.4%였다(ten Have et al, 2009). 관점에 따라 이는 매우 낮은 수치로 이해되기도 하고 충격적으로 높은 수치로 간주될 수도 있다. 분명한 것은 자살생각을 하는 대다수의 사람들이 자살을 실제로 행하지는 않는다는 것이며, 이는 자살생각을 하는 사람들을 '비정상'으로 성급히 단정짓는 것을 지양해야 함을 일깨워 준다.

그럼에도 불구하고 자살생각은 정신건강 분야의 전문가들이 주의 깊게 관찰해야 할 위험요소라는 것을 부인하기 어렵다. 일반적으로 자살생각은 극심한 정서적 스트레스를 경험하고 있음을 나타내는 징후이자(ten Have et al., 2009), 자살행동의 전조현상으로서(Miler & Eckert, 2009), 자살예방을 위한 실천 현장에서 자살의 핵심적 예측지표로서의 활용 가치 또한 높기 때문이다(최진영 외, 2020). 이와 관련하여 정신건강 분야의 전문가와 실무인력들이 주의해야 할 사항이 있다. 자살의 위험도를 사정(assessment)할 때, 소극적인 자살생각의 위험성을 과소평가해서는 안 된다는 것이다. 자살생각의 소극성과 적극성은 사회문화 및 종교적 가치와 철학을 반영한 차이일 수 있으며 소극적인 자살생각이 적극적인 자살생각보다 덜 위험하다는 믿음은 근거가 없기 때문이다(Simon, 2011).

2) 자살시도

자살시도(suicide attempts)는 죽음을 초래하기 위해 자기에게 상해를 입히는 행위이다(Miler & Eckert, 2009: 154). 전영주(2010: 171)는 자살시도를 "유서 등 구체적인 행동으로 죽음이 표현되었으나 죽음으로 끝나지 않은 자해행동"으로 규정하였으며, 홍명숙(2017: 65)은 "고의적으로 자해행동을 하는 상태로서 자살하기 위해 고의적 · 실제적 자해 등을 포함하는 단계"라고 개념을 정의하였다. WHO(2014: 12)에 따르면, 자살시도는 죽음에 이르지 못한 자살행동으로서 음독, 상해 등 의도적으로 자기 자신에게 해를 입히는 자해행동을 가리킨다. 이와 같은 개념 정의에 기초할 때, 자살시도는 세 가지 중요한 특징이 있다. 첫째, 자살시도는 고의적 행동이다. 즉, 자살시도에는 생을 마감하겠다는 의지 또는 자기 자신에게 치명적인 해를 입히고자 하는 의도가 담겨 있다. 둘째, 자살시도는 죽음에 대한 의지와 시도에도 불구하고 '죽음'에 도달하지 못한 상태를 일컫는다. 셋째, 자살시도라는 일련의 과정 안에는 자해행위가 포함되어 있다. 자해(self-harm)는 "고의적으로 자신의 신체를 훼손하는 행동"으로서(안영신, 송현주, 2017: 257) 날카로운 물건으로 상처 내기, 손톱으로 피가 날 정도로 긁기, 고의로 자신을 때리거나 물어뜯기, 불로 지지기 등을 예로 들 수 있다(안영신, 송현주, 2017; 이현정, 김장회, 2020).

이 중 세 번째 특징과 관련해서는 부연설명의 필요성이 제기된다. 자살시도는 자해행위를 내포하지만, 모든 자해가 자살의 의도를 가진 것은 아니기 때문이다. 자해와 자살시도를 구분하는 것은 쉽지 않으나(WHO, 2014), 최근 이에 대한 논의가 활발히 이루어지고 있다. 서미와 동료들(2018)에 따르면, 자해를 자살행동의 일환으로 규정하는지 여부에 따라 두 가지 관점이 존재한다. 자해를 자살행동의 연속과정의 한 부분으로 이해하는 입장이 있고 이와는 반대로 자해를 자살행동과 분리하여 하나의 독자적인 임상 증후군으로 규정하는 입장이 있다는 것이다. 최근의 추세는 죽음을 의도하지 않고 자신의 불안정한 감정이나 심리상태를 해소하기 위한 목적에서 행해지는 자해를 '비자살적 자해(non-suicidal self-injury)'로 지칭함으로써 자살행위의 일부로서 행해지는 자해와 구분하고 있다(서미, 김은하, 이태영, 김지혜, 2018; 최진영 외, 2020). 자살시도에는 자살의 의지가 있기 때문에 치사율이 높은 자해 행위가 동원되는 반면, 비자살적 자해에는 삶을 마감하고자 하는 의지가 약하거나 부재하기 때문에 생명에 덜 치명적인 방법이 활용된다고 알려져 있다(최진영 외, 2020). 결국, 자살시도와 (비자살적) 자해는 유사한 개념이지만 자살의 의지와 치명성 차원에서 차별성을 갖는다고 하겠다.

3) 자살완료

자살완료(suicide completion)는 누군가가 자살을 시도하여 실제 죽음에 이른 상태를 지칭한다(전영주, 2010; 홍명숙, 2017). 자살행동을 구성하는 일련의 과정 중 마지막에 해당하며, 자살행동의 하위 유형이라기보다는 결과로 이해되는 것이 타당하다(최진영 외, 2020).

3. 청소년 자살 현황

대부분의 국가에서 자살은 일반적으로 연령의 증가와 함께 높아지는 경향이 있으며, 가장 높은 자살률은 70대 이상의 고연령층에서 관찰된다(WHO, 2014). 그러나 여러 생애주기 중 청소년기 역시 자살의 위험이 매우 높은 시기로서(Cobb, 1995) 휴먼서비스 정책 및 서비스 차원에서 주목해야 할 필요가 있다. 청소년기 연령대만을 살펴볼 경우, 일반적으로 10대 초반에는 자살시도나 자살률이 경미한 수준을 보이나(Kerfoot, 1996), 본격적인 청소년기에 돌입하게 되는 15세 전후로 급격히 증가하여 23~25세의 후기 청소년기에 최고조에 도달하는 일정한 패턴을 보인다(전영주, 2010; 홍강의, 2006). 다른 연령대와 비교하여 청소년기에는 특히 자살시도율이 가장 높은 것으로 확인되는데(Fremouw, Perczel, & Ellis, 1990), 이는 자살이 청소년 사망의 주된 원인의 하나로 일관되게 나타나는 현상과 관련이 있다. 유럽과 미국의 경우 자살은 청소년 사망의 원인 중 두 번째 혹은 세 번째로 높은 순위를 지속적으로 기록하고 있다(Bilsen, 2018; Cobb, 1995; Kerfoot, 1996; Miler & Eckert, 2009). 우리나라의 통계는 더욱 충격적이다. 2010년 청소년 사망 원인 2위였던 자살은 2011년 첫 번째 원인으로 기록된 이후 단 한 번의 예외도 없이 2020년 현재까지 동일한 결과를 보여 주고 있다. 우리나라 청소년 자살 현황에 대한 보다 명확한 이해를 도모하기 위하여 이 절에서는 공신력 있는 통계자료에 근거하여 청소년의 사망, 자살, 자살시도, 자살생각 현황에 대해 알아보고, 청소년기 자살의 특징에 대해 살펴보고자 한다.

1) 청소년 사망자 수와 사망원인

[그림 9-1]은 지난 10여 년간 우리나라의 9~24세 청소년 인구 중 사망자

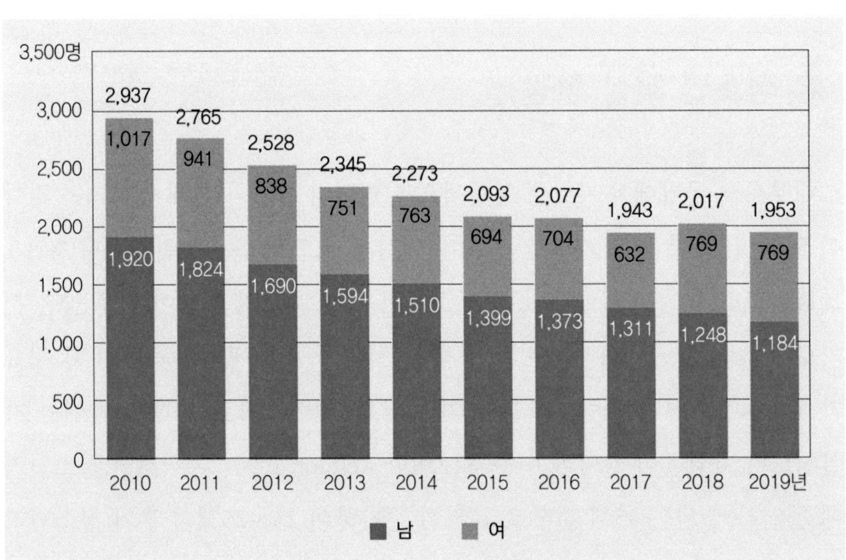

[그림 9-1] 청소년 사망자 수 추이

출처: 통계청, 여성가족부(2021: 12).

수를 연도별로 정리한 것이다. 다행히 청소년 사망자 수는 2010년 2,937명(남 1,920명 + 여 1,017명)에서 2013년 2,345명(남 1,594명 + 여 751명), 2016년 2,077명(남 1,373명 + 여 704명), 그리고 2019년 1,953명(남 1,184명 + 여 769명)으로 조금씩 감소하는 추세를 보이고 있다. 다만, 청소년 사망자 수의 감소는 동일 연령대 청소년 인구수 전체의 감소를 반영하는 것일 수 있기 때문에 해석에 있어 주의가 필요하다. 참고적으로 청소년 인구에서 자살완료를 포함한 사망자 수는 남성이 여성보다 훨씬 많지만 자살시도는 여성이 남성을 압도한다는 점도 기억해 둘 필요가 있다.

사망자나 자살자의 수치도 중요한 통계자료이나 전체 인구수를 고려한 비율을 같이 살펴보아야 청소년 사망과 자살 관련 현황과 증가 또는 감소의 추이를 정확히 이해할 수 있다. [그림 9-2]는 청소년 연령대(9~24세)에서 주요 사망원인인 고의적 자해(자살), 안전사고[2], 악성신생물(암)로 인한 사망자 수

2) 운수사고, 추락, 익사, 화재, 중독 등이 안전사고로 분류되었다.

가 인구 10만 명당 몇 명인지 최근 10년간의 통계 추이를 보여 준다. 먼저 사망원인 3위로 기록된 악성신생물(암)로 인한 사망자 수는 2010년 인구 10만 명당 3.3명에서 2013년과 2016년에 3.1명, 그리고 2019년 2.6명으로 완만하게 감소하였음을 알 수 있다. 안전사고로 인한 사망자 수 통계는 더욱 고무적이다. 2010년 8.9명, 2013년 6.4명, 2016년 5.5명, 2019년 4.1명으로, 해가 갈수록 큰 폭으로 낮아지는 추세를 보였을 뿐 아니라 10년간 사망자 수가 절반 이하로 감소하였기 때문이다. 반면, 고의적 자해(자살)로 인한 사망자 수는 최근 급격한 증가세를 보이고 있다. 인구 10만 명당 고의적 자해(자살)로 인한 사망자 수가 2010년 8.8명에서 2013년 7.8명, 그리고 2015년 7.2명으로 조금씩 감소하다가 2016년 이후 지속적으로 증가하여 2019년 현재 그 수치가 9.9명까지 치솟은 상태이다. 이러한 통계수치는 자살의 위험이 높은 청소년들을 신속히 찾아내서 예방적 개입 등을 통해 신체적 안전과 심리 · 정서적 안정을 도모할 수 있도록 체계적으로 지원하는 것의 중요성을 확인시켜 준다고 하겠다.

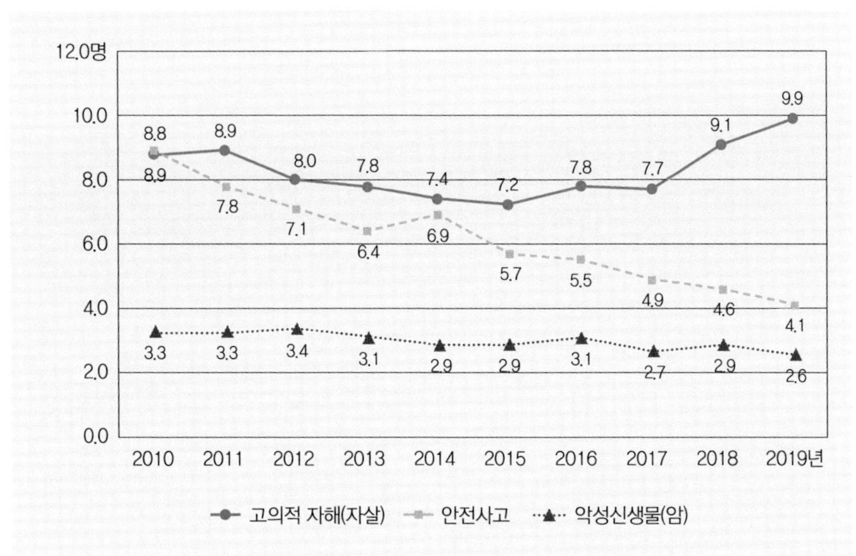

[그림 9-2] 청소년 사망자 수(10만 명당) 및 사망원인 추이

출처: 통계청, 여성가족부(2021: 12).

2) 청소년의 자살생각률과 자살시도율

[그림 9-3]은 우리나라 중학생과 고등학생의 자살생각률을 연도별로 기록한 것이다. 이 통계수치는 질병관리청(2020)의 청소년건강행태조사에서 도출된 것으로 이 조사에서 자살생각률은 최근 12개월 동안 자살에 대해 심각하게 생각해 본 적이 있다고 응답한 중·고등학생의 비율을 의미한다. 전체적인 추이를 먼저 살펴보면, 중학생과 고등학생의 자살생각률은 2011년 각각 19.9%와 19.3%였으며 이후 급격히 감소하여 2015년 중학생 11.7%, 고등학생 11.6%로 크게 낮아졌다. 이후 다시 조금씩 상승하여 2019년에 그 수치가 14.1%와 12.2%에 이르렀으나 다행히 2020년에는 최저치인 11.5%와 10.2%를 기록하였다. 전반적으로 중학생의 자살생각률이 고등학생보다 더 높은 경향이 있으나 그 차이는 크지 않은 편이다.

자살시도율에 있어서도 비슷한 양상이 확인된다. 중학생과 고등학생의 2011년 자살시도율은 각각 5.0%와 3.5%였는데, 이후 대체로 감소세를 유지

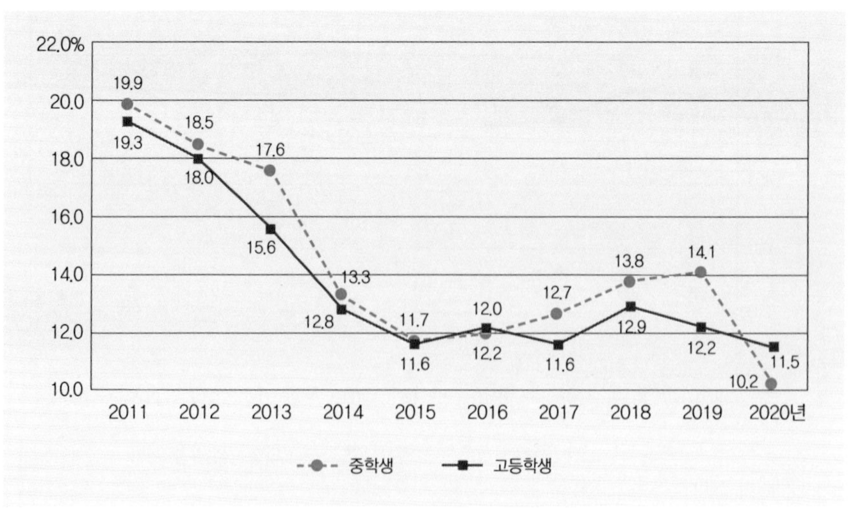

[그림 9-3] 중학생과 고등학생의 자살생각률

출처: 교육부, 보건복지부, 질병관리청(2020: 196-199).

하여 2015년 자살시도율은 중학생 2.8%, 고등학생 2.1%로 나타났다. 2017년과 2018년도에 다시 증가하는 추세를 보이기도 하였으나 2020년에는 중학생과 고등학생의 자살시도율이 2.0%로 최근 10년간 가장 낮은 수치를 보였다. 청소년의 자살생각률과 자살시도율이 2015년 이후 오름세를 보이다가 2019년과 2020년도에 감소세로 돌아섰다는 것은 분명 고무적이라고 할 수 있으나 간과해서는 안 되는 사실은 심각하게 자살생각을 한 적이 있는 청소년이 100명 중 무려 10명을 웃돌고 있으며, 실제로 자살을 시도한 학생도 2명이나 된다는 것이다.

그뿐만 아니라 2017년 이후 청소년 자해 및 자살의 위험이 더욱 높아졌다는 통계조사 결과도 적지 않다. 〈표 9-1〉에서 보이는 바와 같이, 국회입법조사처(2021)가 최근 국립중앙의료원으로부터 제출받아 발표한 자료에 따르면, 19세 이하의 아동 · 청소년 인구 중 자해나 자살을 시도한 사례는 2015년 2,318명이었으나 이 수치는 2017년 2,000명대 후반으로 높아졌고 2018년과

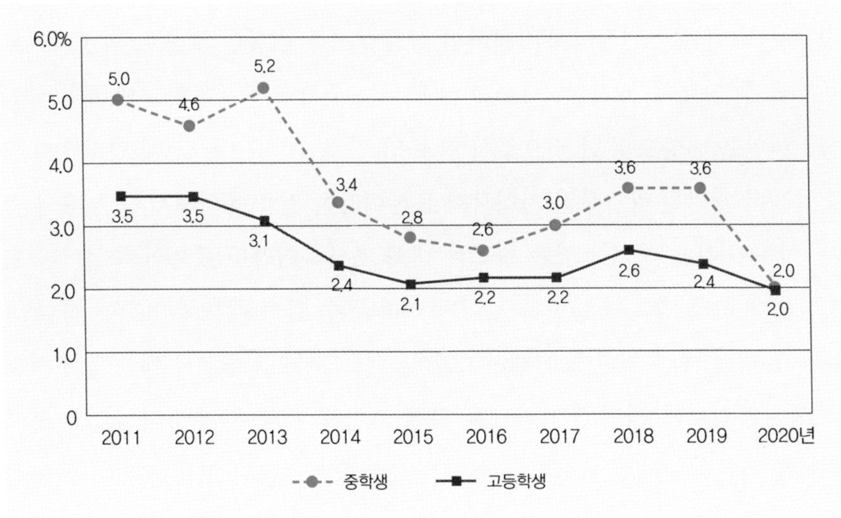

[그림 9-4] 중학생과 고등학생의 자살시도율

출처: 교육부, 보건복지부, 질병관리청(2020: 204-205).

표 9-1 19세 이하 아동 · 청소년 자해 · 자살시도자 수

연도	전체 인구 중 자해 · 자살시도자	19세 이하 아동 · 청소년 중 자해 · 자살시도자	전체 자해 · 자살시도자 중 아동 · 청소년 비율
2015	26,728	2,318	8.7
2016	27,074	2,246	8.3
2017	28,278	2,667	9.4
2018	33,451	4,164	12.4
2019	36,336	4,620	12.7

출처: 국회입법조사처(2021: 4).

2019년에는 각각 4,164명과 4,620명으로 크게 증가한 것으로 나타났다. 한국청소년상담복지개발원(2019) 역시 자해청소년 상담 건수가 2017년 8,352건에서 2018년 27,976건으로 무려 3배 이상, 그리고 자살 관련 상담은 같은 기간 23,915건에서 43,238건으로 2배 이상 증가하였다고 보고하였다.

이와 같은 통계자료와 분석결과의 불일치는 조사대상 및 조사방법의 차이를 반영하는 것일 수 있다. 예를 들어, 한국청소년상담복지개발원(2019)의 보고는 전국의 청소년상담복지센터의 상담실적을 취합한 것으로 임상자료로 분류할 수 있으며, 교육부 등(2020)의 조사는 중학교나 고등학교에 재학 중인 청소년만을 대상으로 한 것으로서 학교 밖 청소년이나 19~24세 연령대의 청소년들이 제외된 비임상적 지역사회 표본이라는 점을 유의해서 볼 필요가 있다. 이처럼 같은 시기에 같은 항목에 대해 조사하더라도 표본의 특성이나 조사방법에 따라 결과에 상당한 차이가 나타날 수 있기 때문에 청소년 자살 및 관련 특성에 대한 현황을 이해하고자 할 때는 일부 통계조사 결과에 전적으로 의존하기보다 여러 통계자료를 함께 고찰해야 하며, 조사대상과 방법에 주의를 기울이면서 분석하고자 하는 현상을 입체적으로 조명하기 위한 노력을 할 필요가 있다.

3) 청소년 자살의 특징

배주미와 동료들(2010)에 따르면, 청소년 자살은 여섯 가지로 특징지어지는데, 이 논의를 중심으로 관련 선행연구를 정리하면 다음과 같다. 첫째, 청소년자살은 충동적으로 일어나는 경향이 있다. 자살을 시도하는 대다수의 청소년들은 특별한 사전계획을 세우지 않으며 현실로부터 벗어나기 위한 욕구에서 충동적으로 자살을 선택한다는 것이다. 이처럼 평소 아무런 문제가 없는 것처럼 보였던 청소년이 갑작스럽게 자살시도를 할 수도 있기 때문에 청소년 자살을 예측하는 것은 쉽지 않은 일이다(전영주, 2010; 홍강의, 2008).

둘째, 청소년의 자살시도는 급성 스트레스에 대한 반응적 행동일 수 있다. 성적의 하락, 대인관계에서의 갈등으로 인해 분노, 불안, 좌절과 같은 심리적 어려움이 발생한 상황에서 스트레스에 대한 대응능력을 충분히 발달시키지 못한 청소년이 극단적 선택을 하는 경우가 있다는 것이다(전영주, 2010; 홍강의, 2008).

셋째, 청소년의 자살은 실제로 죽고자 하는 강력한 의지가 아니라 자신이 경험하고 있는 심리적 고통을 표현하는 수단으로 발현되기도 한다. 자신이 겪고 있는 어려움은 혼자서는 감당이 안 되고, 내외적 자원은 결여된 상태에서 청소년들이 자신의 고통을 외부에 알리기 위해 자살을 선택할 수 있다는 것이다.

넷째, 청소년 시기의 심리적 특성 중 하나는 자기중심성(self-centeredness)으로, 여기에 기반하여 '나는 죽지 않는다'라는 잘못된 믿음 혹은 신화(myth)를 가진 경우 청소년의 자살행동이 보다 쉽게 촉발되는 경향이 있다(최인재 외, 2011). 자신은 위험한 행동을 하여도 절대 다치거나 죽지 않는다는 청소년의 '불멸감' 또는 '불가침성(invulnerability)'에 대한 믿음은 이 시기 자살시도와 관련이 있다(오승근, 2006)

다섯째, 일부 청소년들은 죽음에 대해 수용적 태도를 가지며 때로 부활에 대한 환상이 자살행동에 영향을 미치기도 한다. 현실을 있는 그대로 받아들이지 못하거나 현실에 대한 적응이 만족스럽지 못할 때, 청소년은 생과 사의 세계를 혼돈하게 되며, 도피적 수단으로 자살을 시도하게 된다는 것이다(구혜영, 2013). 판타지적 소설이나 인터넷 게임 등이 이러한 청소년의 비현실적 인식을 직간접적으로 부추기는 요소로 알려져 있다(오승근, 2006).

여섯째, 청소년들은 혼자보다는 평소 자신이 잘 알고 지내던 또래와 동반하여 자살을 감행하는 경향이 있다. 학자들은 이를 '피암시성'으로 지칭하는데, 이 용어는 내적 요인보다 외적 요인의 영향을 많이 받는 청소년 시기에 자신이 신뢰하는 사람 또는 흠모하거나 동경하던 대상의 영향을 받아 모방자살을 하거나 자살에 동참하는 위험이 청소년기에 특히 고조되는 현상을 의미한다(전영주, 2010; 홍강의, 2008).

4. 자살의 위험요인과 보호요인

1) 위험요인

자살의 위험요인은 매우 광범위하다(Ati, Paraswati, & Windarwt, 2020). 위험요인이 자살의 직접적인 원인이라고 단정 지을 수 없으나 효과적인 자살예방을 위해 이에 대한 이해가 우선되어야 한다. 미국 질병통제예방센터(Centers for Disease Control and Prevention: CDC, 2020)는 자살 위험요인을 네 가지 범주로 분류하였다. 첫째, 개인적인 요인으로 이전의 자살시도, 우울증과 같은 정신질환, 사회적 고립, 범죄 문제, 재정 문제, 충동적이거나 공격적인 성향, 직업 문제, 법적 문제, 심각한 신체질환, 물질사용장애 등을 들 수 있다. 둘째, 관계(relationship) 관련 요인이다. 아동학대와 방임과 같은 유해한 어린 시절의 경험, 집단 괴롭힘(bullying)을 당한 경험, 자살 가족력, 이별,

폭력 또는 상실, 성폭력 등이 이에 속한다. 셋째, 지역사회 요인으로 건강관리(health care)의 장벽, 자살에 대한 문화적 · 종교적 신념, 연쇄자살(suicide cluster) 등을 들 수 있다. 마지막으로, 사회적 요인을 들 수 있는데 정신질환 및 도움 요청과 관련된 낙인, 치명적인 수단(총기 등)에 대한 접근 용이성, 미디어의 부정적 영향 등을 포함시킬 수 있다. 이렇듯 자살의 위험요인은 다양하지만, 주목할 점은 자살은 특정 요인에 의해 영향을 받는 현상이라기보다는 복합적인 요인에 의해 또는 다차원적으로 상호 연관된 요인에 의해 나타나는 현상이라는 점이다(김형수, 2019).

청소년기는 변화의 시기로, 이 시기에는 친구 및 가족과의 관계, 학교에서의 문제 등으로 압도되거나 스트레스를 경험할 수 있다. 청소년의 자살 위험요인은 전술한 일반적인 자살 위험요인과 중복된 점이 많지만, 다른 연령대의 위험요인과 비교했을 때 독특한 특성을 가지기도 한다(Suicide Prevention Resource Center, 2020). 한편, 청소년 자살의 위험요인의 분류체계는 학자에 따라 차이를 보인다. 예를 들어, 생태학적 모델, 스트레스-취약성 모델 등 특정 모델을 토대로 위험요인을 분류하거나, 개인 내 · 외적인 차원에 관심을 두고 위험요인을 범주화하기도 한다(Ati, Paraswat, & Windart, 2020; Pelkonen & Marttunen, 2003). 국내에서 발표된 청소년 자살에 영향을 미치는 위험요인 관련 연구들을 분석한 김지민과 그의 동료들(2016)은 사회인구학적 · 교육학적 요인, 부정적인 생애사건 및 가족역경, 정신질환 및 심리학적 요인, 자살 노출, 건강행동을 중심으로 위험요인을 범주화하였다. 또한 서울시정신건강복지센터(2011)는 〈표 9-2〉에서 보이는 바와 같이 개인, 가정, 학교, 사회적인 요인으로 청소년 자살의 위험요인을 분류하였다.

이렇듯 청소년 시기의 자살 위험요인은 매우 다양하지만, 가장 두드러진 요인으로 우울증, 기분장애, 알코올 및 물질남용 등과 같은 정신장애를 들 수 있다(American Psychological Association, 2008; Asarnow, Fogelson, Fitzpatrick, & Hughes, 2018; Hawton, Saunders, & O'Connor, 2012). 자살에 성공한 청소

표 9-2 청소년 자살 위험요인

개인	가정
• 우울증, 조울병 등의 정신질환 • 자신에 대한 부정적 평가 • 높은 기대에 비해 낮은 성취 • 과거 자살시도 • 충동, 공격, 우울한 성향 • 술, 담배, 약물남용 • 스트레스 대처 부족 • 인터넷, 게임 중독 • 성 정체성 • 최근에 경험한 심한 스트레스 사건	• 가족 결손 또는 상실 • 가족불화 • 의사소통 및 지지 부족 • 가정폭력 또는 학대 • 경제적 빈곤 • 이전 자살시도의 가족력 • 부모의 과잉 경쟁의식
학교	**사회**
• 학교폭력 및 집단 따돌림 • 친구 문제 • 성적 부담 및 학업 스트레스 • 입시위주의 경쟁 • 교사의 부정적 언행, 체벌, 편애 • 학교 부적응	• 치명적 수단의 접근 용이성 • 매스컴을 통한 왜곡된 자살 이미지 • 개인주의적 사회 • 과잉 경쟁사회 • 자살사이트의 유해환경 • 매스컴의 자세한 자살 보도 • 경찰과의 갈등과 법적인 문제 • 10대 임신 • 낮은 사회적 지지

출처: 서울시정신건강복지센터(2011: 6-7).

년의 81~95%가 정신적인 문제를 가진 것으로 보고된 바 있다(Pelkonen & Marttunen, 2003). 한편, 청소년 자살과 관련하여 특별한 관심이 요구되는 요인으로 성 정체성을 들 수 있는데(Crowe, 2020), 성소수자(LGBT)[3]로 분류되는 청소년(13~24세)이 이성애자인 청소년보다 자살을 시도할 가능성이 높은 것으로 알려져 있다. 전자에 속한 청소년 집단이 후자의 청소년 집단보다 자

3) LGBT는 레즈비언(lesbian), 게이(gay), 양성애자(bisexual), 트랜스젠더(transgender)의 앞 글자를 딴 용어임.

살시도의 위험이 높은 이유는 분명하지 않으나 일부 문헌에 의하면 LGBT 인구는 다른 소수자 집단과 마찬지로 편견과 차별의 대상이 될 가능성이 높으며, 정신건강문제, 알코올 및 기타 약물의 오용, 자살생각과 행동의 위험이 일반 인구보다 더 높기 때문으로 풀이된다(Haas et al., 2011). 이전에 자살시도를 했던 경험 역시 즉각적인 주목이 필요한 위험요인으로 여러 연구에서 강조되고 있다(American Psychological Association, 2008; Asarnow, Fogelson, Fitzpatrick, & Hughes, 2018).

2) 보호요인

위험요인은 자살 가능성을 높일 수 있지만, 이러한 요인을 가지고 있다고 해서 모두가 자살을 시도하는 것은 아니다. 자살의 위험에 노출되어 있을지라도 보호요인(예: 외부의 적절한 도움, 건강한 자아, 사회적 지지 등)이 있으면 자살의 가능성을 낮출 수 있다(Nazeer, 2016). 보호요인에 관한 연구는 위험요인에 관한 연구만큼 활발하게 이루어지지 않았지만 이를 식별하고 이해하는 것은 성공적인 자살예방을 위해 매우 중요하다. 미국 질병통제예방센터(CDC, 2020)는 대처 및 문제해결 기술, 자살을 막는 문화 및 종교적 신념, 친구, 가족 및 지역사회 자원과의 연결, 돌봄제공자(care providers)와의 지지적 관계, 신체 및 정신건강 케어의 가용성(availability), 치명적인 자살도구에 대한 접근을 통제하는 것 등을 청소년 자살의 보호요인으로 제시하였다.

한편, 청소년 자살의 위험요인과 보호요인에 대해 최근 발표된 한 체계적 문헌연구(Ati, Paraswat, & Windarwt, 2020)에 의하면, 의미 있는 삶의 재구성, 적절한 영양 섭취(예: 과일 및 야채 섭취), 부모와 자녀의 상호작용(가족의 의사소통, 어머니와 자녀 관계) 등은 청소년의 자살행동을 예방할 수 있는 잠재성을 가진 요인이다. 이 외에도 사회적 목적으로 스마트폰을 사용하는 것(예: 메시지 및 채팅, 이메일, 소셜 네트워크 등), 독서와 영화감상, 신앙 및 종교활동 등이 청소년 자살행위의 보호요인으로 확인되었다.

일반적으로 청소년 대상의 자살예방 프로그램의 경우 자살의 위험요인을 감소하는 데 초점을 두고 있으나, 학자들은 일차적인 자살예방을 위해서 보호요인을 활용하는 것 또한 중요하다는 것을 강조하고 있다. 보호요인은 위험요인을 조절하는 데 도움을 주기도 하며 자살 위험요인으로부터 개인을 보호하기도 한다(Bilsen, 2018). 미국에서 혁신적이며 창의적인 자살예방 프로젝트로 알려진 Sources of Strength의 경우, 가족의 지지, 긍정적인 친구, 멘토, 건설적이며 긍정적인 활동, 인내력, 영적인 삶, 지지집단 등 다영역에서 강점을 사정하고, 이것을 자원으로 활용하고 있다(박정란, 서홍란, 장수한, 2014). 다음 〈표 9-3〉은 위험요인과 마찬가지로 서울시정신건강복지센터(2011)가 청소년 자살의 보호요인을 개인, 가정, 학교, 사회 영역으로 분류하여 범주화한 것이다.

표 9-3 **청소년 자살의 보호요인**

개인	가정
• 긍정적인 생각 • 문제해결 능력 • 감정통제 및 적절한 표출 • 주변의 조언 • 미래에 대한 긍정적 기대 • 높은 자기 가치 • 영성과 믿음	• 부모와의 긍정적 관계 • 가족 간 기능적 의사소통 • 긍정적 가족 가치관 • 가족 결속력 • 경제적 안정 • 좋은 양육환경, 태도
학교	**사회**
• 교사의 지지 • 원만한 교우관계 • 만족한 학업성취도 • 적극적인 동아리 • 활동학교 내 상담시스템 이용 • 멘토, 멘티 제도 • 유용한 교육자료	• 정신건강 교육서비스 • 지역사회 네트워크 • 전문가 활용 용이성 • 자살예방 관련 법과 제도 구비 • 위기관리 기관의 접근 용이성 • 위험물질의 철저한 관리 • 건전한 놀이문화 공간

출처: 서울시정신건강복지센터(2011: 6-7).

5. 청소년 자살 위험성 사정

이 절에서는 미국 국립정신건강연구소(National Institute of Mental Health [NIMH], n.d.)에서 개발하고 보급한 외래 환자(outpatient) 대상 자살 위험성 선별 검사 도구(Ask Suicide-Screening Questions Tool [ASQ])를 소개하고자 한다.[4] 이 도구는 8세부터 24세 청소년에게 사용할 수 있으며, 매우 짧은 시간에 자살 위험성을 점검할 수 있다. 환자가 1~4번까지 모든 질문에 '아니요'라고 응답했을 경우, 검사가 완료되며 개입이 필요하지 않다. 그러나 검사결과가 음성으로 나왔다 하더라도 임상적인 판단에 의해 후속 조치를 취할 수 있다. 이 도구에 제시된 네 개의 질문 중 응답자가 한 가지라도 '예'라고 답변했거나 응답을 거부했을 경우, 양성(positive)으로 간주된다. 이 경우 급성(acute) 여부를 평가하기 위해 5번 질문(당신은 지금 자살을 생각하고 있습니까?)을 하게 된다. 5번 질문에 '아니요'라고 응답한 경우 비민감성 양성(잠재적 위험)으로 분류되나 정신건강평가가 필요한지 여부를 결정하기 위해 간략 자살 안전 평가(Brief Suicide Safety Assessment)가 필요하다. 여기에 해당되는 사람은 안전 평가가 완료되기 전에 검사 장소를 떠날 수 없으며, 검사자는 치료를 담당하고 있는 의사 또는 임상의에게 피검사자가 위험한 상태에 있음을 알려야 한다.

---

4) NIMH Toolkit: Youth outpatient. Brief suicide safety assessment. 미국 국립정신건강연구소(NIMH)는 외래 환자용 자살 위험성 선별 검사 도구(ASQ) 외에도 입원환자 및 응급실 환자용 선별 검사 도구를 보급하였다.

〈자살 위험성 점검 도구(Suicide Risk Screening Tool)〉

1. 지난 몇 주 동안 죽고 싶다는 생각을 한 적이 있습니까? □ 예 □ 아니요
2. 지난 몇 주 동안 내가 죽어 없어지는 것이 자신이나 가족에게 더 잘된 것이라고 느낀 적이 있습니까? □ 예 □ 아니요
3. 지난 주 자살에 대해 생각한 적이 있습니까? □ 예 □ 아니요
4. 당신은 자살을 시도한 적이 있습니까? □ 예 □ 아니요
   ('예'라고 응답할 경우) "어떻게 시도했습니까?"라고 묻고, 이어 "언제 시도했습니까?"라고 묻는다.
5. (☞ 위의 질문 중 하나라도 '예'라고 응답한 경우 다음 질문을 한다). 당신은 지금 자살을 생각하고 있습니까? □ 예 □ 아니요
   ('예'라고 응답한 경우) 구체적으로 설명해 줄 것을 요청한다.

미국 국립정신건강연구소(NIMH, n.d.)는 간략 자살 안전 평가(Brief Suicide Safety Assessment)를 수행하는 방식을 아래와 같이 안내하고 있다.

〈간략 자살 안전 평가 수행방법〉

◆ 1단계: 칭찬한다.

자살 위험성 선별 검사에서 이야기하기 어려운 것을 말해준 것을 칭찬한다.

◆ 2단계: 사정한다.

아래 제시된 질문을 사용하여 환자의 상태를 사정한다.

○ 자살생각의 빈도(frequency of suicidal thoughts): 가능하다면 단독으로 환자를 평가한다. 빈도 사정 시 아래 질문을 사용한다.

- 지난 몇 주 동안 목숨을 끊는 것에 대해 생각해본 적이 있습니까?
- ('그렇다'로 대답한 경우) 그런 생각이 얼마나 자주 들었습니까?

• 언제 이러한 생각을 마지막으로 했습니까?

지금 자살사고가 있는지 묻고, '있다'고 응답할 경우, 정신건강 평가가 긴급하게 요구되며 환자를 혼자 남겨 두어서는 안 된다. 긍정적인 반응은 위기가 임박했음을 나타낸다.

○ <u>자살계획(suicide plan)</u>: 아래 질문을 사용한다.

• 자살할 계획이 있습니까?
• ('그렇다'로 대답한 경우) 그 계획에 대해 설명해 주시겠습니까?

세부 계획을 갖고 있거나, 실행 가능한 계획(예: 다량의 약품 수집, 자살 방법 검색 등)을 위해 노력한 흔적이 있는 환자는 고위험군으로 간주된다.

○ <u>과거 행동(past behavior)</u>: 아래 질문을 사용하여 과거에 시도한 자해행위나 자살시도를 사정한다.

• 과거에 어떠한 방식으로든 자해 또는 자살을 시도한 적이 있습니까?
• ('그렇다'로 대답한 경우) 언제, 어떻게, 왜 자해 또는 자살을 시도하였습니까?
• 이전에 의학 또는 정신의학과 치료를 받은 적이 있습니까?

○ <u>증상(symptoms)</u>: 각 증상을 사정하기 위해 아래 제시된 질문을 사용한다.

• 우울(depression): 지난 몇 주 동안 당신이 좋아하는 것들을 하지 못할 만큼 슬펐거나 우울했던 적이 있습니까?
• 불안(anxiety): 지난 몇 주 동안 원하는 행동을 수행하지 못할 만큼 혹은 초조하고 예민한 상태가 지속될 만큼 불안했던 적이 있습니까?
• 충동성/무모함(impulsivity/recklessness): 당신은 자주 생각 없이 행동하는 편입니까?
• 절망감(hopelessness): 지난 몇 주 동안 상황이 더 나아지지 않는 것처럼 절망적인 느낌을 받은 적이 있습니까?
• 쾌감상실(anhedonia): 지난 몇 주 동안 평상시 당신을 행복하게 만들어 준 것들을 더 이상 즐길 수 없다고 느낀 적이 있습니까?
• 고립(isolation): 평소보다 다른 사람들과 어울리지 않고 혼자 있는 시간이 많았습니까?
• 짜증(irritability): 지난 몇 주 동안 평소보다 짜증이 많이 났거나 기분이 언짢았습니까?
• 물질 및 알코올 사용(substance and alcohol use):
  ▷지난 몇 주 동안 약물 또는 알코올을 사용한 적이 있습니까?

▷('그렇다'로 대답한 경우) 사용한 종류는 무엇이고, 어느 정도 사용했습니까?

- 수면 패턴(sleeping pattern): 지난 몇 주 동안 잠이 들지 못했거나 한밤중 또는 평소보다 이른 아침에 깬 적이 있습니까?
- 식욕(appetite): 지난 몇 주 동안 식욕의 변화가 있었습니까? 평소보다 더 배고프거나 덜 배고픈 적이 있었습니까?
- 기타 우려 사항(other concerns): 최근 들어 당신의 사고방식이나 기분에 우려할 만한 변화를 느낀 적이 있습니까?

○ 사회적 지지 및 스트레스 요인(social support & stressors): 사회적 지지와 스트레스 요인을 평가하기 위해 지원망, 가족 상황, 학교 기능, 집단 괴롭힘, 자살 전염(모방자살), 살아야 하는 이유를 묻고 각 질문에 '예'라고 응답한 경우 이에 대해 상세히 설명하도록 요청한다.

- 지원망(support network):

▷당신과 편안하게 대화할 수 있는 믿을 만한 사람이 있습니까? 누구입니까?

▷상담사(치료사)를 찾아간 적이 있습니까?

▷('그렇다'로 대답한 경우) 그 시기는 언제입니까?

삶에서 의지할 만한 어른이 있거나 치료사/상담사와 연결되어 있다면, 이들은 자살 위험성을 예방하는 보호 요인이 될 수 있다.

- 가족 상황(family situation): 가정에서 다루기 어려운 갈등이 있습니까?
- 학교 기능(school functioning): 학교에서 (학업적 또는 사회적) 압박이 너무 커서 더 이상 견딜 수 없다고 느낀 적이 있습니까?
- 집단 괴롭힘(bullying): 집단 괴롭힘을 당하고 있습니까?
- 자살 전염(suicide contagion): 자살했거나 자살을 시도한 사람을 알고 있습니까?
- 살아야 하는 이유(reasons for living): 당신이 살아가는 이유는 무엇입니까? 자살하지 않고 버틸 수 있는 이유는 무엇입니까?

◆ 3단계: 보호자(부모, 후견인)와 면담한다.

환자가 18세 이하일 경우 부모 또는 보호자 참여 동의를 환자로부터 얻어야 한다. 부모에게 아래와 같이 말하고 면담을 시작한다.

당신의 자녀와 이야기를 나눈 후 저는 아이의 안전에 대해 걱정이 되었습니다. 우리는 당신의 자녀가 터놓기 어려운 주제에 대해 말해 준 것을 고맙게 생각합니다. 이제 이에 대한 당신의 의견을 듣고 싶습니다.

- (자살 위험성 선별 검사 도구에서 나온 양성 반응을 참고하여) 당신의 자녀가 ......라고 말했습니다. 이에 대해 자녀가 당신에게 말한 적이 있나요?
- 당신이 알고 있기로 자녀는 자살 생각이나 행동의 이력이 있습니까? 그렇다면, 이에 대해 설명해 주세요.
- 자녀가 어떻게 보입니까? 해당 항목에 표시해 주세요.

  □ 슬프거나 우울함

  □ 불안

  □ 충동적

  □ 무모함

  □ 절망적

  □ 짜증

  □ 평소 즐겨 했던 것들을 즐기지 못함

  □ 친구들과 어울리지 않거나 혼자 지냄

- 자녀가 수면 패턴에 변화를 보였습니까? □ 예 □ 아니요
- 자녀가 식욕에 변화를 보였습니까? □ 예 □ 아니요
- 자녀가 마약이나 알코올을 사용합니까? □ 예 □ 아니요
- 당신의 가족/친한 친구 중 자살을 시도한 사람이 있습니까? □ 예 □ 아니요
- 잠재적으로 위험한 물품들(총기, 약물, 극독물 등)이 집에 어떻게 보관되어 있습니까? □ 예 □ 아니요
- 자신의 이야기를 믿고 말할 수 있는 어른이 자녀에게 있습니까? □ 예 □ 아니요

(청소년들은 흔히 부모가 아닌 다른 성인과의 대화를 더 편하게 여긴다는 것을 부모에게 말해 준다)

- 자녀가 집에서 (자기 자신을 해치지 않고) 안전하게 있을 수 있다고 생각합니까? □ 예 □ 아니요

인터뷰를 마무리하면서 개별적으로 하고 싶은 말이 있는지 부모에게 물어본다.

◆ **4단계: 환자와 함께 안전계획을 수립한다.**

향후 자살로부터 환자를 지키기 위해 안전계획을 수립한다. 가능하다면 보호자(부모, 배우자 등)와 함께 참여하는 것이 좋다. 안전계획은 안전서약서(safety contract)를 작성하는 것과는 차원이 다르다. 단순히 환자에게 안전서약을 요구하는 것은 효과적이지 않으며, 위험하거나 잘못된 경계심을 줄 수 있다. 안전계획을 수립할 때 아래와 같이 환자에게 안내한다.

> 우리가 최우선적으로 생각하는 것은 당신의 안전을 지키는 일입니다. 자살사고로부터 스스로를 지킬 수 있도록 함께 안전계획을 작성해 봅시다.
> 〈예〉
> ✓ 나는 죽고 싶은 생각이 들 때 부모님, 코치, 선생님께 말할 것이다.
> ✓ 나는 죽고 싶은 생각이 들 때 핫라인에 도움을 요청할 것이다.
> ✓ 나는 죽고 싶은 생각이 들 때 ___________에게 전화를 할 것이다.

- 스트레스를 관리하기 위한 대처전략에 대해 토론한다(예: 일기 쓰기, 머리 식히기, 운동, 자기 진정 기법 등)
- 위험한 도구를 제한하는 것에 대해 토론한다(치명적 도구를 치우기).
  - ▷잠정적으로 위험한 물건(총기, 약물, 노끈 등)은 어떻게 보관하겠습니까?
  - ▷(또는) 이것들을 어떻게 치우겠습니까?
- 안전에 대해 질문한다.
  - ▷당신을 안전하게 지키기 위해 도움이 필요하다고 생각합니까?
  - ▷'아니요'라는 응답이 환자가 안전하다는 것을 의미하지 않는다. '예'라고 대답하면 안전을 보장하기 위해 즉각적인 조치가 필요하다.

◆ **5단계: 향후 조치에 대해 결정한다.**

환자의 상태에 따라 다음과 같은 결정을 내릴 수 있다.

○ <u>응급 정신의학 평가</u>: 즉각적인 자살위험을 보일 때 광범위한 정신건강평가를 위해 응급부서(emergency)로 환자 배치(환자의 정신건강 서비스 제공자와의 접촉이 가능하지 않고, 안전계획이 수립되지 않았을 경우).

○ <u>위험에 대한 추가 평가</u>: 안전계획을 검토하고, 가능한 한 빨리(72시간 내) 정신건강 서비스를 받을 수 있도록 의뢰

○ 非 긴급 정신건강 사후관리(follow-up): 안전계획을 검토하고 정신건강기관에 의뢰

○ 더 이상의 개입이 필요하지 않음

◆ **6단계: 자원을 제공한다.**

주 7일 24시간 서비스 가능한 전화번호를 제공한다.

6. 청소년 자살에 대한 개입

자살은 개인, 가족, 지역사회에 영구적으로 유해한 영향을 미치는 공공건강 문제(public health issues)이며 자살로부터 청소년을 보호하기 위해서는 포괄적인 접근이 필요하다. 자살예방의 목적은 위험요인을 줄이고, 회복탄력성(resilience)을 향상시킬 수 있는 요인을 증가하는 것이다(CDC, 2021). 청소년 자살예방을 위한 접근은 일반교육에서부터 사후중재에 이르기까지 매우 다양하나 이 절에서는 청소년 자살예방 프로그램을 예방(prevention), 개입(intervention), 사후개입(postvention)로 분류하여 살펴보고자 한다.

1) 예방

예방 프로그램은 비극적이고 비용이 많이 드는 자살의 문제를 선제적으로 해결하기 위한 기본 프로그램이다. 그동안 많은 국가에서 청소년들의 자살을 예방하기 위해 인프라를 구축해 왔으며, 예방 프로그램의 효과를 검증하기 위해 끊임없이 노력해 왔다. 국내외적으로 널리 알려진 예방 프로그램을 살펴보면 다음과 같다.

(1) 일반 자살교육

일반 학생들을 대상으로 운영되는 일반 자살교육 프로그램은 자살에 대한 이해를 높이고 자살의 경고 사인(warning signs) 및 자신이나 다른 사람을 위해 도움을 구하는 방법을 알리는 데 목적이 있다. 더 나아가 이 프로그램은 이용 가능한 지역사회 자원, 문제해결 기술, 스트레스 관리 기술, 의사소통 기술 향상 등에 초점을 두고 있으며, 자존감 및 사회적 역량 개발 활동을 아우른다(CDC, 1992).

(2) 학교 기반 지킴이 교육

학교 기반 지킴이 교육은 학교 교직원(예: 교사, 상담사, 코치 등)을 대상으로 자살위험이 있는 학생을 식별하고, 이들을 적절한 기관에 의뢰할 수 있도록 훈련시키기 위해 개발된 프로그램이다. 이 교육은 통상 포괄적인 자살예방 프로그램의 일환으로 운영된다. 미국에서 운영되고 있는 중 · 고등학생을 위한 대표적인 지킴이 교육으로 At-Risk for Middle School Educators, At-Risk for High School Educators, Lifelines Intervention 등을 들 수 있다. At-Risk for Middle School Educators는 중학교 교사와 직원을 위한 프로그램으로 심리적 고통을 경험하는 학생을 식별하고, 학생들의 관심사에 대해 이야기를 나누고, 위험에 처한 학생을 지역사회 기관에 의뢰하기 위한 지식을 증진하는데 그 목적이 있다. 고등학교 교사를 위한 At-Risk for High School Educators는 심리적 고통을 경험하는 학생을 식별하고, 학생의 관심에 접근하는 방법을 교육하며, 학교지원서비스 연계에 초점을 두고 실행된다. Lifelines Intervention은 고등학교 자원서비스 담당 직원을 대상으로 학생과의 인터뷰 과정을 안내하고, 자살위험을 평가하는 방법, 자살 위험 학생을 돕는 방법 등을 교육한다(채수미 외, 2019: 136-137).

(3) 지역사회 기반 지킴이 훈련

지역사회 기반 지킴이 훈련 프로그램은 청소년을 자주 접하는 지역사회 주민(예: 종교인, 경찰, 상인 등)과 의료서비스 제공자(예: 의사, 간호사 등)를 대상으로 자살위험에 처한 청소년을 발견하고 적절한 기관에 이들을 의뢰할 수 있도록 훈련하기 위해 마련된 프로그램이다(Asarnow, Fogelson, Fitzpatrick, & Hughes, 2018). 지역사회 기반 지킴이 프로그램의 예로 Garret Lee Smith Memorial Youth Success Prevention Program[5]을 들 수 있는데, 이 프로그램의 핵심은 교사 등 청소년과 접촉이 잦은 사람들을 대상으로 자살위험이 있는 청소년을 식별하고 지킴이(gatekeeper)로서 상황에 적절히 대응할 수 있도록 교육을 제공하는 것이다(Goldston et al., 2010). 또한 이 프로그램은 지킴이 교육을 포함한 훈련 프로그램, 선별 활동, 서비스 연계 개선을 위한 인프라, 위기 핫라인, 지역사회 파트너십 등 다양한 내용으로 구성되어 있다. 한 연구에 의하면 이 프로그램을 운영하고 있는 지역(county)의 데이터와 그렇지 않은 지역(county)의 데이터를 비교한 결과, 전자의 자살 사망률이 유의하게 낮았다(Asarnow, Fogelson, Fitzpatrick, & Hughes, 2018).

이 외에도 지역사회 기반 지킴이 프로그램으로 Let's Talk Gatekeeper Training을 들 수 있는데 이 프로그램은 자녀를 둔 위탁부모 및 아동을 돌보는 성인들을 대상으로 운영된다. 교육 시간은 2시간이며, 자원목록, 위험요소 검사 목록, 자살위험과 대응에 관한 소책자, 팩트 시트(fact sheet) 등 갖가지 유인물을 참여자들에게 제공한다. 교육 내용은 자살에 대한 신화(myths)와 사실, 자살 위험요인 및 보호요인, 자살 경고, 위험에 처한 청소년과 자살에 대해 소통하는 방법, 위험 수단 제한 방법, 우울증, 자살 위기의 대응방법

---

5) 미국은 2004년 아동과 청소년에 대한 자살 조기 개입과 예방을 위해 Garrett Lee Smith Memorial Act(2004)을 제정하였다(채수미 외, 2018). 이 법에 기반한 Garret Lee Smith Memorial Youth Success Prevention Program은 미국 전역에 걸쳐 지역사회에 기반을 둔 자살예방 프로그램에 자금을 지원해 왔다.

등으로 구성되어 있다(Suicide Prevention Resource Center, 2010).

(4) 또래 지지 프로그램

학교나 지역사회에 기반한 또래 지지 프로그램은 위험에 처한 청소년의 대처능력을 향상하고, 이들에게 지지를 제공할 수 있는 또래관계와 연결망을 형성하는 것을 목표로 한다. 또래 지지 프로그램은 학교 내·외부에서 시행될 수 있고, 고위험 청소년의 동료관계와 사회적 기술 역량을 강화하도록 설계되었다. 이 프로그램은 또래 내 사회적 네트워크의 힘을 활용하여 건강에 해로운 규범과 문화를 변화시켜 궁극적으로 자살, 괴롭힘 및 약물 남용을 방지하도록 설계되었다. 또래 내에서 개인적 및 집합적 리더십의 긍정적 영향을 강조한 청소년 자살 예방 프로그램인 Sources of Strength[6]는 청소년들의 자살을 감소시키고, 자살과 관련된 보호요인을 강화하기 위해 또래의 역할 및 관계를 적극적으로 활용한다.

(5) 위기센터와 핫라인

위기센터와 핫라인은 자살생각을 하는 사람들이 쉽게 접근할 수 있도록 24시간 상담전화를 설치하고 도움을 요청한 사람들에게 즉각적인 서비스를 제공하는 프로그램이다. 청소년들도 위기센터와 핫라인에 대한 선호도가 높은 것으로 알려져 있다. 이 센터들은 전화상담 외에도 드롭 인 위기 센터('drop-in' crisis center)[7]를 운영하기도 하며 정신건강서비스 기관과 연계하여 자살 고위험자를 의뢰할 수 있는 체계 또한 갖추고 있다(CDC, 1992).

---

6) https://sourcesofstrength.org/peer-leaders/

7) 예약 없이 방문해도 곧바로 서비스를 받을 수 있는 센터

2) 개입

(1) 선별 프로그램

선별 프로그램(screening programs)은 고위험 청소년을 식별하고 추가 평가와 치료를 제공하기 위한 목적으로 운영된다. 선별 도구는 시간의 경과에 따른 태도나 행동의 변화를 측정하고, 예방 전략의 효과를 검증하며, 잠재적인 자살행동을 탐지하는 데 사용될 수 있다. 또한 평가자는 검사를 통해 발견한 고위험 학생들을 학교나 외부의 전문상담가에게 의뢰하게 된다.

선별 프로그램의 예로 서울특별시교육청의 자살 고위험군 학생 발굴 및 집중관리 프로그램을 살펴보면 [그림 9-5]와 같다.[8] 1차 검사 및 학교상담을 통해 개입이 필요한 학생을 파악하고 위험수준에 따라 학생들을 일반관리군,

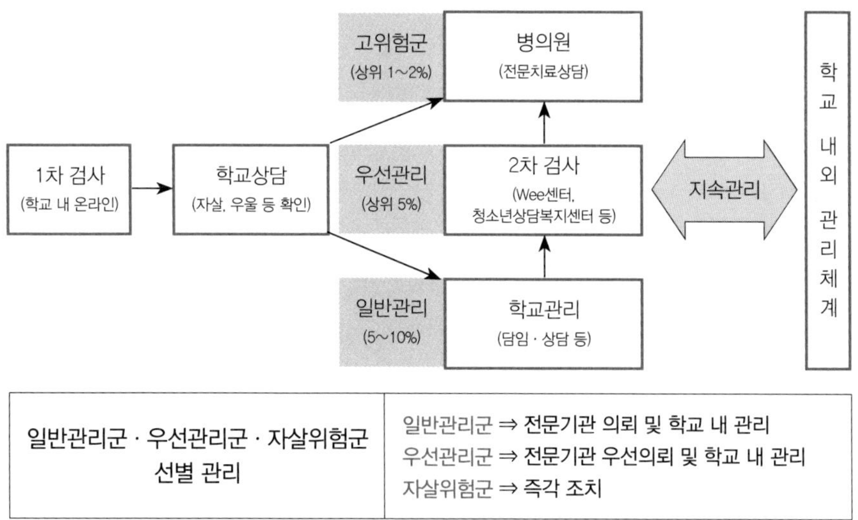

[그림 9-5] 학생 위험수준별 관리체계

출처: 서울특별시교육청(2021: 8).

---

8) 자살 고위험군 학생 발굴 및 집중관리 프로그램은 서울특별시교육청의 '서울학생 생명존중 프로젝트'의 일환으로 설계되었다.

우선관리군, 고위험군(자살위험군)으로 분류한다. 일반관리군은 전문기관 관리 및 학교 내 관리를 받게 되며, 우선관리군은 전문기관 '우선'의뢰 및 학교 내 관리를 받게 된다. 고위험군은 전문치료 상담을 위해 병의원으로 즉각적으로 의뢰된다(서울특별시교육청, 2021: 8)

한편, 서울특별시교육청(2021)의 서울학생 생명존중 프로젝트는 다음과 같이 학생 자살 징후 체크리스트를 사용하고 있다. 최근 3개월 이내에 3개 이상의 체크리스트 항목에서 변화된 모습을 보이는 학생이 있다면 교내 담당교사에게 연계하여 학교상담을 실시하고 있다.

〈학생 자살 징후 체크리스트〉

☐ 평소와 달리 숙제를 잘 안 해온다.

☐ 수업시간에 자주 졸거나 딴 생각을 하는 것처럼 보인다.

☐ 성적이 많이 떨어졌다.

☐ 무단 지각, 조퇴, 결석이 많다.

☐ 친구들과 어울리지 않고 혼자 있는 시간이 많다.

☐ 표정이 어둡고 울적해 보인다.

☐ 갑자기 살이 너무 빠져 보이거나 쪄 보인다.

☐ 위생 및 청결상태가 좋지 않다.

☐ 학교에서 문제행동을 일으키거나 비행행동을 한다.

☐ 최근 가정 문제(부모 이혼, 사별, 경제적 문제 등) 또는 학교 문제(학교폭력, 따돌림)를 경험했다.

☐ 최근 친구, 지인 등의 자살 사망을 경험했다.*

☐ 일기, 노트, SNS 등에 슬픈(죽음 관련) 내용의 글을 작성하였다.*

☐ '죽고 싶다', '내가 이 세상에 없다면...' 등 자살과 관련된 말을 한다.*

☐ 자해, 자살시도 경험이 있다.*

*해당 항목이 1개일지라도 담당교사에게 연계함.

출처: 서울특별시교육청(2021: 30).

(2) 약물치료 및 심리치료

앞서 설명했듯이 자살을 시도한 청소년들의 상당수가 정신적인 어려움을 갖고 있으며(Burke, Buchanan, Amira, Yershova, & Posner, 2014; Im, Oh, & Suk, 2017), 자살로 사망한 청소년의 대부분이 최소 1개 이상의 정신질환을 가지고 있는 것으로 알려져 있다.[9] 특히 우울증은 청소년 자살과 매우 밀접한 연관이 있는 요인으로 여러 연구에서 반복적으로 밝혀졌다(American Academy of Child and Adolescent Psychiatry, 2018; Pekconen & Mattunene, 2003). 때문에, 미국 아동청소년정신의학회는 우울증이 심한 청소년에게 효과가 입증된 약물치료와 심리치료를 받을 것을 권고하고 있다. 심리치료(psychotherapy)는 청소년의 자살생각과 행동에 적절한 일차적인 치료로 알려져 있으며, 통합인지행동치료, 다중체계치료 등은 청소년의 자살행동을 낮추는 데 강력한 효과가 있는 것으로 입증되었다(Burke, Buchanan, Amira, Yershova, & Posner, 2014). 또한 최근 발표된 한 임상 실험에서는 변증법적 행동치료(dialectical behavior therapy)가 청소년의 자살시도와 자살행동을 감소시킬 수 있다는 것이 확인되기도 하였다(National Institute of Mental Health, 2018). 한편, 자살을 반복적으로 시도한 청소년을 대상으로 이루어진 연구에 의하면 인지치료, 집단치료, 대인관계치료 등이 자살 재시도를 예방하는 데 효과가 있는 것으로 밝혀졌다(Wood et al, 2001).

3) 사후개입

자살의 여파로 인해 학생 및 학교공동체에 속한 사람들은 감정적으로 압도당할 수 있다. 자살 사건이 발생한 학교는 본연의 기능을 수행하기 어렵

---

9) 자살위험이 높은 청소년들이 흔히 경험하는 정신장애 및 행동정서적인 어려움으로 우울증, 조울증, 약물 남용, 불안, 외상 스트레스, 경계선 성격장애 등을 들 수 있다.

고, 학교 구성원들은 장기적인 스트레스로 고통받게 되며, 자살 전염(suicide contagion)의 위기에 놓일 수 있다(American Foundation for Suicide Prevention, & Suicide Prevention Resource Center, 2018). 사후개입(postvention)은 자살 사망자 주변에 남겨진 사람들의 외상적 고통을 감소하고, 애도과정 동안 이들이 겪을 수 있는 심리적 또는 신체적 어려움을 줄이기 위한 목적으로 실행된다(김형수, 2019).

학교기반 사후개입 프로그램은 자살로 인해 생명을 잃은 학생의 가까운 친구들을 위한 지지적 상담(supportive counselling), 전체 학교를 대상으로 하는 심리적 경험 보고(psychological debriefing), 학교관계자를 위한 위기/지킴이 훈련(crisis/gatekeeper training)을 제공한다(Szumilas & Kutcherfor, 2010). 무엇보다도 학생들을 지원하는 학교의 접근은 해당 학생들의 욕구에 따라 다른 수준의 자원을 제공할 때 가장 효과적이다. 예컨대, 보통의 대다수 학생들을 위해서는 평상시보다 지원을 강화해야 하며, 심층적인 지원이 필요한 학생들에게는 소규모로 만날 수 있는 기회가 주어져야 한다(American Foundation for Suicide Prevention, & Suicide Prevention Resource Center, 2018). 또한 효과적인 사후개입을 위해서 학교는 자살위험이 있는 학생을 지원하기 위한 프로토콜과 자살에 대응하기 위한 프로토콜을 반드시 갖추고 있어야 한다(Substance Abuse and Mental Health Services Administration, 2012).

토론문제

1. 주변에서 쉽게 접할 수 있는 청소년 자살을 둘러싼 오해와 진실에 대해 토론하시오.
2. 자살위험이 높은 청소년을 상담할 때 예상되는 어려움과 이를 극복하기 위해 실천가에게 요구되는 지식, 기술, 태도는 무엇인가?
3. 자살 생존자(suicide survivors)를 대상으로 사후개입을 할 때 예상되는 어려운 점이나 필요한 사항에 대해 토론하시오.
4. 사회환경적인 자살 위험요인을 제시하고, 이를 제거할 수 있는 방안에 대해 생각해 보시오.

참고문헌

교육부, 보건복지부, 질병관리청(2020). **제16차(2020년) 청소년건강행태조사 통계**.

구혜영(2013). **청소년복지론**. 신정.

국회입법조사처(2021). **아동청소년의 정신건강 현황, 지원제도 및 개선방향**.

김지민, 현민경, 최성미, 우종민, 김경미(2016). 청소년 자살 위험요인 파악을 위한 국내 문헌 고찰. **근거와 가치**, 3, 32-39.

김형수(2019). 청소년의 자살 위기 경로 및 위험요인의 영향. **상담학연구**, 20(5), 273-288.

박정란, 서홍란, 장수한(2014). **청소년복지론**. 양서원.

배주미, 이승연, 김은영(2010). **청소년자살 사후개입 매뉴얼 개발: 학교 장면에서의 개입을 중심으로**. 한국청소년상담원.

서미, 김은하, 이태영, 김지혜(2018). **고위기 청소년 정신건강 상담개입 매뉴얼: 자살 · 자해편**. 한국청소년상담복지개발원.

서울시정신건강복지센터(2011). **희망의 토닥임 PROTOCOL: 학교기반 자살 사후중재 프로그램**.

서울특별시교육청(2021). **서울학생 생명존중 프로젝트: 학생 자살 예방 계획.**

안영신, 송현주(2017). 청소년의 비자살적 자해행동에 관한 연구. **정서·행동장애연구, 33**(4), 257-281.

오승근(2006). **청소년의 자살태도, 자살위험성 및 생명존중교육 참여 요구와의 관계.** 미간행 고려대학교 대학원 박사학위논문

이현정, 김장회(2020). 청소년의 자해 행동 관련 변인에 관한 메타분석. **교육치료연구, 12**(3), 351-377.

전영주(2010). 자살위기청소년. 홍봉선 편, **청소년문제론: 위기청소년의 이해와 지원방안**(pp. 169-202). 공동체.

조성연, 유진이, 박은미, 정철상, 도미향, 길은배(2016). **최신 청소년복지론.** 창지사.

지승희, 김명식, 오승근, 김은영, 이상석(2008). **청소년자살 예방프로그램 및 개입방안 개발.** 한국청소년상담원.

채수미, 최지희, 차미란, 김혜윤, 권영대, 우경숙, 최재영(2019). **자살 고위험군 조기발견을 위한 전략.** 한국보건사회연구원.

최인재, 모상현, 강지현, 김윤희, 이재연(2011). **아동·청소년 정신건강 증진을 위한 지원방안 연구: 총괄보고서.** 한국청소년정책연구원.

최진영, 유비, 김기현, 최윤선, 함혜욱(2020). 청소년 자살위험의 유형화와 심리사회적 특성연구. **사회복지연구, 51**(2), 57-96.

통계청, 여성가족부(2021). **2021 청소년 통계**(보도자료, 2021. 5. 24 배포).

한국청소년상담복지개발원(2019). 청소년자해, '죽음'이 아닌 '살기위한' SOS!! **청소년상담 이슈페이퍼, 2**, 1-14.

홍강의(2008). 소아·청소년의 자살. 한국자살예방협회 편, **자살의 이해와 예방**(pp. 359-380). 학지사.

홍명숙(2017). 청소년 자살생각의 영향요인에 관한 연구. **정책개발연구, 17**(1), 63-98.

American Academy of Child and Adolescent Psychiatry. (2018). *Suicide in children and teens*. https://www.aacap.org/AACAP/Families_and_Youth/Facts_for_Families/FFF-Guide/Teen-Suicide-010.aspx

American Foundation for Suicide Prevention & Suicide Prevention Resource Center.

(2018). *After a suicide: A toolkit for schools* (2nd ed.). Education Development Center.

American Psychological Association (2008). *Teen suicide is preventable*. https://www.apa.org/research/action/suicide

Asarnow, J. R., Fogelson, D., Fitzpatrick, O., & Hughes, J. (2018). Child and adolescent suicide and self harm: Treatment and prevention. *Psychiatric Times, 35*(12). 9-11.

Ati, N. A. L., Paraswati, M. D., & Windarwt, H. D. (2020). What are the risk factors and protective factors of suicidal behavior in adolescents? A systematic review. *Journal of Child and Adolescent Psychiatric Nursing. 34*, 7-18. doi: 10.1111/jcap.12295.

Bilsen, J. (2018). Suicide and youth: Risk factors. *Frontiers in Psychiatry, 9*(540). doi: 10.3389/fpsyt.2018.00540

Bridge, J. A, Goldstein, T. R., & Brent. D. A. (2006). Adolescent suicide and suicidal behavior. *Journal of Child Psychology and Psychiatry. 47*, 372-394.

Burke, T., Buchanan, J., Amira, L. Yershova, K., & Posner, C. K. (2014). The Treatment of Pediatric Suicidal Behavior. *Curr Treatment Options in Psychiatry, 1*, 66-83. https://doi.org/10.1007/s40501-014-0008-3

Center for Disease Control and Prevention. (1992). *Youth suicide prevention programs: A resource guide*. https://wonder.cdc.gov/wonder/prevguid/p0000024/p0000024.asp#head003003000000000

Centers for Disease Control and Prevention. (2020). *Risk and protective factors*. https://www.cdc.gov/suicide/factors/index.html

Centers for Disease Control and Prevention. (2021). *Suicide prevention*. https://www.cdc.gov/suicide/index.html

Crowe, J. (2020). Reviewing suicide prevention skills. *Social Work Today*. https://www.socialworktoday.com/news/enews_1016_1.shtml

Cobb, N. J. (1995). *Adolescence: Continuity, change, and diversity* (2nd ed.). Mountain View, CA: Mayfield Publishing Company.

Fremouw, W. J., Perczel, M., & Ellis, T. E. (1990). *Suicide risk: Assessment and response guideline*. Pergamon Press.

Goldston, D. B., Walrath, C. M., McKeon, R., Puddy, R. W., Lubell, K. M., Potter, L. B., & Rodi, M. S. (2010). The Garrett Lee Smith Memorial Suicide Prevention Program. *Suicide Life Treat Behavior, 40*(3), 245 -256.

Haas, A. P., Eliason, M., Mays, V. M., Mathy, R. M., Cochran, S. D., D'Augelli, A. R. . . . Clayton, J. (2011). Suicide and suicide risk in lesbian, gay, bisexual, and transgender populations: Review and recommendations. *Journal of Homosexuality*, *58*(1), 10-51.

Hwaton, K., Saunders, K. E. A., & O'Connor, R. C. (2012). Self-harm and suicide in adolescents. *Lancet. 379,* 2373-2382. https://doi.org/10.1016/s0140-6736(12)60322-5

Im, Y., Oh, W.-O., & Suk, M. (2017). Risk Factors for suicide ideation among adolescents: Five-year national data analysis. *Archives of Psychiatric Nursing. 31*(3), 282-286. doi: 10.1016/j.apnu.2017.01.001

Kerfoot, M. (1996). Suicide and deliberate self-harm in children and adolescents: A research update. *Children & Society, 10*, 236-241.

Michel, K., & Gysin-Mailart, A. (2015). *ASSIP Attempted Suicide Short Intervention Program: A manual for clinicians*. Hogrefe Publishing.

Miller, D. N., & Eckert, T. L. (2009). Youth suicidal behavior: An introduction and overview. *School Psychology Review, 38*(2), 153-167. https://doi.org/10.1080/02796015.2009.12087829

National Institute of Mental Health. (2018). Therapy Reduces Risk in Suicidal Youth. https://www.nimh.nih.gov/news/science-news/2018/therapy-reduces-risk-in-suicidal-youth

National Institute of Mental Health, (n.d.). Youth ASQ Toolkit: Ask Suicide-Screening Questions. https://www.nimh.nih.gov/research/research-conducted-at-nimh/asq-toolkit-materials/youth-asq-toolkit#outpatient

Nazeer, A. (2016). Public health aspects of suicide in children and adolescents.

International Public Health Journal, 8(4), 427.

Pelkonen, M., & Marttunen, M. (2003). Child and adolescent suicide. *Pediatry Drugs, 5*(4). 243-265.

Simon, R. I. (2011). *Preventing patient suicide: Clinical assessment and management*. American Psychiatric Publishing.

Substance Abuse and Mental Health Services Administration. (2012). Preventing suicide: A toolkit for high schools(HHS Publication No. SMA-12-4669). Rockville, MD: Center for Mental Health Services.

Suicide Prevention Resource Center (2010). Let's talk gatekeeper training. https://www.sprc.org/resources-programs/lets-talk-gatekeeper-training

Suicide Prevention Resource Center (2020). Adolescents. https://www.sprc.org/states/north-dakota)

Szumilas, M., & Kutcherfor, Stan. (2010). Systematic review of suicide postvention programs. Nova Scotia Department of Health Promotion and Protection.

ten Have, M., de Graaf, R., van Dorsselaer, S., Verdurmen, J., van't Land, H., Vollebergh, W., & Beekman, A. (2009). Incidence and course of suicidal ideation and suicide attempts in the general population. *The Canadian Journal of Psychiatry, 54*(12), 824-833.

Wood, A., Trainor, G., Rothewell, J., Moore, A., & Harrington, R. (2001). Randomized trial of a group therapy for repeated deliberate self-harm in adolescent. *Journal of American Academic of Child and Adolescent Psychiatry*, *40*, 1246-1253.

World Health Organization (WHO). (2014). Preventing suicide: A global imperative. Geneva, Switzerland.

제10장

재난과 정신건강

우리나라는 한국전쟁을 비롯한 베트남전 참전 경험과 산업화, 도시화 이후 빈발한 대형 사건사고로서 1994년 성수대교 붕괴사고, 1995년 삼풍백화점 붕괴사고, 자연재해로 2002년 태풍 '루사', 2003년 태풍 '매미'까지 많은 재난을 겪어 왔다. 2003년 대구 지하철 방화사건, 2014년 세월호 침몰사고에 이어 2020년에는 코로나19 팬데믹이라는 전 세계적 재난으로 신체적, 정신적, 경제적 어려움을 경험하고 있다. 2021년 코로나19 국민정신건강실태조사 결과(보건복지부, 2021)에 따르면, 우울, 자살생각 증가 등 전반적인 정신건강지표가 악화된 것으로 나타났다. 우울 평균점수는 5.7점으로, 2018년 실시된 지역사회건강조사 결과인 2.3점에 비해 2배 이상 증가한 수치이며, 2021년 3월 자살생각 비율은 16.3%로 2018년 4.7%(2020 자살예방백서)에 비해 약 3.5배 높은 수준이고, 코로나 발생 초기인 2020년 3월 9.7%와 비교해도 매우 높은 수치로, 지속적으로 증가하고 있는 추세임을 알 수 있다. 이렇듯 재난은 사람들의 정신건강에 큰 변화를 가져와 어려움을 유발할 수 있으므로 재난에서 비롯되는 정신건강의 이슈를 이해하고 이에 대비할 수 있는 방안을 마련하고 준비하는 것이 필요하다. 따라서 이 장에서는 재난의 개념과 유형에 대해 살펴보고, 재난으로 인한 정신건강 이슈로는 어떤 것이 있는지, 재난 관련 정신건강 이슈를 지원할 수 있는 방안으로는 어떤 것이 있는지 살펴보고자 한다.

1. 재난에 대한 이해

1) 재난의 개념

재난(災難)은 사전적으로 '뜻밖에 일어난 재앙과 고난' '뜻밖에 일어나는 불행한 일'이라고 정의되고 있다. 재난의 영어표기인 disaster의 어원은 라틴어에서 유래한 것으로, 'dis'는 어원상 '분리, 파괴' 'aster'는 'astrum, star'를 지칭해 '불길한 별'을 상징하며, 이는 '하늘에서 비롯된 것으로, 그런 일의 발생이 불운하거나 불행하고 인간의 통제를 벗어난 것'이라는 개념에 뿌리를 두고 있다(권호인 외 역, 2018; 임경수 외, 2009).

재난 관련 기구가 제시하고 있는 정의를 살펴보면 다음과 같다(재난정신건강위원회 편, 2015: 24). 유엔국제재해경감기구(United Nations International Strategy for Disaster Reduction: UNISDR)는 재난을 '갑작스러운 지역사회의 기본 조직과 정상 기능을 파괴시키는 불행한 사건으로 인해 일상적인 능력으로 처리할 수 없는 피해를 입고 생명, 재산, 경제, 생활시설, 주거환경 등에서 외부 도움 없이는 극복할 수 없는 상태'라고 하였다. 또한 재난의 강도와 영향력의 범위를 기준으로 언급하기도 하였는데, '10명 이상의 사망사고' '100명 이상의 피해자가 발생한 경우' '정부에 의해 긴급 구호 상태가 필요하다고 선언된 경우' '국가가 국제사회의 도움을 신청한 경우' 중 적어도 하나를 만족하면, UNISDR 데이터베이스에 기록할 만한 정도의 재난이 발생한 것으로 간주한다. 세계보건기구(WHO)에서도 '심각한 파괴로 인하여 피해지역은 생태학적으로나 사회심리학적으로 자신의 대처능력을 초과한 상태'라고 하였다. 2004년 제정된 우리나라 「재난 및 안전관리기본법」에 드러난 법률적 정의는 '국민의 생명, 신체, 재산과 국가에 피해를 주거나 줄 수 있는 것'으로 제시되고 있다.

이상을 종합하면, 재난은 예상할 수 없이 갑작스럽게 발생하며, 생명과 생활 터전에 심각한 물적 · 심리사회적 손실을 가져다주는 것으로, 외부의 도움 없이는 극복하기 어려운 상황을 말한다.

2) 재난의 유형

재난은 자연 현상으로 인해 발생하는 자연 재난과 인간에 의해 야기되는 인적 재난으로 구분할 수 있다.

(1) 자연 재난

세계보건기구에 따르면 자연 재난은 자연 현상으로 유발된 재앙을 말하며, 날씨와 관련된 재난, 지질학적 · 지형학적 재난, 생물학적 재난 상황으로 나뉜다. 날씨와 관련된 재난은 태풍, 허리케인, 토네이도, 사이클론, 홍수, 호우, 대설, 풍랑, 해일, 강풍, 가뭄과 기근 등이 있고, 지질학적 재난으로는 눈사태, 산사태가 있으며, 지형학적 재난으로는 지진, 화산폭발 등이 있다. 생물학적 재난은 유행병(황열, 콜레라, 뇌수막염 등), 병충해(메뚜기떼의 침범, 진디 같은 벌레에 의한 병충해) 등이 포함된다(재난정신건강위원회 편, 2015: 25).

우리나라 「재난 및 안전관리기본법」에서는 자연재난을 '태풍, 홍수, 호우, 강풍, 풍랑, 해일, 대설, 낙뢰, 가뭄, 지진, 황사, 조류 대발생, 조수, 그 밖에 이에 준하는 자연 현상으로 인하여 발생하는 재해'로 정의하였다.

(2) 인적 재난

인적 재난이란 인간에 의해서 야기된 재난을 의미하는데, 이는 의도성 재난(intentional disaster)과 비의도성 재난(nonintentional disaster)으로 구분할 수 있다. 의도성 재난은 전쟁이나 내란, 폭동, 테러 등과 같이 인간이 의도를 가지고 일으킨 재난을 의미하고, 비의도성 재난은 비행기 충돌, 선박 침몰, 기타 수송기관 사고나 다양한 산업현장에서 일어나는 사고와 피해, 대규모 화재, 빌딩 붕괴, 폭발사고, 환경오염 등 기술적 재난에 가까운 개념이라 할 수 있다(Butler et al., 2003; Ursano et al., 2007). 후쿠시마 원전 사고는 일차적으로는 쓰나미에 의한 자연재해이지만 이차적으로 방사능 유출에 의한 기술적 재난이라고 할 수 있다. 고도 기술사회에 발생하는 이러한 재난을 복합재난(complex disaster or emergency)이라고 한다(재난정신건강위원회 편, 2015: 26).

우리나라 「재난 및 안전관리 기본법」에서는 과거 '인위적 재난'을 '인적 재난'과 '사회 재난'으로 구분하여 정의하였지만, 최근 개정 내용에는 '사회 재난'으로 통합하였다. '사회 재난이란 화재, 붕괴, 폭발, 교통사고, 화생방사고, 환경오염 사고 등으로 인하여 발생하는 대통령령으로 정하는 규모 이상의 피해와 에너지, 통신, 교통, 금융, 의료, 수도 등 국가 기반 체계의 마비, 「감염병의 예방 및 관리에 관한 법률」에 따른 감염병 또는 「가축전염병 예방법」에 따른 가축 전염병의 확산 등으로 인한 피해'를 말한다. 여기서 감염병 피해 등은 다양한 국제기구에서는 자연 재난으로 분류하는 경우가 더 많아 우리의 법에서 정의하는 것과 차이가 있다.

인간에 의해 야기된 재난은 자연재해보다 심리적 고통이 더 크고 더 많은 증상을 유발하는 것으로 보고된다(Norris et al., 2002). 자연재해는 불가피한 것으로 받아들이는 경향이 있지만 인간에 의해 야기된 재난은 막을 수 있는 것으로 여겨져 더 큰 분노, 불신, 우울을 유발하는 경향이 있다.

2. 재난과 정신건강 이슈

1) 재난 후 신체 · 심리 · 행동적 반응

(1) 재난 후 일반적인 반응

재난에 노출된 이후 보일 수 있는 일반적 반응을 신체적 · 행동적 · 정서적 · 인지적 · 범주로 구분하여 살펴보면 〈표 10-1〉과 같다.

표 10-1 재난 이후 보일 수 있는 일반적인 반응

범주	반응 내용
신체적 반응	심계항진, 호흡곤란, 조바심 혹은 초조함, 빠르고 얕은 호흡, 소화불량, 구토감, 설사, 변비, 근육 긴장이나 통증, 피로, 두통, 수면장애, 체온 변화
행동적 반응	식습관의 변화, 사회적 철수와 고립, 재난을 상기시키는 것을 의도적으로 피하거나 재난을 상기시키는 것에 의도적으로 몰두하며 재난 주변에서 활동하는 것, 기분을 전환시킬 수 있는 알코올과 약물 사용의 증가, 타인에 대한 의존성과 요구 증가, 대인관계를 통제하려는 과도한 욕구, 성적 충동에서의 변화
정서적 반응	고통, 눈물을 글썽임, 정서성, 불안, 우울, 조바심, 과민성, 분노, 적대감, 격노, 상처받기 쉬움, 성급함, 공황
인지적 반응	걱정 혹은 반추, 집착(또는 몰두), 집중 곤란, 건망증과 평소에 하지 않는 실수를 함

출처: Halpern & Tramontin (2007); 권오인 외 역(2018: 121-122)의 본문 내용을 표 형태로 제시한 것임.

(2) 재난 후 시기별 반응(재난정신건강위원회 편, 2015: 111-116)

① 급성기(사고 후 3~7일 이내)

망연자실하여 판단력이나 현실감을 잃는 등 급성 스트레스 반응을 일으키기도 한다. 정신이 멍해지고 마비되는 증상이나 자신이 있는 곳과 사람들이 낯설게 느껴질 수 있다. 이런 상태는 자신을 보호하는 일종의 방어적 반응인데, 심한 외상적 충격에서 스스로를 보호하기 위해 '마치 나쁜 꿈을 꾸고 있는 것 같다'거나 극단적인 경우에는 '아무 일도 일어나지 않았다'고 보고하는 경우도 있다. 단기적으로는 이런 억압, 부정, 격리가 자연스럽고 필요한 반응이지만 사람에 따라서는 이것이 지속되기도 하며 재난 경험을 극복하는 데 방해가 되기도 한다.

② 아급성기(사고 후 1~3개월 이내)

- 불안, 공포반응: 외상 사건을 실감하게 되면 불안, 공포반응이 나타나는데, 이것은 정상적인 생물학적 반응이다. 사고가 났다는 사실에 대해 극도로 무서워하면서 불안해하고 또다시 사고를 당하지 않을까 두려워한다. 사건 장면이 자꾸 떠오르거나 악몽을 꾸기도 한다.
- 애도 반응과 우울: 외상 후 스트레스 장애 증상과 함께 애도 반응이 나타나는 시기이기도 하다. 동승했던 가족이나 친구, 친지의 죽음, 사고로 인한 신체의 손상, 자동차 및 재산의 손실, 사고로 인해 성취하지 못하게 될 일 등 대상 상실에 따른 반응으로 우울감과 애도 반응이 나타날 수 있다. 기분이 가라앉고 아무것도 하고 싶지 않으며 잠도 오지 않고 식욕도 없어진다. 앞날에 대해 부정적인 생각에 사로잡혀서 다시는 예전과 같은 생활을 할 수 없을 것이라는 비관적 생각을 하기도 한다.
- 죄책감: 생존자는 자신이 살아남은 것에 대한 실존적인 죄책감과 함께 재난 현장에서 했던 자신의 행동에 대해 죄책감을 느끼게 된다. 자녀를 잃고 자신만 살아난 사람이나 여러 사람 중에 자신만 살아난 사람은 죄책감을 더 크게 느낀다. 죄책감은 과도한 책임감이나 후회와 관련 있는 경우가 많다. 보통 자신이 하지 않은 행동에 대해 더 큰 죄책감을 느끼게 되는데 이는 내가 만일 어떻게 하기만 했더라면 상황이 달라졌을 것이

라고 생각하면서 자신의 책임에 대해 과대 해석하고 불필요하게 자책하기 때문이다.

- **불신과 고립감**: 재난피해자는 자신과 타인, 세상에 대해 지속적이고 비정상적인 부정적 믿음을 가지기도 하고 세상을 위험한 곳으로만 바라보기도 한다. 자신이나 타인을 극단적으로 부정적으로 보고 자신에게 심각한 문제가 있거나 타인은 아무도 믿을 수 없다고 생각하기도 한다. 자신의 느낌을 아무에게도 털어놓지 못하고 자신을 이해해 줄 사람이 없다고 느끼면서 타인들로부터 고립되거나 소외된 느낌을 받을 수 있다.
- **인지능력의 변화**: 발생한 외상 사건의 특정 부분이나 전체를 기억하지 못할 수도 있다. 외상 사건 직후 해리가 발생할 수 있는데, 해리는 의식, 기억, 주체성, 환경지각의 통합적인 기능이 붕괴하는 증상을 말한다. 시간이 굉장히 느리게 가는 듯 느껴지고, 사건의 순서가 혼동되는 등의 지각장애가 생길 수도 있다. 갑자기 발생한 충격적인 사고일수록 오인지 현상이 생기기 쉽다. 사건에 대한 기억상실 외에도 전반적인 기억력의 저하를 호소하는 경우도 흔하다. 집중력이 떨어져 사소한 일에도 정신을 집중할 수 없어 업무를 볼 수 없다거나 전반적인 단기기억도 떨어져 같은 일을 여러 번 묻기도 한다.
- **신체 증상**: 신체 증상은 재난 중 발생한 부상이나 기존 신체 질환의 악화가 원인인 경우도 있고, 재난 충격으로 인한 스트레스 반응일 수도 있다. 피로감, 두통, 위장관 증상, 식욕 저하, 면역력 저하, 근골격계 증상 등이 흔하게 나타난다(Beckham et al., 1998; Boscariano et al., 2004; McFarlane et al., 1994).
- **물질남용**: 사고 후 음주량이 늘거나 향정신성 약물을 하게 되는 경우도 있다. 장기적으로 술이나 약물을 사용하면 남용이나 의존성을 유발할 수 있고 개인의 건강뿐 아니라 가족 간 관계에 손상을 일으킬 수 있으며 사회문제가 될 수 있다.

③ 만성기(3개월 이후)

- 심리적 문제: 피해자의 초조와 불안, 쉽게 화를 내는 증상이 계속되며 이러한 증상은 스스로 조절이 잘 되지 않는다. 수일이 지나도 증상이 회복되지 않는 것을 초조하게 생각하기 시작하며 치료 자체에 대한 의문을 품기 시작한다. 사고 전의 일상생활로 돌아갈 수 없음에 초조해지고 회복의 희망을 잃은 피해자도 나타난다. 열상이나 방사선 피폭 장해 등 심각한 신체적 후유증이 있는 경우에는 특히 그러하며 절망감에 빠져 자살을 시도하는 사람이나 자포자기하는 행동에 빠지는 사람이 생긴다. 친한 동료나 친구를 잃은 경우나 유족의 경우 심각한 애도 반응이 지속될 수 있다.
- 사회환경적 문제: 피해자의 회복이 늦어지는 데 대해 주변 사람들의 이해가 떨어져 피해자의 정신적 증상이 유약하기 때문이라든지 성격 문제로 취급되기도 한다. 결과적으로 피해자의 고립과 불신감은 더욱 심해지며, 이러한 반응이 다시 주변의 부정적인 반응을 끌어내는 악순환이 시작된다. 형사소송이나 민사소송 등 법적인 문제가 생기면 장기화되는 재판과정에서 피해자 간 갈등이 심해지기도 하며 2차 스트레스로 정신적 증상이 악화되기도 한다. 이 시기가 되면 중요한 정신건강상 문제의 하나로 알코올이나 진통제, 항불안제 등의 의존이 나타나기 쉽다. 기념일 반응이 나타날 수 있는데, 재해 발생 시간대와 날짜, 요일 등 사고를 기억나게 하는 것은 많은 피해자에게 여러 심리 반응과 강한 비탄 반응을 일으킬 수 있다.

2) 재난 후 정신건강문제

재난에 노출된 대다수의 사람들은 재난 이후에도 잘 지내지만, 몇몇 사람들은 정신적인 고통을 겪고 어떤 사람들은 행동 변화를 나타내며 재난 이후에 정신질환을 앓는 사람들도 있다. 이러한 질병에는 급성 스트레스 장애(ASD), 외상 후 스트레스 장애(PTSD) 및 외상 관련 우울증상과 같은 분명한 외상 관련 정신질환뿐 아니라 신체적 피해(예: 기질성 뇌장애, 신체적 질병에 대한 심리적 반응)의 2차적인 것들도 포함된다. 정신질환 발생률은 재난의 종류, 노출 강도, 부상의 정도, 생명 위협의 정도, 개인과 지역사회의 혼란이 지속되는 기간에 따라 달라진다(Lopez-lbor et al., 2005; 이동훈 외 역, 2019: 31) 모든 정신병리 증상을 포함해서 생각할 때 재난 경험군에서는 재난 전이나 대조군에 비해 17% 더 많은 정신병리 유병률을 갖는다는 보고가 있다(Katz et al., 2002: 재난정신건강위원회 편, 2015: 135 재인용). 호주에서 시행된 연구에 의하면, 외상으로 입원한 환자에서 1년 뒤 31%가 정신장애를 보고하며, 22%는 기존에 다른 정신질환이 없던 사람들이다. 외상 후 나타난 새로운 진단은 우울장애가 9%, 범불안장애가 9%, 외상 후 스트레스 장애가 6%, 광장공포증이 6%였다(Bryant et al., 2010: 재난정신건강위원회 편, 2015: 136 재인용).

(1) 급성 스트레스 장애

급성 스트레스 장애(Acute Stress Disorder: ASD)는 PTSD와 유사하게 침습, 부정적 감정, 해리, 회피, 각성의 5영역에서 9개 이상의 증상이 외상성 사건 이후 나타나거나 악화되는 것으로, PTSD 진단 전인 사고 3일 이후에서 1개월 이내에 사고와 관련된 증상을 보일 때 사용하는 진단명이다. ASD는 DSM-IV에서 추가된 진단으로서, 처음 ASD를 진단 기준으로 정한 목적은 PTSD로 진행할 사람을 미리 선별하고, 이전에는 재난 피해자 중에 적응장애로 진단되거나 정상회복과정에 있는 것으로 간과되던 사람을 선별하고 초기 진단과 적절한 대응을 통해 PTSD로의 진행을 막는 데에 있었다(Bryant et al., 2011).

(2) 외상 후 스트레스 장애

충격적인 사건을 경험하고 난 뒤, 정신적 후유증으로 고통을 받는 것은 일반적인데, 이러한 증상이 1개월 이상 지속될 때 외상 후 스트레스 장애(Post-Traumatic Stress Disorder: PTSD)로 진단된다. 외상 후 스트레스 장애는 처음에 군인이나 사고 후에 일어나는 정신 증상을 설명하기 위한 진단명이었다. 과거에는 전투 피로증, 총체적 스트레스 반응, 신경증적 반응, 상황 반응 등 다양한 용어로 설명했으나 1980년대 이후 외상 후 스트레스 장애로 진단하고 있다.

PTSD의 진단에 필요한 증상군은 크게 침습, 회피, 부정적 인지와 감정, 과각성으로 분류된다.

- **침습 증상**: PTSD의 가장 특징적인 반응으로, 우울장애에서 나타나는 반추(rumination)나 인지적 기억과는 다른 현재의 감각적인 기억을 말한다. DSM-5에서는 침습 증상에서 사고에 대한 반복적인 꿈에 더해 외상과 관련된 꿈도 포함되며, 주로 반복적인 괴로운 기억, 악몽, 해리 반응(눈앞에 경험한 사건이 생생하게 떠오르는 플래시백 등), 비슷한 상황에서 느끼는 심리적 고통과 생리적 반응을 말한다.
- **회피**: 외상 사건이나 이와 관련된 고통스러운 기억, 생각, 감정을 회피하려고 하거나 이를 회상시키는 외부 요인들(예: 사람, 장소, 대화, 활동, 물건, 상황)을 회피하거나 회피하려고 노력한다.
- **부정적인 인지 · 감정의 변화**: 외상 사건의 원인이나 결과에 대해 자신이나 타인을 비난하게 되는 지속적이고 왜곡된 인지를 말한다. DSM-5에서 새로이 추가된 증상으로, 증상의 만성화, 심각도, 기능 손상의 정도를 예측할 수 있는 중요한 인자로 밝혀졌다(Dunmore et al., 2001; Ehring et al., 2008; Meiser-Stedman et al., 2009: 재난정신건강위원회 편, 2015: 142 재인용). 외상 사건에 대한 기억상실, 혹은 세상에 대한 부정적인 믿음('나는 다 틀렸다' '세상은 믿을 수 없는 것으로 가득하다' '나는 낫지 않을 것이다' 등), 자신이나 타인에 대한 지속적인 비난, 의미 있는 활동에 참여하지 못함,

고립되거나 소외된 느낌, 긍정적 정서(사랑, 행복, 만족 등)를 느낄 수 없는 것으로 나타난다.

- **과각성**: 외상 전에 존재하지 않았던 증가된 신경체계의 각성 증상과 반응이 있는 것을 말하는데, 자극에 과민한 상태 또는 분노폭발, 과각성, 과도한 놀람 반응, 집중의 어려움, 수면장애를 포함하며, DSM-5에서는 무모하거나 자기파괴적인 행동이 추가되었다. PTSD 환자에게서 자주 나타나는 공격성, 위험 행동, 자살사고를 반영하기 위한 것이다 (Cavanaugh et al., 2010; Cisler et al., 2012; Friedman et al., 2011; Miller et al., 2004; Nock et al., 2010: 재난정신건강위원회 편, 2015: 142 재인용)

(3) 적응장애

적응장애는 전반적인 스트레스 상황에 대한 광범위한 심리적 반응을 통칭하는 매우 폭넓은 질환으로, 진단 기준에 나타나는 것처럼 다른 특정 정신과 진단에 해당되지 않는 스트레스로 인한 기능을 모두 포함하고 있고 스트레스의 원인도 외상으로 한정되지 않는다. ASD나 PTSD가 외상 경험을 필요로 하고 이에 대한 증상을 주된 진단기준으로 하는 데 반해, 적응장애는 우울, 죄책감, 분노 등의 폭넓은 스트레스 반응을 모두 포함한다. 또한 기간에도 제한이 없어 기능 손상이 있다면 사고 직후에도 진단이 가능하다. 진단 기간에 한정이 없다는 점과 진단기준이 까다롭지 않다는 점은 재난 이후의 많은 피해자에게 재난 이후 즉각적인 진단을 통한 정신지원을 가능하게 한다는 점에서 의미가 있다(Patra & Sarkar, 2013)

(4) 주요우울장애

주요우울장애(Major Depressive Disorder: MDD)는 우울한 감정, 흥미 · 즐거움의 감소를 주된 증상으로 한다. 그 외 체중의 유의한 변화, 수면의 변화, 정신운동성의 변화, 피로감이나 에너지 저하, 무가치감이나 과도한 죄책감, 집중력 및 판단력의 저하, 죽음 및 자살과 관련된 사고, 계획, 시도 등이 있다. 이러한 증상은 재난을 겪는 사람이 이를 극복하는 과정에서 흔히 겪는 것이기 때문에 증상만으로 진단하는 것은 아니며, 증상과 더불어 임상적으로 유의미한 기능적인 장애가 동반될 때 MDD를 진단할 수 있다.

많은 연구에서 재난을 겪은 후 주요우울장애의 유병률이 증가한다는 사실이 밝혀져 있다. 연구마다 유병률의 편차는 큰데, 자연재해만을 대상으로 재난 후 MDD의 유병률을 메타분석한 연구에 따르면, 성인 5.8~54%, 아동 7.5~44.8%가량의 유병률을 보였다(Tang et al., 2014: 재난정신건강위원회 편, 2015: 150 재인용). 국내에서 보고된 재난 후 MDD 유병률로는 2006년 폭우와 산사태를 경험한 강원도 지역 주민 80명을 대상으로 한 전향적 연구에서 18개월 후 53%가 경미한 우울 증상을 보였으며, 17%가 심각한 우울 증상을 보고했다(Heo et al., 2008). 2007년 태안기름유출사고에서 태안주민을 대상으로 사고 후 2개월(464명), 8개월(500명)에 조사한 연구에서는 MDD는 지역에 따라 2개월 후에 22.7~54.0%, 8개월 후에 14.3~28.3%로 보고되었다(김교현, 권선중, 2009).

(5) 해리와 수면장애

압도적인 재난 상황에서 경험하는 해리 증상과 가장 흔한 증상인 수면장애에 주목하는 것이 필요하다.

'해리'는 감당할 수 없는 불쾌하고 고통스러운 것에 압도당하는 것을 막기 위해 정신적 과정, 감정, 사고 등을 분리하는 현상을 의미한다. 이는 방어의 한 방법이나 백일몽, 몰입처럼 정상적인 현상일 수도 있고, 비정상적인 것으로서 질병의 증상일 수도 있다. 해리 경험을 하는 사람은 '멍한 상태' 혹은 '기억이 흐린 상태'라고 보고하거나 상황이 슬로우 모션처럼 느껴지는 등 시간 감각이 뒤틀리는 느낌을 받기도 한다. 또한 생각, 감정, 행동 등의 경험이 논리적으로 통합되지 않고, 마치 영화를 보는 것처럼 느끼거나 자신의 경험이 아니라 타인의 일을 관찰하는 것처럼 느끼기도 한다. 몇 분간에서 며칠까지 다양한 기간으로 나타나며, 트라우마 상황에서 겪기도, 그 이후에 겪기도 한다.

'수면장애'란 건강한 수면을 취하지 못하거나 충분한 수면을 취하고 있으면서도 낮 동안에 각성을 유지하지 못하는 상태, 또는 수면 리듬이 흐트러져 있어서 잠자거나 깨어 있을 때 어려움을 겪는 상태를 포함하는 폭넓은 개념으로, 크게 불면증, 기면증, 하지불안증후군, 코골이와 수면무호흡증으로 나눌 수 있다. 이 중 외상 후에 가장 흔히 나타나는 것은 불면증이다(재난정신건강정보센터). 삼풍백화점 붕괴 사고 생존자에 대한 국내 연구(이민수 외, 1997)에서 3개월이 지난 후 681명 중 54.2%가 수면장애를 보이는 것으로 나타났다. 9 · 11테러 1~2개월 후 988명을 대상으로 한 연구(Galea et al., 2002)나 타이완 지진 1개월 후 525명을 대상으로 한 연구(Chen et al., 2001)에서도 수면장애는 흔한 증상이었다.

(6) 물질사용장애

재난 상황에서 술이나 담배 같은 습관성 물질을 이용해 스트레스 상황에 대처하려는 시도는 일반적인 반응이다. 재난 상황에 대한 대처방법 중 하나로 생존자나 그 가족이 물질을 사용할 가능성이 높으며, 물질사용장애의 유병률이 재난 이후 증가할 가능성도 커진다. 습관성 물질의 과다한 사용은 PTSD 혹은 우울증의 경과에 영향을 줄 수 있다.

미국 뉴욕에서의 9 · 11테러 1년 및 2년 후에 시행한 종적 연구에서, 사고 1년 후에 약 10%의 생존자에게 음주 횟수가 한 달에 4~5회 늘었으며, 9.3%의 생존자에서 1회 음주 시 음주량이 약 2 표준잔 정도 증가했다고 응답했다(Adams et al., 2006: 재난정신건강위원회 편, 2015: 159 재인용)

3. 재난 관련 개입 및 서비스

1) 재난정신건강 대응을 위한 국가 및 지역사회 정신건강체계

대한민국 헌법 제34조 복지권 6조에서는 '국가는 재해를 예방하고 그 위험으로부터 국민을 보호하기 위하여 노력하여야 한다'고 명시하고 있을 뿐 아니라, 최근 발생하고 있는 지진, 코로나19를 비롯하여 각종 테러, 대형 인명사고 등 대형화되고 세계적으로 영향을 끼치는 재난에 개인이나 국소 지역 차원으로는 대처가 불가한 상황이 되었다. 각 나라에 맞는 대응체계를 구축하고 국가 및 지역사회 차원의 대응을 준비하는 것이 필요하다.

우리나라의 재난정신건강 대응체계는 행정안전부와 보건복지부를 중심으로 진행되고 있다. 행정안전부 산하 재난안전관리본부에서 안전정책, 재난관리 및 대응을 담당하고, 재난심리 회복지원 관련 업무는 재난구호과에서 담당하며, 17개 지방자치단체에도 관련 부서를 두고 있다. 재난심리회복지원센터는 행정안전부로부터 지원을 받아 대한적십자사에서 운영하고 있으며, 2021년 현재 전국 17개 시도에서 운영되고 있다. 재난심리회복지원센터는 재난 발생 시 현장에 우선적으로 접근하는 기관으로 재난지역에서 재난피해자, 가족, 지역주민에게 심리적 안정을 위한 상담, 캠프활동, 전문 치료 의뢰와 재난심리회복전문가 인력 풀(Pool) 구성 및 교육 훈련을 통한 심리회복지원, 재난심리회복지원 기초조사 및 활성화 연구, 중앙부처, 지자체, 유관단체, 학회 등 네트워크 구축 등을 담당한다. 2020년 7월「재해구호법」개정을 통해 출범한 '중앙재난심리회복지원단'은 대형재난이 발생했을 때 피해자들의 정신적 상처 치유를 돕기 위해 범정부 지원 조직으로 구성된 협의체로, 행정안전부, 보건복지부 등 심리지원 관련 중앙행정기관 및 재난심리 유관기관이 참여하는 형태로 구성되었으며, 국가재난 트라우마 총괄, 조정체계 정립을 위해 협업해 나갈 과제를 가지고 있다.

보건복지부는 국립정신건강센터를 중심으로 재난심리회복지원 전문인력 및 교육 인프라를 지원하며, 국공립병원 및 정신건강복지센터를 중심으로 고위험군에 대한 의학적 치료, 지역사회 정신건강서비스 연계 및 사후관리를 담당한다. 국립정신건강센터에서는 심리위기지원단을 운영하여 위기개입이 필요한 재난 지역에 재난경험자를 위한 선별평가, 심리안정서비스, 자문 및 전문치료 연계를 제공하고 재난 지역의 심리지원체계를 지원한다. 보건복지부와 관련된 국립정신병원 5개소, 재난트라우마센터 2개소, 정신건강복지센터 241개소 등의 유관기관에서는 재난 상황 발생 시 강력한 협조체계를 토대로 가용한 자원을 최대한 활용하여 신속하고 포괄적인 재난정신건강지원을 제공하고 있다. 정신보건센터는 「정신보건법」과 함께 시작 당시에는 정신질환자의 발견, 상담, 진료, 사회복귀훈련 및 이에 관한 사례관리 등 지역사회 정신보건사업을 기획, 조정 및 수행하는 것이 주된 목적이었다. 하지만 국가의 정신보건 관련 과제들이 발생할 때마다 새로운 업무가 추가되었고 이름도 정신건강증진센터로, 다시 정신건강복지센터로 바뀌었다. 정신건강복지센터는 재난 시 해당 지역 주민을 대상으로 PTSD에 대한 조사와 예방 및 정신적 피해의 발견, 상담, 진료, 사회복귀훈련을 위한 사업을 진행해야 한다. 각 지역 정신보건기관의 재난 관련 역할을 재난 발생 시기에 따라 정리하면 〈표 10-2〉와 같다(재난정신건강위원회 편, 2015: 86).

그 외 재난정신건강지원 관련 학술단체로는 한국트라우마스트레스학회가 있으며, 재난정신건강정보센터(http://www.traumainfo.org)는 보건복지부 정신건강기술개발사업단의 재난 충격 해결을 위한 연구개발 과제의 일환으로 설립, 운영되고 있는 포털사이트로, 재난 전 준비, 재난 중 심리사회적 반응, 재난에 대한 대처, 재난 후 회복, 지역사회 도움 정보 등을 제공한다.

표 10-2 재난 시기에 따른 정신보건 기관의 역할

	재난 발생 전	재난 발생 시	재난 발생 후
국립 및 거점 트라우마 센터	• 재난 대응체계 구축 • 재난 관련 정신건강 응급 대응 매뉴얼 개발	• 재난 현장 파견, 수습 및 지휘 • 재난 현장 정신건강 대응 서비스(중장기적 제공)	• 재난 대응체계 사후 조사 및 평가 • 재난 관련 정신적 후유증에 대한 연구 및 추적 평가
광역 정신건강 증진(복지) 센터	• 재난 관련 대응팀 구성 • 재난 대응기술 지원 • 재난 수습인력 정신건강 서비스 지원	• 재난 현장 정신건강 응급 서비스 및 위기개입(중장기적 제공) • 지역사회 자원과 트라우마센터의 유기적 연계작업	• 재난 대응체계 및 정신적 후유증에 대한 연구 평가 사업 • 재난 수습인력에 대한 정신보건서비스 및 사례관리 제공
기초 정신건강 증진(복지) 센터	• 재난 관련 응급 정신보건 서비스 준비 • 재난 수습인력 정신건강 서비스 지원	• 재난 현장 정신건강 응급 서비스 및 위기개입(단기간 제공) • 급성기 외상 반응을 보이는 주민의 지지 및 지역사회 자원 연계	• 재난 관련 정신의학적 질병 발생자에 대한 지속적인 사례관리 • 중증정신질환 대상자의 재난에서 받은 영향 평가 및 개입

출처: 재난정신건강위원회 편(2015: 86).

2) 재난 시 정신건강 개입

(1) 위기개입

재난의 외상자극은 사람들에게 큰 위기를 가져올 수 있으며, 이를 다루지 않는다면 즉각적인 압도적 디스트레스에서부터 급성 스트레스 장애와 외상 후 스트레스 장애로까지 전환될 수 있다. 위기개입은 피해자가 적응적 수준으로 기능을 회복하도록 지원하고, 정신적 외상의 잠재된 부정적 영향을 방지하거나 최소화하기 위해 긴급하게 시행하는 정신적 관리대책이라고 할 수 있다(Everly & Mitchel, 1999). 위기개입은 외상사건으로 발생된 인지적・정서적・행동적 왜곡을 표적으로 하며, 사람들이 인지, 감정, 행동을 인식하고 위기 이전의 기능으로 회복시키는 것에 초점을 둔다. 따라서 평형감각의 회복과 직접적으로 연관된 단일이슈에 초점을 둔다(Cournoyer, 1996: 한인영 외 역, 2006 재인용). 위기개입은 초기 심리적 개입(early psychological intervention), 심리적 · 정서적 응급지원(Psychological/emotional First Aid: PFA), CISM 등 여러 방법이 제시되어 왔다.

CISM은 1980년대에 미첼(Jeffrey T. Mitchell) 박사가 현장 활동 경험을 바탕으로 프로그램의 뼈대와 주요 기법을 개발하고 심리학자인 에벌리(George S. Everly, Jr.) 박사가 이론적으로 체계화하여 '위기상황 스트레스 디브리핑(Critical Incident Stress Debriefing: CISD)' 또는 '심리적 디브리핑(Psychological Debriefing: PD)'이라는 이름으로 응급구조대원과 재난 현장 활동가의 실행 매뉴얼로 제작되었다(Mitchell & Everly, 1993). 재난 초기에 트라우마로 인한 즉각적 고통을 경감시키고, 비적응적 · 자기파괴적 인지행동 반응이 공고해지기 전에 교정하여 나중에 더 심각한 정신병리가 발생하는 것을 예방하자는 취지였다. CISM에서는 전체적 예방과 치료, 관리 과정이라는 연속선상에서 개입 방법을 배치해야 함을 강조하는데, CISM 내용을 요약하면 1 : 1 개인 단위의 개입, 집단진정, 스트레스 분산, 위기관리상황 설명, 위기상황 스트레스 디브리핑으로 구성된다. CISD는 '환기와 반응 정상화, 미래의 경험에 대비하기 등을 통해 외상적 사건의 감정적 처리를 촉진하는 구조화된 개입'(우종민, 2004)으로, 심리적 디브리핑이라고도 한다. 이는 재해 직후 수일부터 수주일 사이에 시행하는 급성기 개입법이다. 경험자의 생각과 감정을 중심으로 이야기할 기회를 제공하는 구조화된 모임이고, 2시간 정도 소요되며, '지금-여기'에 집중하는 방법을 사용한다. 진행자는 집단참여자들에게 그들이 환자가 아님을 이야기하고, 정화, 공유, 스트레스 반응을 정상화하는 작업들을 시행한다. CISD의 진행 과정은 도입, 사실, 사고, 반응, 증상, 교육, 재도입의 7단계 과정으로 이루어진다. CISD는 미국 군대, FBI, 응급구조대원, 경찰과 소방대원을 중심으로 활발하게 보급되었다.

(2) 정신적 외상에 대한 개입

① 안정화

안정화는 모든 외상치료 작업의 기초일 뿐 아니라 그 자체로서도 중요한 과정이다. 하스켈(Haskell, 2003)에 따르면 안정화의 필수적인 구성요소는 다음과 같다(재난정신건강위원회 편, 2015: 269-271 재인용).

- **치료동맹 확립**: 긍정적 치료관계는 성공적인 외상치료의 가장 중요한 요소 중 하나로, 극심한 기억의 고통을 자주 경험하는 외상 생존자에게 큰 위안과 지지를 제공할 수 있다. 실천가는 적극적이고 전인적이며 교육과 자기조절기술 습득을 가르치는 교사 역할도 수행한다.
- **안전감 증진**: 외상치료와 관련된 안전 확보는 세 가지 수준으로 나눌 수 있다. 첫째, 신체적 위험 해결로, 사고 현장, 폭력 가정, 전투상황 등 실제 외상이 일어나는 지역에서 안전하게 격리되어야 한다. 둘째, 자기파괴적인 사고나 행동의 개선으로, 자살/타살, 사고/행동, 식이장애, 가해적 자아 상태, 중독, 외상적 관계, 위험 부담 행동, 철수 등의 개선이다. 셋째, 자기돌봄 기술의 개발과 습득(일상적 반복 활동, 이완기술, 착지 기술, 자기주장, 기본 욕구 공급, 자기양육)을 통한 생존자로서의 정체감 형성이다.
- **경험의 정상화와 유효화**: 외상 생존자들의 증상이 일종의 대처방식이며 외상의 영향을 다루려는 정상적인 반응임을 알게 해야 한다. 많은 생존자가 자신의 반응인 증상을 비정상적이라고 생각하는데, 이는 환자 주위 사람들의 판단이나 태도에 영향을 받기도 하므로 가족이나 친지에게도 이러한 사실을 알려줄 필요가 있다. 외상 경험자는 그들의 반응이 정상적일 뿐 아니라 많은 외상 생존자가 겪는 반응이며 예측 가능하다는 얘기를 들었을 때 커다란 안도감을 느낀다.
- **정신의학적 교육**: 치료자는 외상의 특성과 영향에 대해 올바른 정보를 제

공하고 생존자와 함께 이런 새로운 정보를 본인의 지식체계에 통합할 수 있도록 해야 한다. 단순한 정보제공이 아니라 생존자에게 의미를 부여하고 외상 반응의 조절을 도와주는데, 급성기나 치료 초기에 특히 강조되지만 치료 과정 전반에 필요하다.

- 희망 주기와 강점 강조: 외상, 특히 재난과 같은 대규모 외상의 경우 사람들은 자신이 지닌 이전의 세계관이 붕괴되며, 앞으로의 삶을 계획할 필요도 없다는 단축된 미래의 느낌을 경험한다. 이때 긍정적인 미래나 결과가 가능하다는 기대감, 즉 희망과 본인의 긍정적 자원 촉진은 중요한 치유 요소이다.
- 공동작업을 통한 치료목표 생성: 외상 생존자와 공동작업을 통해 분명하고 달성할 수 있는 치료목표를 설정하고 공유할 수 있어야 한다. 단순한 증상이나 불편감 감소보다는 전반적인 생존자의 일상생활, 직업적 · 사회적 · 기능적 회복에 초점을 두어야 한다.
- 증상 대처 및 조절 기술 교육: 외상 생존자에게 그들이 자주 경험하고 일상생활에 지장을 주는 강력한 정동, 충동적 행동, 자기비하적 생각이나 행동을 조절할 수 있는 방법을 교육하고 스스로 자기조절 기술을 통해 이러한 증상에 대처하게 하는 것이다.

② 인지행동적 개입

인지행동적 개입은 학습이론, 특히 고전적 조건형성과 조작적 회피에 기반을 두고 있는데, 외상 관련 증상을 다루기 위한 치료적 접근으로 스트레스 예방훈련(Stress Inoculation Training: SIT)이 있다(Kilpatrick et al., 1982: 이동훈 외 역, 2019: 137-139 재인용).

SIT의 주요 목적은 클라이언트들이 외상 관련 공포반응을 이해하고 관리하여 회피행동을 줄이도록 하는 것이다. SIT는 집단이나 개인 단위로 시행 가능하며, 고전적인 프로토콜은 교육, 기술조성, 적용의 3단계로 구성된다.

먼저, '교육' 단계에서는 증상에 대한 설명을 듣고 반응(감정, 행동, 사고, 감각 운동 수준)의 다른 '채널'을 발견하도록 배운다. 두 번째 '기술조성' 단계에서는 각 채널들의 대처기술을 배운다. 대처기술은 스트레스 이완, 이완 연상, 몸의 '스트레스 축적' 영역에 대한 인식, 공포반응을 유발하는 단서 발견하기, 사고의 전환, 비밀 예행 연습 등이 있다. 세 번째 '적용' 단계에서는 불안을 유발하는 일상적인 상황에 어떻게 대처기술을 적용하는지 배운다.

노출기법은 재난 생존자들이 파괴적인 사건 동안 압도적이었던 불안, 공포와 고통들에 직면하고 통제력을 얻을 수 있도록 돕기 위해 안전하고 통제된 상황에서 외상(노출) 관련 이미지를 활용한다. 체계적인 둔감화(desensitization)는 외상 사건에 대한 연상 자극('실제 상황' 둔감화) 혹은 파괴적인 사건에 대한 이미지('심상' 둔감화) 모두를 활용한 이완법을 포함한다. 외상 단서에 대한 실제 노출(in vivo exposure)은 파괴적인 사건의 장면으로 돌아가서 호흡법과 연상 이완법 같은 단서 이완 반응을 연습하면서, 가장 좋은 감정을 떠올리게 하는 단서와 그 사건을 함께 연합시키는 점진적인 접근을 포함한다. 심상 둔감화는 파괴적인 사건의 기억, 이미지 혹은 인지적 진술을 사용한다. 클라이언트는 이완기술 활용을 훈련받고, 이완 상태에 머물면서 이미지화를 통해 점증적 위계에 따라 공포 단서에 직면한다. 각 회기 동안 노출은 간단하고 반복적이며, 하나의 공포 단서에 집중한다. 회기가 진행됨에 따라 클라이언트의 투입과 피드백이 있으며, 이는 클라이언트가 과정 안에서 통제감을 발전시킬 수 있도록 한다. 홍수기법(flooding)에서 클라이언트는 치료적 관계의 안전감 안에서 중간 혹은 강한 정도의 공포 유발 자극에 대한 대량의 노출을 견딘다. 공포스러운 장면들은 사건이나 단서가 꾸준히 덜 회피적으로 될 때까지 필요한 만큼 몇 번이고 반복된다.

인지행동적 개입의 효과성은 많은 연구에서 보고되고 있다. 포아와 동료들(Foa et al, 1995)은 여성 강간 및 폭행 피해자들에게 PTSD로의 진전을 예방하기 위한 치료적 개입을 회당 2시간 4회기로 구성하여 실시하였다. 1회기에서는 프로그램에 대해 소개하고 참여자들이 겪었던 파괴적인 경험과 관련 증상, 왜곡된 신념에 대한 정보를 수집했으며, 회피하는 사람 혹은 상황의 목록을 만들었다. 2회기에서 이 목록은 각 요소에서 발생하는 불안 수준에 따라 위계를 정했다. 사람들은 이완법과 호흡법을 훈련받고 그 후 경험을 회상하도록 요청받았다. 치료자들은 사람들이 특정 질문을 통해 신념의 정확성을 측정하도록 하였다. 대화는 녹음되었으며, 사람들은 일주일 동안 여러 번 이것을 듣도록 지시받았다. 불안이 유발되는 것이 검증된 상황에 매일 조금씩 직면하도록 독려받았다. 3회기에서는 이미지 노출과 인지 재구조화의 새로운 회기에 이어 숙제를 검토하는 것으로 시작한다. 매일 오디오테이프를 듣고, 공포상황에 직면하고, 매일 인지적 왜곡과 부정적인 감정이나 생각을 추가로 기록하도록 한다. 4회기에서는 이미지 노출을 반복하고, 매일의 기록을 활용한 인지적 재구조화를 진행한다. 마지막으로 치료자와 클라이언트는 새롭게 습득한 기술들에 대해 되돌아본다. 외상 사건 2개월 후에 통제집단의 70%가 PTSD 진단에 해당되는 것에 비해 프로그램에 참여한 사람의 10%만이 PTSD 진단에 해당되는 것으로 나타났다. 포아와 동료들(Foa et al., 2007)은 PTSD에 대한 특정 노출치료인 지속노출치료(Prolonged Exposure therapy: PE)를 제시하기도 하였는데, 계속되는 연구 결과 많은 환자의 회복이 보고되고 있다.

③ 안구운동 둔감화 및 재처리 요법

안구운동 둔감화 및 재처리 요법(Eye Movement Desensitization and Reprocessing: EMDR)은 수평적인 안구운동이 외상적인 것의 인지적 처리를 용이하게 한다는 관찰을 근거로 팰로앨토 정신연구소(Mental Research Institute)의 샤피로(Francine Shapiro, 1989a; 1989b)가 개발한 기술이다. 당초 설계되었을 때는 안구운동 둔감화(Eye Movement Desensitization: EMD)라고 불렸다. 이후 샤피로(1991)는 긍정적인 인지의 변화와 외상 기억의 둔감화와 함께 정보의 재처리를 의미하는 축약어인 'R'을 추가하였다. 외상적인 특정 기억에 동일시된 후에 치료자가 환자에게 기억과 연계된 하나의 자기준거적 부정적인 인식과 부정적인 것을 대체할 수 있는 긍정적인 인식을 표현하도록 한다. 그런 후 치료자는 자신의 손가락을 환자의 눈앞에서 앞뒤로 움직이면서, 환자가 고통스러운 기억에 집중하는 동안에 그의 손가락을 시각적으로 따라오도록 지시한다. 각 세트에 10~12번의 안구운동을 한 후, 치료자는 내담자에게 고통의 정도와 긍정적인 인지에 대한 믿음의 강도를 점수 매기도록 한다. 치료자는 이러한 절차를 고통이 진정되고 긍정적 인지에 대한 믿음이 증가할 때까지 반복한다(이동훈 외 역, 2019: 141).

EMDR의 표준 프로토콜은 8단계로 되어 있는데(Shapiro, 1995), 환자 과거력 및 치료계획을 하는 1단계와 준비를 하는 2단계는 첫 회기에서만 시행하며, 지난 회기의 재평가인 8단계는 매 회기 시작할 때 시행한다. 준비단계에서는 안전지대 등 여러 안정화 기법을 시행하며, 자원개발 및 주입 등의 독립적인 프로토콜을 사용하기도 한다. 3단계 이후의 표준치료 과정에서는 환자가 치료 목표가 되는 외상적 기억을 정하고, 그 장면과 관련된 부정적 인지와 긍정적 인지를 찾는다. 각각의 인지에 대해 인지타당도를 평가한 후 관련된 감정을 찾고 이 감정에 대한 주관적 불편감 점수(Subjective Units of Discomfort: SUDs)를 평가한다. 이 감정이 느껴지는 신체 부위에 집중하면서 안구운동과 같은 양측성 자극을 하게 된다. 한 세트의 안구운동이 끝날 때마다 치료자는 심호흡과 함께 새로운 자료가 떠올랐는지 계속해서 확인하게 되며, 이 과정은 SUDs가 0이 될 때까지 지속한다. 목표 장면에 대한 SUDs가 0까지 떨어지면 초반에 찾았던 긍정적 인지를 목표 장면과 연결하여 역시 양측성 자극을 통하여 주입한다. 충분히 긍정적 강화가 이루어졌다고 판단되면 신체 검색을 통하여 신체감각을 찾은 후, 역시 양측성 자극을 통해 긍정적 느낌은 강화하고, 부정적 느낌은 소실될 때까지 재처리를 시행한다(재난정신건강위원회 편, 2015: 284).

(3) 애도 치료

재난 이후 외상 후 스트레스가 가장 큰 정신건강문제인 경우가 많지만 복합 애도가 발생하는 경우도 많다. 재난의 성격에 따라 발생하는 정신건강문제의 양상도 서로 다른데, 재난을 실제로 당하거나 목격한 사람에서는 외상 후 스트레스 반응이 더 중요하지만, 재난으로 인한 사망이 많은 경우에는 유가족과 주변 사람의 애도가 더 중요한 문제인 경우도 있다. 복합 애도(complicated grief)란 시간이 흘러도 회복되지 못한 비애 반응을 말하는데, 외상성 애도, 만성 애도 또는 복합 사별과 같은 용어들이 사용되기도 한다(권호인 외 역, 2018: 181).

애도 과정에서 많은 고통을 받는 사람에게는 일반적인 지지적 상담이나 대인관계치료보다 복합 애도에 초점을 맞춘 복합 애도 치료가 효과가 좋다는 메타분석 연구결과가 있다(Wittouck et al., 2005: 재난정신건강위원회 편, 2015: 324 재인용). 셰어(Shear, 2003)가 개발한 복합 애도 치료는 애착이론을 기반으로 해서 인지행동치료와 대인관계치료의 원칙과 기법을 사용하여 복합 애도를 집중적으로 다루는 치료(Wetherell, 2012)로, 다음과 같은 아홉 가지의 치료적 주제 요소를 주로 다룬다(재난정신건강위원회 편, 2015: 325-330).

① 고인의 죽음과 그 영향에 대한 이야기 나누기: 클라이언트에게 고인과의 관계, 고인이 어떻게 사망하였는지, 그 당시 클라이언트에겐 어떤 일이 일어났는지, 그 이후에는 어떤 일이 있었는지에 대한 상세한 내력을 얻는 것이다. 클라이언트의 현재 상태와 도움을 요청하는 이유에 대한 실체를 제대로 파악하는 것을 목표로 한다.

② 애도에 대한 정보제공과 교육: 애도가 무엇인지, 일반적으로 어떻게 진행되는지, 잘 진행되지 않을 때 생기는 복합 애도는 어떤 것인지에 대해 정보를 제공하고 교육하는 것이다. 현재 느끼는 복잡한 감정과 생각과 행동이 애도에 있어 당연한 것임을 인식하게 하고 과도하게 놀라거나

당황하지 않도록 도와주어야 한다.

③ 애도 반응 관찰, 점검하기: 애도 반응을 매일 점검하고 확인하는 것은 이 프로그램의 핵심 기법 중 하나로, 클라이언트가 느끼는 애도의 정도에 대해 스스로 인식할 수 있도록 하는 것이다. 애도 작업에서는 고통스러운 감정에서 도망치려 하기보다 고통을 관찰하고 그 고통이 어느 정도인지 평가해 보는 것이 훨씬 좋다.

④ 중요한 지인을 치료 시간에 초대하여 애도에 대한 이야기 나누기: 친한 친구나 가족 구성원들의 참여를 통해 이루어진다. 클라이언트가 사회적 지지를 받을 수 있는지 아니면 그들의 사회적 연결망이 이러한 지지를 더욱 어렵게 하는지를 검토하고, 지인들이 클라이언트의 어려움을 이해하고 그를 돕기 위해 무엇을 해야 하는지 알도록 돕는다.

⑤ 향후 목표를 정하고 보상 계획하기: 클라이언트 개인의 향후 목표를 정하고 이를 달성하기 위한 작은 일부터 시작하며, 그 일을 수행함에 따르는 보상을 계획하는 작업이다. 죽음으로 인한 슬픔이 그들을 붙잡고 있지 않다면 인생에서 무엇을 하고 있을 것인가에 대해 질문함으로써 클라이언트의 내적 목표를 탐색해 볼 수 있다.

⑥ 일상의 활동을 계획하고 실행하기: 이 치료적 요소는 공포증에서의 실제 노출 기법과 유사하며, 사망사건 이후 회피하게 된 사람이나 상황을 찾아내서 다시 시도하도록 직면시키는 것이다. 작업을 시작하기 위해 치료자는 클라이언트에게 SUDs 점수에 대해 알려주고, 일상활동 기록지를 작성하도록 해 실용적인 활동의 목록을 만들고, 여기에 SUDs 점수를 이용해 어려운 정도에 따라 각 활동의 순서를 배열할 수 있다. 중간 정도의 SUDs 점수를 보이는 활동부터 도전하여 점차 피하던 활동을 피하지 않게 도와주는 것이다.

⑦ 고인의 죽음에 대해 다시 이야기 나누기(그리고 이에 대한 감정 다시 살펴보기): 고인의 사망에 대한 이야기를 반복적으로 나누는 것은 죽음을 점차

받아들이게 하여 애도 반응의 강도를 낮추는 데 도움이 된다. 이야기를 들으면서 클라이언트에게 자신의 고통 정도를 0~100점 사이로 평가하도록 하고 각 상황에 대해 어떻게 느꼈고 무엇을 생각했는지 이야기한다. 클라이언트가 가장 힘들어하는 부분을 파악하고 그에 대해 좀 더 이야기해 달라고 요청할 수 있다. 감정을 감소시키는 기법인 복식 호흡법이나 마인드풀니스 훈련, 심상 훈련을 통해 부정적 감정이 드는 순간 이를 활용하여 감정을 줄일 수 있다. 인지치료기법으로 부정적인 믿음을 찾아내 수정하거나 애도 진행의 방해물로 작용하는 이미지를 찾아보는 것도 도움이 될 수 있다.

⑧ 기억 및 사진을 이용한 기법: 클라이언트가 좋아하는 고인의 사진을 가져오도록 하고 그것에 대해 이야기하는 것이다. 가장 좋아하는 고인의 사진을 고르게 하고 그것을 이용하여 고인과 함께 했던 가장 좋았던 순간을 이야기하도록 한다. 이러한 전략은 긍정적 기억을 회상하고 통합하는 데 도움이 된다.

⑨ 고인과 상상으로 대화 나누기: 클라이언트가 고인과 대화하는 상상을 하도록 하고 클라이언트의 질문에 고인이 대답하는 것을 상상하고 말해보도록 요청한다. 개입 초기에는 고인에 대해 생각하는 것이 많이 슬프기 때문에 너무 일찍 사용하면 덜 유용하고, 고인이 없는 삶에 어느 정도 적응하기 시작하는 사람에게 적용할 때 효과가 좋다.

토론문제

1. 재난의 개념과 유형에 대한 이해를 토대로 본인이 알고 있는 재난 사건으로는 어떤 것이 있고 어떤 유형에 해당되는지, 개인과 사회에 어떤 영향이 있으리라 생각하는지 토론하시오.

2. 재난 후 나타날 수 있는 심리 행동적 반응과 정신건강문제로 어떤 것이 있는지, 사회복지전문가로서 어떤 대비가 필요하다고 생각하는지 토론하시오.

3. 재난 시 국민의 정신건강을 지원하기 위한 국가 및 지역사회 정신건강체계와 재난 시 직접적으로 실천할 수 있는 정신건강실천 방법으로는 어떤 것이 있는지 이야기 나눠보고 향후 보완할 사항이나 발전 방안에 대해 토론하시오.

참고문헌

권호인, 김영아, 박지선, 송하나, 유금란, 유성은, 이원혜, 이종선, 장현아, 주혜선, 최윤경, 하정희, 박노일 공역(2018). **재난정신건강: 이론과 실제**. Halpern, J., & Tramontin, M. 공저. 피엔씨미디어.

김교현, 권선중(2009). 태안 주민들의 재난 후 스트레스 반응: 사고 후 2개월과 8개월 시점의 지역별 비교를 중심으로. **환경사회학연구**, 13(1), 89-125.

보건복지부(2021). 2021년 1분기 '코로나19 국민 정신건강 실태조사' 결과발표 보도참고자료. http://www.mohw.go.kr

보건복지부, 중앙자살예방센터(2020). **2020 자살예방백서**.

우종민(2004). 급성기 대처: 위기상황 스트레스 해소법. 대한불안장애학회 저, **재난과 정신건강**. 지식공작소.

이동훈, 신혜진, 최태산, 이상하, 이린아, 김주연, 김유진 공역(2019). **재난과 정신건강: 해외 재난 대응 사례에서 심리적 개입과 정신건강 서비스를 중심으로**. Lopez-lbor,

J.J., Christodoulou, G., Maj, M., Sartorius, N., & Okasha, A. 공저. 학지사.

이민수, 한창수, 곽동일, 이준상(1997). 삼풍 사고 생존자들의 정신과적 증상. **신경정신의학, 36**(5), 841-846.

임경수, 황성오, 안무업, 안희철(2009). **재난의학**. 군자출판사.

재난정신건강위원회 편(2015). **재난과 정신건강**. 학지사.

한인영, 장수미, 최정숙, 박형원, 이소래 공역(2006). **위기개입워크북**. Myer, R. K. & James. R. K. 공저. 시그마프레스.

Bryant, R. A. (2011). Acute stress disorder as a predictor of posttraumatic stress disorder: A systematic review. *J. Clin. Psychiatry, 72*, 233-239.

Everly, G. S. Jr., & Mitchell, J. T. (1999). *Critical Incident Stress Management (CISM): A new era and standard of care in crisis intervention* (2nd ed.). Ellicott City, Maryland: Chevron Publishing.

Foa, E. B., Hembree, E. A., & Rothbaum, B. O. (2007). *Prolonged exposure therapy for PTSD: Emotional processing of traumatic experience, therapist guide*. New York: Oxford University Press.

Mitchell, J. T., & Everly, G. S. (1993). *Critical incident stress debriefing: An operational Manual for the prevention of trauma among emergency service and disaster workers*. Maryland: Chevron Publishing.

Norris, F., Friedman, M. J., Watson, P. J., Byrne, C. M., Diaz, E., & Kaniasty, K. (2002). 60,000 disaster victims speak: Part I. An empirical review of the empirical literature, 1981~2001. *Psychiatry: Interpersonal & Biological Processes, 65*, 207-239.

Patra, B. N., & Sarkar, S. (2013). Adjustment Disorder: Current Diagnostic Status. 10-15.

재난정신건강정보센터, http://www.traumainfo.org

한국트라우마스트레스학회, http://kstss.kr

제11장
일과 정신건강

인간은 일을 통해 생존하고 자신의 정체성을 갖지만 일로 인해 복잡한 현대 사회에서 스트레스를 받기도 하며 정신건강에 중요한 위험요인으로 작용하기도 한다. 더욱이 노동환경의 변화로 인해 고용 형태가 다양화되면서 일의 특성과 개인의 특성, 환경 등이 근로자의 스트레스와 정신건강을 위협하고 있다. 근로자의 정신건강은 개인의 문제일 뿐만 아니라 한 사회의 생산성에도 막대한 영향을 미치는 만큼 국가, 기업, 노동조합, 사회, 개인 차원의 정신건강 증진을 위한 노력이 필요하다. 이 장에서는 일의 의미와 고용환경의 변화, 직무 스트레스와 정신건강, 이러한 문제를 해결하기 위한 법과 프로그램을 살펴보고자 한다.

1. 일의 의미

1) 일과 노동

(1) 일과 노동의 의미

일(work)은 인류의 역사가 시작되면서 늘 같이 존재해 왔다. 인간은 일을 통해 생존해 왔고, 일을 통해 자신의 정체감을 확인하고 다른 사람과의 관계를 형성한다. 이런 이유로 대개는 개인이 하는 일을 보면 그 사람이 어떤 사람인지 파악할 수 있다. 일은 '사람이 삶을 영위하기 위하여 행하는 모든 활동'을 의미하며, 구체적으로는 생계나 벌이를 위해 육체적 · 정신적 노동을 하는 것을 의미한다. 일은 인간의 활동 과정이자 동시에 그 활동이 물상화(物象化)된 것이라 할 수 있다. 즉, 일은 인간의 활동력을 발휘하는 것이면서 활동의 대상이기도 하다. 인간은 일을 통하여 역사적 인간이 되며, 개인은 일을 통하여 사회적 개인이 된다.

노동(labor)은 일의 기초범주로서, '자연 상태의 물질을 인간 생활에 필요한 것으로 변화시키는 활동'을 말한다(한국민족문화대백과, 2012). 노동은 기본적으로 두 가지 측면의 사회관계, 즉 사람과 자연 사이와 사람과 사람 사이에서 고리의 역할을 한다 이러한 정의들을 근거로 할 때, 사회복지학에서의 관심은 노동 그 자체보다는 인간의 보편적인 활동인 일에 있다고 볼 수 있다.

일의 의미는 개인과 이들이 속한 환경과의 상호작용 안에서 보다 정확하게 파악할 수 있다. 사람들은 일을 통해 재정적인 보상, 시간과 에너지 사용기회, 사회적 상호작용의 기회, 의미 있는 삶의 경험, 존경과 지위 등을 얻는다(Friedman & Havinghurst, 1954). 이런 점에서 볼 때, 개인은 일을 통해 단순히 소득만 얻는 것이 아니라 개인이 살아가는 더 큰 사회체계나 현실 생활과 밀접한 관계를 만들게 된다. 실제로 사람들은 일로부터 지위, 자급자족(self-sufficiency), 자부심(self-worth), 사회관계, 조직 등을 만들 기회를 갖는다(Akabas, 1995). 또한 많은 사람은 일을 통해 자신과 가족들을 부양하기 위한 소득을 얻으며, 가족들을 위한 기본적인 사회보장 서비스나 특정 회사, 노동조합에 속해 있으면서 추가적인 부가서비스도 받게 된다(Ozawa, 1985).

일의 중요성은 개인과 사회의 관련성 속에서 더 부각된다(Freud, 1930). 예를 들어, 사람들은 일을 통해 현실 생활에 더 밀착되어 살아갈 수 있었으며, 생활을 유지하는 데 있어 일을 다른 수단보다 효과적으로 잘 활용해 왔다. 일의 기능을 유형(有形)과 무형(無形)의 기능으로 구분해 볼 때, 직업을 통해 개인과 가족의 소득보장이라든지 부가급여같이 명백하게 눈에 보이는 유형의 목적을 달성하기도 하지만, 이러한 직업을 갖지 못하거나 갑자기 잃게 될 때 경제적인 안녕뿐만 아니라 사회적 · 심리적 안정감과 같이 눈에 보이지는 않지만 중요한 무형의 기능들을 잃기도 한다(Jahoda, 1988). 이러한 점에서 볼 때, 일은 개인이 하나의 사회적인 정체감을 형성하고 다른 사람들과의 관계를 유지하는 기회를 제공하는 동시에 사회적으로 인정된 기능, 즉 직업을 제공한다는 점에서 개인 생활 전반에 막대한 영향을 끼친다고 볼 수 있다.

일은 또한 사람들에게 그들이 속하고 활동할 수 있는 일의 세계를 제공한다는 점에서 중요하다. 현대사회의 직장인들은 직장에서 하루의 대부분 시간을 보내고, 일 때문에 매우 바쁘게 지낸다. 결국 현대사회에서 일은 개인이나 가족들의 생활에서 이웃이나 교회나 정치적인 모임, 시민 활동 등과 같은 전통적인 제도들보다 또 하나의 커뮤니티로서 더 많은 역할을 한다. 따라서 일이 개인에게 미치는 영향이 막대하다는 점을 고려한다면 일의 의미를 파악할 때 일자리를 얻을 수 없거나 일자리를 잃었을 때 개인에게 일어나는 현상들을 살펴보는 것은 중요하다. 사람들은 대체로 실업자가 되면 신체적인 건강이나 심리적인 충격 등으로 정신적인 건강을 잃게 되는 경우가 많다. 특히, 비자발적으로 실업자가 된 경우 다양한 심리적 충격을 경험하게 되는데, 예를 들어 슬픔, 분노, 죄책감, 상실감, 자신의 일부를 잃어버린 충격 등을 경험하게 된다. 그런데 이러한 감정들은 이혼이나 사별로 인한 슬픔과는 분명히 다르다(Sherraden, 1985). 즉, 일을 하지 못하거나 일자리를 잃게 되었을 때 느끼는 감정은 다른 인간관계의 단절이나 경험과는 다르므로 인간에게 있어 일이 갖는 독자적인 의미를 살펴보는 것은 의미가 있다.

(2) 맥락(context)으로서의 일의 기능

우리는 보통 일을 통해 인간의 여러 가지 측면을 파악할 수 있다. 첫째, 일 자체와 일을 하는 세팅은 마치 거대한 사회를 축소한 사회적 소우주(social microcosm)와 같아 인간의 특성을 파악할 수 있는 중요한 장이 된다. 둘째, 사람들은 일을 통해 개인 또는 집단 정체감을 형성하게 되므로 일은 개인을 파악하는 데 유용하다. 셋째, 일은 개인의 특성을 파악할 수 있는 방편이 되기도 하지만 동시에 인간 행동 체계에 대한 개입 또는 유지를 위한 수단이 되기도 한다. 넷째, 일은 개인을 판단하는 진단 도구의 역할을 한다(Googins & Godfrey, 1987). 일의 기능을 구체적으로 살펴보면 다음과 같다.

① '사회적 소우주'로서의 일

일과 일이 이루어지는 현장은 사람들이 살아가고 있는 거대한 사회의 축소판이다. 일반적으로 단순히 생산성의 높고 낮음만으로 개별 노동자를 판단하기 어렵다. 점차 기업의 리더들도 근로자를 파악하는 데 있어 생산성 외에 회사 내에서 도덕적 의무, 정의, 문화적 가치에 대해서도 고려할 필요성을 인식하게 되었다. 작업장에서 일어날 수 있는 일은 사회에서도 일어날 수 있으며, 회사에서 생각하는 자기 성장, 기회, 정의는 사회의 정치적 관심을 반영할 필요가 있다.

② 개인이나 집단의 정체감을 형성하는 수단

일반적으로 많은 사람은 "내가 누구인가?"라는 질문을 할 때 전형적인 반응으로 자신의 직업을 설명하는 경향이 있다. 이것은 자신이 하는 일을 통해 자신을 가장 잘 설명할 수 있다고 생각하기 때문이다. 사람들은 직업생활을 통해 생활의 보장뿐만 아니라 자신에 대한 자부심도 갖게 되기 때문에 일은 개인이나 집단의 정체감을 형성하는 수단으로 볼 수 있다.

③ 인간 행동과 체계에 대한 개입 또는 유지를 위한 수단

때때로 사람들은 자신이 맡게 되는 직무로 인해 행동 체계가 변화되기도 한다. 예를 들어, 사회적 기술이 부족한 소극적인 성향의 근로자가 자신이 맡은 일이 다른 사람들과의 협력이 필요한 경우 개인의 내·외적인 변화를 가져오게 되고 자신의 스타일을 유지할 수도, 변화시킬 수도 있다. 따라서 인간은 일을 통해 자신의 행동 체계가 변화될 수 있다.

④ 진단적 도구

일반적으로 사람들은 일상생활에서 형성되는 관계 유형으로 행동하게 된다. 따라서 집단경험은 무의식적인 욕구, 갈등 행동을 보이는 또 다른 맥락이 되기도 한다. 또한 작업환경은 개인을 판단할 수 있는 모든 것, 즉 행동양식, 대인관계, 충동, 욕구 등을 포함하므로 개인을 명확하게 판단할 수 있는 훌륭한 정보를 제공한다. 예를 들어, 대인관계나 공식성을 강조하는 문화를 가진 직장에서 개인은 다양하게 반응할 수 있다. 따라서 사회복지 실천가는 개인에 대한 개입 시 작업환경의 맥락에서 개인을 관찰함으로써 적절한 반응과 행동에 대한 실마리를 찾을 수 있다.

2) 일·가정의 양립

(1) 일과 가정의 양립: 제로섬 게임의 끝?

일과 사생활(personal life) 간의 갈등 상황은 항상 우리 곁에 존재해 왔다.

일반적으로 사람들은 부양해야 할 대상이 있고, 추구하는 취미생활과 지역사회 활동이 존재한다. 과거 많은 관리자는 회사 내에서 하는 것은 업무이고 회사 밖에서 하는 것은 사생활이라고 구분했다. 관리자들은 근로자들이 회사의 이익을 우선시해야 한다고 생각했고, 일과 사생활의 관계는 개인에게 있어 하나의 비중이 커지면 다른 하나의 비중이 줄어드는 제로섬 게임으로 인식되었다. 즉, 두 가지 생활의 균형을 유지하기보다는 어느 하나에 비중을 두면 하나는 희생해야 하는 관계로 본 것이다. 더욱이 과거 남성은 일하고 여성이 가사를 분담하는 성별분업이 명확했던 시기에는 일과 가정의 균형을 맞추는 일이 대부분 사람들에게 있어 중요한 사안은 아니었다.

그러나 산업사회로 발전하면서 일하는 여성이 많아지고 노동시장의 인구학적 특성이 변하게 되었다. 특히 기혼여성, 더 많은 엄마들이 일을 하게 되었고 여성의 가사 전담이라는 성별분업의 경계가 불분명해지면서 일과 가정생활의 병행이 중요한 이슈가 되었다. 이제 일과 사생활이 상호 강화시킬 수 있는 윈-윈(win-win)의 관계가 가능하다고 믿는 관리자들이 점차 증가하게 되었고, 이에 따라 근로자의 생산성을 높이는 하나의 방법으로 많은 회사에서 기업복지 프로그램을 제공하게 되었다. 이러한 경향은 현대에서 근로자에 대한 관리는 개인을 회사생활뿐만 아니라 사생활을 모두 영위하는 존재로서 인식하는 데서 출발해야 한다는 점에 대다수가 공감하고 있음을 잘 보여준다.

(2) 일과 여성

근로자들에게 고용은 재정적인 보상이나 시간과 정열을 쏟을 기회를 제공하고, 본질적으로 의미 있는 경험, 사회적인 상호작용이 가능하게 만들며 지위와 명예를 얻을 수 있도록 한다. 오늘날 많은 근로자는 과거보다 일하는데 더 많은 시간을 보내고 있고 생산성도 더 높다. 우리나라 근로자들 역시 OECD 국가들 중 근로시간이 가장 긴 것으로 알려져 있다(기획재정부, 2012).

그러나 전 세계적으로 과거보다 더 많은 시간 동안 일하거나 생산성이 높아졌다고 해도 대다수 근로자들의 일자리와 소득은 더욱 불안정해져 가고 있다. 1990년대 이후 주류가 된 노동시장의 유연화 정책이나 세계화가 빠르게 전개되면서 고용 없는 성장이 보편화되고 있고 국가에서 창출하는 일자리의 질은 하향 평준화되면서 일자리를 얻기 위한 경쟁이 점차 치열해지고 있다.

이러한 상황에서 여성의 노동시장 진출의 급격한 증가는 일과 가정의 병행은 생산성과 가정의 유지라는 측면에서 사회가 해결해야 할 중요한 당면 과제가 되었다. 국가적으로 보면, 여성이 일과 가사를 병행하기 어려운 경우 저출산 문제가 발생하거나 생산성 있는 여성인력이 사장되기 쉬우며, 결과적으로 국가경쟁력 저하를 가져올 수 있으며, 개인적으로는 사회참여의 기회를 박탈하고 소득 저하의 문제를 일으킬 수 있다. 여성의 가사 분담에 대한 시각은 과거에 비해 많이 향상되었지만 가사는 여전히 여성이 담당해야 할 고유 영역으로 남아 있다. 우리나라에서 여성들이 담당한 가사 중 다른 일상적인 업무는 많은 자동화와 기계화로 인해 도움을 받고 있지만, 자녀나 노인 등 돌봄이 필요한 가족에 대한 부양 문제는 여전히 여성들의 사회활동을 제약하고 있다. 돌봄이 필요한 가족에 대한 사회적 지원체계가 부족한 우리나라 여건을 고려할 때, 여성들이 일과 가정을 병행하기란 매우 어려운 상황이다. 사실 많은 여성이 일과 가정을 병행하지 못하고 중단하는 경우가 발생하며, 일을 재개하게 될 경우 상대적으로 불리한 고용조건을 감수하며 노동시장으로 진입할 수밖에 없다. 최근 여성의 사회진출이 비정규직 확산과 같이 증가하고 있다는 사실은 여성의 사회진출이 불안정한 일자리나 저임금의 좋지 않은 일자리 내에서 주로 이루어지고 있다는 점을 잘 보여 준다.

최근 각국에서 나타나고 있는 높은 실업률은 과거의 주기적인 실업이나 마찰적 실업(frictional unemployment)과 같이 일시적으로 나타나는 실업과는 다른 구조적인 원인에서 기인하는 만큼 좀처럼 개선되기 쉽지 않은 만성적이라는 특성을 갖는다. 또한 실업과 고용이 반복되는 불안정한 고용상태가 확산되거나 많은 근로자가 저임금의 일자리로 내몰리는 상황이 빈번한 상황이다. 이러한 노동시장 여건을 고려할 때 여성이 일과 가정을 병행할 수 있는 체계적인 사회적 지원이 뒷받침되지 않는다면 여성근로자의 고용의 질은 계속해서 떨어질 가능성이 높고 이에 따른 여성 가구의 빈곤화도 심화할 수밖에 없다.

여성의 출산율 역시 여성의 경제활동 참여와 관련이 있다. 이미 여러 나라에서 공통적으로 경험한 문제로, 선진국에서는 이를 해결하기 위해 여성의 양육을 국가 차원에서 뒷받침하는 강력한 정책을 펼쳐 왔다. 아직 이러한 대책이 미흡한 우리나라에서 저출산 문제는 고령화와 맞물려 향후 해결해야 할 가장 긴급한 과제가 되었다. 우리나라 여성들이 출산을 기피하는 이유 중 하나는 경제활동 참여와 출산 및 양육을 병행하기 어렵기 때문이다. 실제로 우리나라 연령대별 여성들의 경제활동 참여율과 비정규직 비율이 30대 초반에 가장 낮고 20대와 40대가 높은 M자형을 보이는데, 이는 여성의 경제활동 참여가 출산과 양육과 얼마나 밀접하게 관련이 있는지를 잘 보여 준다.

2. 고용환경의 변화와 정신건강

1) 고용환경의 변화

(1) 세계화, 신자유주의와 고용불안

1970~1980년대 이후 세계화와 신자유주의(neo-liberalism)가 세계 정치와 경제를 지배하면서 이전과는 다른 모습의 노동자 계층이 형성되었다. 한국에서도 1997년 외환위기 이후, 신자유주의가 정당화되면서 기업이 당기 수익성을 위해서 노동유연화가 강화되고, 그 결과 비정규직 노동자가 증가하였다. 그러나 실제로 비정규직의 확대는 기업의 유연성 확보보다는 당장 직

면한 인건비 절감의 목적을 달성하기 위한 우회 방안이었던 것으로 평가된다(장지연, 양수경, 이택면, 은수미, 2008).

한편 세계화(globalization)와 국제사회의 경쟁압력의 증대 역시 비정규직 근로자를 양산하고 고용 불안을 초래하는 원인이 되었다. 많은 사람들이 세계화로 인해 더 잘살게 될 것이라고 기대했지만 더 값싼 노동력과 외국 상품이 유입되면서 선진국의 노동자들은 저임금의 좋지 않은 일자리로 내몰리거나 일자리를 잃고 생활 수준이 더 어려워지게 되었다. 결국 세계화로 인해 일부는 막대한 부와 이득을 갖게 되었지만 고용 없는 성장과 고용의 질 저하라는 결과를 초래하였고, 나아가 노동자들의 빈번한 실업을 유발하고 비정규직의 확산이 가속화되는 등 노동취약계층이 노동시장에서 더욱 불리해지는 상황으로 전개되었다(장지연 외, 2008).

(2) 4차 산업혁명과 고용 형태의 다양화

4차 산업혁명은 우리의 생활을 편리하게 만들어 주기도 하지만 노동 없는 미래나 새로운 일자리 창출과 같은 양적 변화, 그리고 일자리 질의 저하나 플랫폼 노동과 같은 새로운 노동의 형태 및 과정의 창출 등 질적 변화를 일으키고 있다. 실제로 제조업이 자동화되고 서비스, IT, 문화산업 중심으로 산업구조가 개편되고 있으며 플랫폼 노동을 기반으로 하는 긱(Gig)경제[1]로의 전환이 빨라지고 있는 상황에서 근로자들이 두 개 이상의 일자리를 병행하는 것은 보편화되고 있고 이런 과정에서 개인은 더욱 다양한 고용 형태를 경험하게 되었다. 문제는 플랫폼 노동의 경우 고용 불안과 저임금으로 대변되는 일자리라는 점과 기존 사회보장 안전망의 사각지대에 있어 정신건강에 상대적

1) 긱 이코노미(Gig economy, 긱 경제)란 필요에 따라 기업들이 단기 계약직이나 임시직으로 인력을 충원하고 대가를 지불하는 형태의 경제를 말한다. 긱(Gig)의 유래는 1920년대 미국 재즈공연장 주변에서 필요에 따라 연주자를 섭외해 단기로 공연한 데서 비롯하였다. 예를 들어, 우버택시, 배달의 민족 등을 들 수 있다.

으로 더욱 취약하다는 데 있다.

2) 고용 형태와 정신건강

세계화와 신자유주의, 그리고 4차 산업혁명은 고용주에게는 빠른 시장변화에 신속하게 대처할 수 있는 기회를 제공한 반면, 노동자들에게는 고용 불안과 저임금이라는 불확실성의 원인이 되었다. 실제로 비정규직, 플랫폼, 특수고용직 등과 같은 고용 형태는 고용 불안과 임금불평등 문제를 경험하는 대표적인 집단으로서 신체적 건강은 물론 정신적 건강도 상대적으로 취약하다.

근로 능력이 있는 근로자에게 임금은 자신의 노동에 대한 대표적인 보상체계임과 동시에 근로자의 생활을 유지하게 하는 기본 재화이다. 따라서 임금수준 혹은 기대 임금수준은 근로자의 정신건강에 영향을 주는 주요 요인이 될 수 있다. 경제적으로 소외된 계층은 높은 스트레스와 심리적 어려움 등으로 정신건강에 위협을 받는데(Lazarus, 1999), 특히 저임금을 받는 근로자는 자신의 경제활동에도 불구하고 기대보다 낮은 평가와 보상으로 인해 경제적으로 소외되기 때문에, 보다 복합적인 심리사회적 요인들로 정신건강에 위협을 받을 수 있다.

부족한 임금으로 인해 계속되는 열악한 경제상황과 함께 자신의 직무와 고용상태에 대한 불안정성은 근로자에게 가장 큰 스트레스로 작용할 수 있다. 고용과 직무에 대한 안정성은 근로환경에서 근로자의 만족도와 이들의 삶의 질에 중요한 영향을 주는 요인이기 때문이다. 실제로 근로빈곤층(working poor)은 저학력, 빈약한 기술적 능력, 경제적 불안정함이 만들어 내는 문제들, 또는 직장 내 존재하는 다양한 편견들로 인해 직업을 구하거나 자신의 직업을 유지하기 위한 직무수행에도 많은 스트레스를 받는다(Shipler, 2005). 이러한 스트레스들은 근로빈곤층에게 불안과 긴장 및 사기저하를 유발하며, 심리적인 안녕을 감소시키고 우울과 같은 정신건강에 부정적인 영향을 주며,

육체적 피로감이나 심장질환, 고혈압과 같은 신체적 증상에도 부정적인 영향을 미친다(남기섭, 유병주, 2007; Plaisier et al., 2007; Vetter et al., 2006; Wang, 2005).

비정규직 근로자의 경우 불안정한 고용과 저임금, 장시간 노동, 과중한 노동 강도, 유해한 작업환경 등에 더 많이 노출되기 때문에 정규직에 비해 직무스트레스나 우울 정도가 높다. 실제로 국내 우울증 유병률은 정규직이 15.7%로 가장 낮고, 계약직이 16.3%, 일용직이 22.7%로 나타났으며(조정진 외, 2005), 특히 비정규직 근로자 중 여성의 경우 정신건강에 취약한데, 우울증과 자살충동 유병률을 보면 정규직보다 각각 1.66배, 1.62배 높게 나타났다(김일호, 2006). 또한 정규직에서 비정규직으로 이동한 경우 정규직을 유지한 집단보다 우울 수준이 높았다(변금선, 이혜원, 2018). 저임금 근로자들 역시 스트레스에 더 취약하여 정신장애에 걸릴 가능성이 높으며, 특히 여성의 경우 더 취약하다. 실제로 저임금의 중년 근로자에게서 심리적 고통(psychological distress), 우울이나 불안장애 같은 정신과 질환 진단, 정신과 약물 복용 경험이 가장 많은 것으로 나타났고, 정신과 약물복용 경험을 보면 저임금근로자가 고임금근로자에 비하여 높게 나타났으며, 약물복용의 가능성도 남성보다 여성이 훨씬 높게 나타났다(Lang et al., 2011).

3) 일 · 가정 갈등과 정신건강

현대인들은 일과 삶의 균형(work life balance)이 개인의 삶뿐만 아니라 직장생활에 대한 만족을 높이는 데 중요하다는 점을 인식하고 있지만, 여전히 현실생활에서 많은 근로자는 일과 삶의 균형을 유지하지 못하고 있다. 일과 삶의 균형을 잘 이루지 못할 경우 일 · 가정 갈등이 발생하게 되며 정신건강에도 부정적인 영향을 미치게 된다. 일반적으로 일 · 가정 갈등은 직장에서 발생되는 역할의 중압감이나 갈등으로 인해 가정에서의 역할을 수행하는 데 있어 부정적인 경험을 하게 되거나, 반대로 가정에서 발생되는 역할의 중압감으로 인해 직장에서의 역할 수행에서 부정적인 경험을 할 때 나타난다. 또한 일 · 가정 갈등을 근로자가 갖고 있는 자원(시간과 노력)이 제한적이기 때문에 직장이나 가정에서 하나의 역할을 수행하게 되면 다른 역할을 수행해야 할 시간이나 에너지 등 자원이 부족해지고 이로 인해 상충된 역할을 실천해야 하는 과정에서 경험하는 신체적 · 심리적 갈등으로 설명하기도 한다. 이러한 일 · 가정 갈등은 직장에 대한 부정적인 태도를 키울 수 있고, 삶의 만족도를 낮추며, 심한 경우 우울증으로 발전할 수 있다는 점에서 근로자의 정신건강 유발 요인으로서 주목할 필요가 있다.

3. 직무스트레스와 정신건강

1) 직무스트레스의 정의

일반적으로 스트레스란 "생리적 반응이나 행동적 반응을 일으키는 사실상의 위험 또는 (실제로는 아니지만) 본인이 위협으로 받아들이는 것"을 의미한다(Encyclopedia of Stress, 2000). 그러나 우리 일상생활에서 스트레스가 사람에게 불편함과 해로움만을 주는 것은 아니며 도움이나 행복감을 주기도 하는데, 전자를 디스트레스(distress), 후자는 유스트레스(eustress)라고 한다. 이처럼 스트레스를 바람직한 스트레스와 바람직하지 않은 스트레스로 구분하는 기준은 예측 가능성(predictability)과 통제 가능성(controllability)이다(Posner & Leitner, 1981). 즉, 사람이 생활하면서 경험하는 사건이나 생활의 변화가 예측할 수 있고 통제 가능하다면 디스트레스를 유발하지 않는다는 것이다.

직무스트레스는 일반적으로 맡은 일로 인해 심하게 압박감을 받을 때 나타나는 신체적 · 심리적 반응을 말한다. 국립직업안전건강연구소(NIOSH)에서는 업무상 요구사항이 근로자의 능력이나 자원, 바람(요구)과 일치하지 않을 때 생기는 유해한 신체적 · 정서적 반응으로 정의한다(NIOSH, 1999). 그러나 직무스트레스는 작업장 여건이나 근로자의 특성에 따라 동일한 사건이라도 상이하게 나타날 수 있고 근로자 개인의 가정생활의 영향을 받을 수 있다.

2) 직무스트레스 모델

직무스트레스는 일반적으로 업무의 불균형에서 기인하지만 직무와 직접 혹은 간접적으로 연관된 원인으로부터 야기되는 경우가 가장 많다. 또한 노력에 비해 보상이 적거나 직무요구와 자원의 불균형으로 발생하기도 한다. 이렇게 다양하게 야기된 직무스트레스는 잘 관리되지 못할 경우 정신건강에 부정적인 영향을 미치게 된다. 이러한 과정을 설명하는 직무스트레스 이론을 소개하면 다음과 같다.

(1) Krasek 직무요구통제 모델

DCS 모델(Demand Control Support Model)은 심리 · 사회적인 직무 특성인 직무요구와 직무통제가 어떻게 조합되는지에 따라 스트레스가 달라진다고 본다. 즉, 높은 수준의 직무요구를 받으면서 낮은 수준의 직무통제, 즉 직무 자율성을 갖게 되면 직무긴장도가 높아져 우울, 피로, 심혈관계질환 그리고 사망에 이를 가능성이 높다는 것이다. 그러나 이 모델은 현대 직장에서 일어나는 복합적인 스트레스의 성격을 충분히 반영하지 못하였고 스트레서(stressor)에 영향을 받기 쉬운 개인의 특성들을 고려하지 못한다는 단점이 있다.

이 모델은 또한 높은 직무통제가 항상 바람직한 상태라고 가정하지만 어떤 개인들은 그렇게 생각하지 않을 수 있고, 직무통제력을 갖는 그 자체가 스트레서로 될 수 있다는 점을 간과하였다. 따라서 건강한 직무는 높은 수준의 직무요구가 없고 넓은 사회적 지지망을 가지면서 높은 수준의 직무통제를 가질 때 가능하다고 본다.

(2) Siegrist의 노력-보상 불균형 모델

ERI 모델(Effort-Reward Imbalance Model)은 직무요구통제 모델을 확장한 모델로, 핵심 개념은 작업장에서의 노력은 적절한 대가로 보상되어야 한다는 호혜주의에 기반하며 근로자는 노력과 보상이 미스매치될 때 스트레스를 일으킨다고 본다. 노력은 통제, 내부적인 노력, 과도한 노력, 비현실적인 목적을 수행하는 것 등과 같은 개인의 사적 동기, 외부적인 동기나 업무량 같은 외부 압력을 포함하는 한편, 보상은 동기, 존중, 경력개발의 기회, 안전 등을 의미한다.

(3) Demerouti와 Bakker의 직무요구-자원 모델

JD-R 모델(Job Demands-Resources Model)은 직무요구과 직무자원의 두 가지 직무 여건 범주가 근로자의 소진을 가져온다고 주장한다. 직무요구는 신체적 · 정신적 노력(즉, 물리적인 업무량, 시간 압박, 힘든 업무 스케줄, 물리적인 업무환경 등)을 의미하며, 직무자원은 근로자가 목적을 달성하고 직무요구를 줄이고 개인적인 발전을 할 수 있도록 도와주는 다양한 업무 여건(즉, 업무수행에 대한 피드백, 보상, 슈퍼바이저 지원 등)을 의미한다. 직무요구와 직무자원은 소진(burnout)의 두 가지 차원인 정서적 고갈(emotional exhaustion)과 비인간화(depersonalization)와 독자적으로 관련이 있는데, 직무요구는 정서적 고갈과 주로 관련이 있고 직무자원은 비인간화와 주로 관련이 있다.

(4) Mark와 Smith의 DRIVE 모델

DRIVE 모델(Demands, Resources, and Individual Effects Model)은 스트레스 과정에서 심리 · 사회적인 직장 스트레서의 역할이 중요하다는 점과 스트레스의 주관적인 경험과 이로 인해 발생하는 건강 관련 결과들이 개인의 특성에 따라 달라질 수 있음을 설명한다. 즉, 직무요구가 정신건강에 미치는 영향이 근로자가 인지하는 직무통제, 사회적 지지, 보상 등의 직무자원뿐만 아니라 개인의 대처 스타일, 내적 노력, 인구학적 특성 등 개인의 특성 차이에 따라 달라질 수 있다는 것이다.

3) 직무스트레스와 정신건강

(1) 직무스트레스와 우울

직무스트레스는 개인뿐만 아니라 기업에서도 관심을 가져야 하는 현대인의 보편적인 문제이다. 점차 기술의 발전 속도가 빨라지고 있고, 회사는 근로자들의 능력과 숙련도에 따라 다른 보상을 해 줌으로써 치열한 경쟁을 유도하고 있으며, 이러한 업무환경은 많은 근로자에게 스트레서로 작용한다. 이와 같은 직무스트레스는 근로자들에게 우울과 불안, 심한 경우 자살에 이르는 심각한 정신건강문제를 유발할 수 있고, 이는 근로자의 업무수행에 막대하게 부정적인 영향을 미친다. 실제로 근로자의 41~83%가 직무스트레스를 경험하고 있고(Duxbury, 2004; Harris Interactive and Everest College, 2014; National Institute for Occupational Safety and Health, 1999), 직무에 종사하는 영국 근로자의 15~30%는 정신건강문제를 경험하는 것으로 나타났다(Harnois, Gabriel, WHO, 2000).

근로자의 직무스트레스와 정신건강문제는 근로자의 생산성을 감소시킬 뿐만 아니라 산업재해로 이어질 수 있다는 점에서 기업의 중요 관심사이다. 기업이 근로자의 직무스트레스와 정신건강문제에 적극적으로 대처하지 못할 경우 생산성 저하라는 문제가 생길 뿐만 아니라 직원을 잘 돌보지 않는 기업이라는 부정적인 이미지를 만들 수 있으므로 이러한 문제에 대한 관심과 대응이 커지고 있다.

근로자의 직무스트레스로 인해 발생할 수 있는 여러 정신건강문제 중 우울은 많은 연구자나 실천가들의 관심을 받아 왔다. 근로자의 우울은 심할 경우

자살이라는 극단적인 행동으로 이어질 수 있어 예방적인 조치가 중요하다. 직무스트레스와 우울의 관계는 다양한 직업군에서 공통적으로 나타나고 있지만(김윤신 외, 2015; 윤진하, 2016) 고용 지위에 따라 직무스트레스의 차원이 다르고 우울과의 관계도 다르다. 실제로 고용 지위가 불안정한 비정규직 근로자의 경우 우울 수준이 높고 고용불안과 보상 부족과 같은 직무스트레스가 우울과 밀접한 관련이 있는 것으로 나타났다(Park et al., 2016). 따라서 고용이 불안하고 저임금을 받는 플랫폼 종사자, 특수고용 종사자 등은 직무스트레스나 우울에 더 취약할 것으로 예상된다.

초창기 연구자들은 근로자의 직무스트레스와 우울 발생에 대한 관심을 주로 물리적인 근무환경에 두었으나 이후에는 근로자의 생활방식에 주목하였고, 이외에도 근로자의 심리 · 사회적인 근무환경 역시 직무스트레스를 낮추고 우울 발생을 줄일 수 있다고 보았다. 따라서 정부는 각 기업에서 이러한 직무스트레스와 우울 유발요인을 예방하거나 줄이기 위한 방안을 마련하기 위한 기준과 지원을 제공할 필요가 있다.

(2) 직무스트레스와 소진

소진(burnout)은 사람을 대상으로 서비스를 제공하는 근로자들이 고객을 상대하면서 높은 강도의 개입으로 인해 발생한 정서적 압박감, 감정적 메마름 혹은 냉소 같은 일종의 증후군을 말한다(Maslach & Jackson, 1981). 소진의 하위차원으로는 정서적 탈진(emotional exhaustion), 비인간화(depersonalization), 개인적 성취감 결여(reduced personal accomplishment)가 있다. 정서적 탈진은 고객의 과도한 심리적 · 정서적 요구로 인해 서비스 제공자의 정서적 자원이 고갈되어 관심, 감정 등을 상실하게 된 상태이다. 비인간화는 정서적 고갈의 지속적인 상태를 막기 위한 일종의 방어기제로 작동하게 되는데, 고객에 대해 무감각해지고 냉소적인 태도를 보이는 행동를 말한다. 성취감 결여는 클라이언트에 대한 적극적 헌신과 노력에도 불구하고 개선이 더딜 경우 나타나는 직무 성취감 결여 상태를 말한다. 소진을 구성하고 있는 세 개의 하위 차원은 독립적으로 발생하기보다는 순차적으로 발생한다(Bakker et al., 2000; Cordes et al., 1997). 즉, 직무스트레스가 만성화되면 감정이 메말라지고, 이로 인해 다른 사람들에 대해 감정적으로 무감각해지고 냉소적인 반응을 보이며, 결국 개인적으로나 조직적으로 업무 달성에 대한 성취감이 결여된다(Maslach, 1982). 주로 정서적 탈진이 비인간화나 성취감 결여에 비해 선행적으로 발생하며, 정서적 탈진이 비인간화를(Jourdain & Chênevert, 2010; 염영희, 2013), 비인간화가 성취감 결여를 심화시킨다.

직무스트레스와 소진과의 관계를 잘 설명하고 있는 직무요구-자원 모델에 따르면, 직무 여건의 두 가지 범주인 직무요구와 직무자원은 근로자의 소진을 유발한다. 또한 이 이론에 따르면 근로자의 직무요구와 직무자원은 소진의 두 가지 차원인 정서적 고갈과 비인간화와 독자적으로 관련이 있다고 본다(Demerouti et al., 2001). 그러나 직무요구가 정서적 고갈에 미치는 영향만큼은 아니지만 직무자원 역시 정서적 고갈과도 유의미한 관계가 있다(Jourdain & Chênevert, 2010).

직무스트레스와 소진과의 유의미한 관계는 모든 일반근로자(Huang, Wang, & You, 2015; Schaufeli & Bakker, 2004)나 인간봉사조직의 속하는 교사(구본용, 김영미, 2014; 윤혜미, 노필순, 2013), 간호사(Andela, Truchot, & Doef, 2016; Jourdain & Chenevert, 2010), 사회복지사(이선우, 박수경, 2019; Kim & Stoner, 2008) 등 다양한 업무에 종사하는 경우 공통적으로 나타났다. 다만, 근로자들의 직군에 따른 직무스트레스가 다른 만큼 소진을 예측하는 요인들도 상이하고 소진의 세 차원인 정서적 고갈, 비인간화, 성취감 결여를 예측하는 요인들도 다른 만큼 이에 대한 개입전략도 상이하게 계획될 필요가 있다.

(3) 직무스트레스와 음주

일반적으로 많은 근로자는 직무스트레스가 높아지면 음주를 하게 되지만 일부는 빈번한 음주나 폭음과 같은 부정적인 대처방법을 사용하게 된다. 관대한 음주문화를 갖고 있는 우리나라에서 근로자들은 직무스트레스를 해소하기 위해 보편적인 방법으로 음주를 택하는 경향이 있다. 특히 소방공무원이나 경찰공무원 등과 같이 위험한 상황에 수시로 처하는 직업군의 경우 다른 직업군에 비해 스트레스를 해소하는 방편으로 음주를 하는 경향이 강하다. 실제로 소방공무원의 17.4%가 스트레스 해소 방법으로 술을 마시는 것으로 나타났고(소방방재청, 2008) 경찰공무원의 24.0%도 업무 관련 스트레스로 음주를 하는 것(신성원, 2008)으로 나타났다.

이처럼 직무스트레스와 음주는 유의미한 관계가 있는 것으로 알려져 있다. 그러나 이러한 관계는 직무스트레스와 알코올 사용의 관계를 명확한 인과관계로 볼 수 있다는 의미는 아니다. 이러한 인과관계는 종단연구를 통해 분석할 수 있다. 한편, 직무스트레스와 알코올 사용의 관계는 단순한 인과관계로 보기보다는 중간 과정에서 왜, 어떤 기제가 작동되고 있는지를 살펴보는 것 역시 중요하다. 실제로 높은 직무요구나 빈약한 상사나 동료와의 관계는 불안과 관련되어 있으며 이는 주기적인 알코올 사용과 정적인 관계를 보였고(Vasse et al., 1998), 높은 직무요구와 낮은 직무자율성은 높은 음주정도와 관련이 있으며 이는 문제 음주로 발전되었다(Martin et al., 1996). 또한 자신이 갖고 있는 기술의 활용도가 낮다고 느끼는 근로자가 직무 자율성과 의사결정 참여수준도 낮을 경우 직무만족도가 떨어지고 폭음과 문제 음주를 하게 된다(Greenberg & Grunberg, 1995). 이와 함께 직무스트레스와 알코올 사용이 언제, 어떤 조건에서 촉진되거나 줄어드는지를 살펴보는 것 역시 중요하다. 즉, 직무스트레스와 알코올 사용의 관계가 모든 근로자에게 동일하게 적용할 수 없다는 것이다. 예를 들어, 직무요구와 역할모호성 모두 자신의 직무 역할이 자신에게 중요하다고 생각하는 근로자들의 경우에만 폭음과 유의미한 관계가 있었고, 자신에게 직무 역할의 비중이 낮은 근로자에게는 직무스트레스와 폭음은 아무 관계가 없었다(Frone et al., 1997) 또한 직무 압박이

문제 음주를 예측하는 경우는 전형적으로 긴장을 완화하고 문제를 잊기 위해 음주를 하지 않는 사람들보다는 이러한 이유로 음주를 하는 사람들에게서 나타났다(Grunberg at al., 1999). 한편, 부정적인 감정을 줄이기 위해 음주를 하는 사람들 사이에서는 직무불만이 문제 음주와 유의미한 관계가 있지만, 이런 이유로 음주를 하지 않는 사람들의 경우에는 직무불만과 문제 음주가 아무런 관계를 보이지 않았다(Grunberg at al., 1998). 따라서 직무스트레스와 음주와의 관계는 다양한 요인들이 중간 과정에서 어떤 역할을 하는지에 따라 다른 관계를 보일 수 있으므로 보다 구체적인 근거를 토대로 한 정책과 개입이 필요하다.

4. 근로자 정신건강 정책과 개입방안

1) 관련 법

정부 차원에서 근로자의 정신건강과 관련한 조처는 크게 예방과 보상으로 구분될 수 있으며, 예방정책은 「산업안전보건법」, 보상은 「산업재해보상보험법」을 기반으로 한다.

(1) 산업안전보건법

「산업안전보건법」은 산업 안전 및 보건에 관한 기준을 확립하고 그 책임의 소재를 명확하게 하여 산업재해를 예방하고 쾌적한 작업환경을 조성함으로써 노무를 제공하는 자의 안전 및 보건을 유지·증진함을 목적으로 한다. 정신건강과 관련된 내용은 제4조(정부의 책무)로서 정부는 「산업안전보건법」의 목적을 달성하기 위해 법에서 나열된 사항을 성실히 이행할 의무가 있다고 규정하고 있다. 직무스트레스와 관련한 내용은 제5조(사업주 등의 의무) 및 관련 시행규칙 제669조(직무스트레스에 의한 건강장해 예방 조치)와 제41조(고객의 폭언 등으로 인한 건강장해 예방조치)와 관련 시행규칙, 시행령, 산업안전보건기준 규칙 제79조(휴게시설), 제672조(특수형태근로종사자에 대한 안전조치 및 보건조치) 중 고객의 폭언 대응에 제시되어 있다.

(2) 산업재해보상보험법

근로자 정신건강에 대한 보상은 「산업재해보상보험법」을 근거로 한다. 이 법의 제37조에는 업무상 재해의 인정 기준을 업무와 관련된 사고와 업무상 질병으로 구분하고 있으며, 업무상 질병은 건강장해 유해요인에 노출되어 발생하거나 업무상 부상이 원인이 되어 발생, 직장 내 괴롭힘, 고객의 폭언 등으로 인한 업무상 정신적 스트레스가 원인이 되어 발생, 그 밖에 업무와 관련하여 발생하는 경우를 포함한다. 업무상 질병은 근로복지공단의 업무상질병 판정위원회에서 결정하게 되는데, 주로 논의되는 질병은 우울병 에피소드, 불안장애, 적응장애, 외상 후 스트레스 장애, 급성 스트레스 반응, 자살, 수면장애가 있다. 이 위원회는 업무와 관련된 스트레스와 질병의 발생 또는 악화 간에 상당한 인과관계가 인정되는 경우 업무상 질병으로 판정한다. 이때 업무와 관련된 대표적인 직무스트레스는 높은 직무요구도, 낮은 직무재량권, 낮은 사회적 지지, 노력-보상 불균형, 직무 불안정성, 위협 및 폭력, 불공정성 등이 있다. 장시간 근로 역시 업무요구도가 높아 사회적 생활의 어려움을 유발하기 때문에 정신질환의 발생과 관련이 있으며, 해고 등 직장의 불안정성 문제를 트라우마로 인식하는 경우도 업무와의 관련이 높은 질병으로 발전될 수 있다(윤진하, 2016; 2020).

(3) 정신건강증진 및 정신질환자 복지서비스 지원에 관한 법률

정부는 「정신건강증진 및 정신질환자 복지서비스 지원에 관한 법률」을 토대로 전국 단위의 정신건강증진사업 등을 수행하고, 지방자치단체의 지역별 정신건강증진사업 등을 총괄 지원하고 있다. 이를 위해 보건복지부장관 산하 중앙정신건강복지사업지원단과 시 · 도지사 소속의 지방정신건강복지사업지원단을 두고, 제12조에 따라 지방자치단체 및 지역별로 정신건강센터를 설치하여 아동청소년, 사회복지전담공무원, 직장인과 실직자를 대상으로 정신건강복지사업 및 인식개선 홍보를 하고 있고 정신장애인의 재활 및 실무자를 지원하는 사업을 담당하고 있다.

2) 관련 기관 및 프로그램

(1) 근로자건강센터

고용노동부와 안전보건공단에서 '근로자 건강관리에 취약한 50인 미만 소규모 사업장 근로자의 건강지원을 위하여 운영'하는 곳으로 (직업환경)의학 전문의, (산업)간호사, 산업위생관리기사, 운동처방사, 심리상담사 등의 전문가로 구성되어 있다. 이곳에서는 안전보건교육, 건강진단결과 사후관리. 작업환경(작업관리)상담, 근골격계질환 예방, 뇌심혈관질환 예방, 직무스트레스 예방관리 등을 위해 직종별 유해요인의 파악과 건강상담을 실시하고 있다. 직무스트레스 관리를 위해서 고위험군에 대한 평가(KOSS, PWI, MBTI, Holland 적성탐색검사, DISC 성격유형 진단 등)를 시행하고, 심리상담사가 상담을 제공하면서 다양한 중재를 사용한다(대화법, 자기주장훈련, 의사소통 기법 훈련, 감정 일지 쓰기, 호흡법, 명상, 이완법 등). 주로 2차 예방에 집중하여 개인 중재가 이루어지고 있다.

(2) 근로복지공단

근로자지원프로그램(Employee Assistance Programs: EAP)은 근로자들의 직무만족이나 생산에 부정적인 영향을 줄 수 있는 문제들을 근로자가 해결할 수 있도록 도와주는 서비스이다. 전문 상담원 또는 관련 전문가에 의해 근로자의 문제를 파악하고 분석하여 상담치료와 문제 해법 제시 등을 통하여 근로자의 스트레스를 감소시키고 심인성 질환을 예방하고, 소속 기업에게는 생산성 향상과 노무비용을 절약하게 만드는 공공영역의 기업복지 제도이다.

(3) 정신건강센터

지역의 사업체 근로자를 대상으로 정신건강증진을 위한 찾아가는 교육(주제: 스트레스 관리, 우울증 예방, 자살예방 등), 정신건강 선별검사(우울, 불안, 직무스트레스 등), 정신건강 고위험군 대상 찾아가는 정신건강상담, 전문의 상담 연계, 사례관리 및 치료 연계 등의 사업을 실시하고 있다.

(4) 개별기업

자체적으로 정신건강 사업을 시행할 수 있는 대규모 사업장에서는 직업환경의학 전문의, 정신건강의학전문의, 임상심리 전문가, 산업간호사 등으로 구성된 사내 안전보건팀이나 사내 의원을 활용하여 1차, 2차, 3차 예방활동을 진행할 수 있다. 1차 활동은 건강한 직원들을 대상으로 정신건강문제가 발생하기 전 사업을 수행하고, 2차 활동은 직원들의 정신건강을 평가하고 위험군을 관리하며 내・외부자원과 연계하며, 3차 활동은 정신건강문제로 치료나 산업재해 보상을 받거나 요양을 했던 직원의 업무 복귀를 지원하는 데 초점을 둔다.

중소규모 사업장에서는 자체적으로 정신건강 관련 심리상담이나 치료적 접근을 하기에는 자원의 제약이 크기 때문에 근로자건강센터, 근로복지공단의 근로자지원프로그램(EAP) 사업, 지역사회의 정신건강증진센터 등 외부자원을 활용할 수 있다.

(5) 민간기업 및 단체

EAP협회와 EAP를 제공하는 전문회사 등은 자체적인 EAP를 갖추고 필요한 경우 개별 민간기업이나 근로복지공단과 같은 정부출연기관과의 계약을 통해 근로자의 직무스트레스와 이와 관련한 다양한 정신건강문제를 지원하기 위한 서비스를 제공하고 있다.

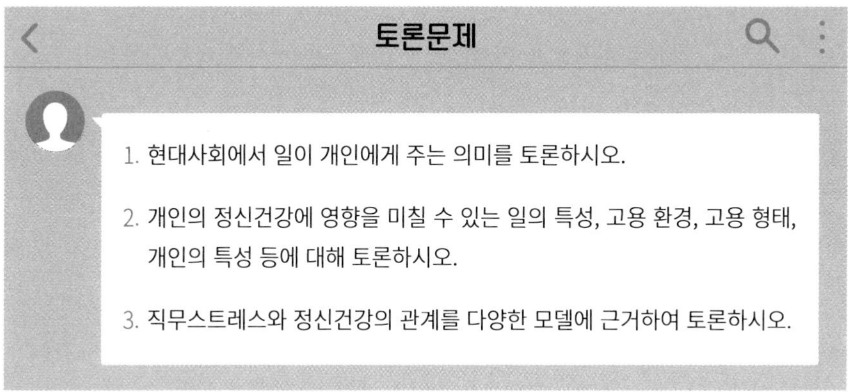

참고문헌

구본용, 김영미(2014). 중등교사의 직무스트레스와 심리적 소진 및 교사효능감의 관계. **청소년학연구, 21**(7), 275-306.

기획재정부(2012). 2011년 우리나라의 국가경쟁력 주요분석결과.

김윤신, 김은진, 임세원, 신동원, 오강섭, 신영철(2015). 직무스트레스와 우울불안과의 관계. **대한불안의학회지, 11**(1), 38-46.

김일호(2006). 비정규직 근로가 건강에 미치는 영향. 서울대학교 보건대학원 박사학위논문.

남기섭, 유병주(2007). 직무불안정성 지각과 정신적 건강 및 조직성과와의 관계에 관한 연구. **대한경영학회지, 20**(1), 65-85.

변금선, 이혜원(2018). 고용불안정이 정신건강에 미치는 영향: 고용상태 변화 유형과 우울의 인과관계 추정. **보건사회연구, 38**(3), 129-160.

소방방재청(2008). 소방공무원 외상후스트레스 실태 분석 연구. 아주대학교 산학협력단.

신성원(2008). 경찰공무원의 스트레스 및 사회적 지지가 음주행위에 미치는 영향. **한국경찰학회보**, 16, 117-141.

염영희(2013). 직무요구-자원모형에 의한 간호사의 소진과 직무만족 분석. **한국간호과학회**, 43(1), 114-122.

윤진하(2016). 직장인 정신건강 증진방안 연구. 안전보건공단 산업안전보건연구원.

윤진하(2020). 정신건강 보호를 위한 산업안전보건법의 이해. **신경정신의학**, 59(2), 115-122.

윤혜미, 노필순(2013). 보육교사의 직무스트레스, 경력몰입, 소진과 이직의도 간 관계. **한국아동복지학**, 43, 157-184.

이선우, 박수경(201). 사회복지사의 감정노동, 소진, 직무만족과의 관계. **한국지역사회복지학**, 69, 73-102

장지연, 양수경, 이택면, 은수미(2008). 고용유연화와 비정규고용. 한국노동연구원.

조정진 외(2005). 한국인 직무스트레스 측정 도구의 개발 및 표준화. **대한직업환경의학회지**, 17(4), 297-317.

한국민족문화대백과(2012). http://encykorea.aks.ac.kr/

Akabas, S. H. (1995). Occupational social work. In R. L. Edwards et al. (Eds.), *Encyclopedia of social work* (19th ed. pp. 1779-1786). Washinton D.C.: NASW Press.

American Psychological Association (2010). American Psychological Association Practice Organization. Psychologically Healthy Workplace Program Fact Sheet: By the Numbers. Washington, DC: American Psychological Association.

Andela, M., Truchot, D., & van der Doef, M. (2016). Job stressors and burnout in hospitals: The mediating role of emotional dissonance. *International Journal of Stress Management, 23*(3), 298-317.

Bakker, A. B., Killmer, C. H., & Siegrist, J. (2000). Effort-reward imbalance and burnout among nurses. *Journal of Advanced Nursing, 31*(4), 884-891.

Cordes, C. L., Dougherty, T. W., & Blum, M. (1997). Patterns of burnout among managers and professionals: A comparison of models. *Journal of Organizational Behavior, 18*(6), 685-701.

Demerouti, E., Bakker, A. B., Nachreiner, F., & Schaufeli, W. B. (2001). The job demands-resources model of burnout. *Journal of Applied Psychology, 86*, 499-512.

Duxbury, L. (2004). Dealing with work-life issues in the work place: Standing still Is not an option. 2004 Don Wood Lecture in Industrial Relations. Kingston, Ontario, Canada: Industrial Relations Centre, Queens University.

Freud, S. (1930). *Civilization and its discontents*. London: Hogarth Press.

Friedman, G. A., & Havinghurst, R. J. (1954). *The meaning of work and retirement*. Chicago: University of Chicago Press.

Frone M. R., Russell, M., & Cooper, M. L. (1997). Job stressors, job involvement, and employee health: A test of identity theory. *Journal of Occupational and Organizational Psychology, 68*, 1-11.

Googins, B., & Godfrey, J. (1987). *Occupational social work*. Englewood Cliffs, N.J: Prentices.

Greenberg E. S., & Grunberg, L. (1995). Work alienation and problem alcohol behavior. *Journal of Health and Social Behavior, 36*, 83-102.

Grunberg, L., Moore, S., & Anderson-Connolly, R. (1999). Work stress and self reported alcohol use: The moderating role of escapist reasons for drinking. *Journal of Occupational Health Psychology, 4*, 29-36.

Grunberg, L., Moore, S., & Greenberg, E. S. (1998). Work stress and problem alcohol behavior: A test of the spill-over model. *Journal of Organizational Behavior, 19*, 487-502.

Harnois, G., Gabriel, P., & World Health Organization. (2000). Mental health and work: Impact, issues and good practices. Geneva: World Health Organization.

Harris Interactive and Everest College (2014). *Work stress survey*. Los Angeles, CA: Everest College.

Huang, J., Wang, Y., & You, X. (2015). The job demands-resources model and job burnout: The mediating role of personal resources. *Current Psychology, 35*(4), 562-569.

Jahoda, M. (1988). Economic recession and mental health: Some conceptional issues. *Journal of Social Issues, 44*, 13-23.

Jourdain, G., & Chênevert, D. (2010). Job demands-resources, burnout and intention to leave the nursing profession: A questionnaire survey. *International Journal of Nursing Studies, 47*, 709-722.

Kim, H., & Stoner, M. (2008). Burnout and turnover intention among social workers: Effects of role stress, job autonomy and social support. *Administration in Social Work, 32*(3), 5-25.

Korea Worker's Compensation & Welfare Service. Guideline of assessment for work related mental health problem. [updated 2016 Mar23; cited 2020 May 1]. Available from: https://www.kcomwel.or.kr/kcomwel/info/laws/rule.jsp.

Lang, I. A., Llewellyn, D. J., Hubbard, R. E., Langa, K. M., & Melzer, D. (2011). Income and mid life peak in common mental disorder prevalence. *Psychological Medicine, 41*, 1365-1372.

Lazarus, R. S. (1999). *Stress and emotion: A new synthesis*. New York: Springer.

Martin, J. K., Roman, P. M., & Blum, T. C. (1996). Job stress, drinking networks, and social support at work: A comprehensive model of employees' problem drinking. *Sociological Quarterly, 37*, 579-599.

Maslach, C. (1982). *Burnout: The cost of caring*. Upper Saddle River, NJ: Prentice-Hall.

Maslach, C., & Jackson, S. E. (1981). The measurement of experienced burnout. *Journal of Occupational Behavior, 2*, 99-113.

McEwen, B. S. (2000). Definition and concepts of stress. In G. Fink (Ed.), *Encyclopedia of stress*. San Diego, CA: Academic Press.

National Institute for Occupational Safety and Health (NIOSH). (1999). Stress at Work. Washington, DC: U.S. Department of Health and Human Services; 1999. HHS Publication No. 99-101.

Ozawa, M. N. (1985). Economics of occupational social work. *Social Work, 30*(5), 442-444.

Park, S. K., Rhee, M. K., & Barak, M. M. (2016). Job stress and mental health among nonregular workers in Korea: What dimensions of job stress are associated with mental health? *Archives of Environmental & Occupational Health, 71*(2), 111-118.

Plaisier, I., et al. (2007). The contribution of working conditions and social support to the onset of depressive and anxiety disorders among male and female employees. *Social Science & Medicine, 64*, 401-410.

Posner, I., & Leitner, L. A. (1981). Eustress vs. distress. *Stress, 2*(2), 10-12.

Schaufeli, W. B., & Bakker, A. B. (2004). Job demands, job resources, and their relationship with burnout and engagement: A multi-sample study. *Journal of Organizational Behavior, 25*, 293-315.

Sherraden, M. W. (1985). Chronic unemployment: A social work perspective. *Social Work, 30*(5), 403-408.

Shipler, D. K. (2005). *The working poor: Invisible in America*. Vintage Books, New York: A Division of Random House, Inc.

Vasse R. M., Nijhuis, F. J. N., & Kok, G. (1998). Associations between work stress, alcohol consumption, and sickness absence. *Addiction, 93*, 231-241.

Vetter, S., Endrass, J., Schweizer, I., Teng, H., Rossler, W., & Gallo, W. T. (2006). The effect of economic deprivation on psychological well-being among the working population of Switzerland. *BMC Public Health, 6*, 223-232.

Wang, J. L. (2005). Work stress as a risk factor for major depressive episode. *Psychological Medicine, 35*(6), 865-861.

찾아보기

인명

강상준 216
권미형 216
권영은 216
김동배 16
안인경 16
전채경 217

Akabas, S. H. 301
Antonovksky, A. 15

Bakker, A. B. 312
Barretoa, M. 209
Barry, C. L. 210
Barry, M. M. 17
Beck, A. 73
Bohr, Y. 120
Brown, G. W. 19
Burger, J. M. 204

de Jong Gierveld, J. 198

Demerouti, E. 312
Donnelly, J. W. 22
Dykstra, P. A. 199

Eburne, N. 22

Ferreira-Alves, J. 208
Foa, E. B. 290

Garfinkel, P. E. 120
Garner, D. M. 119, 120
Godfrey, J. 302
Googins, B. 302
Greenberg, E. S. 316
Grunberg, L. 316

Hammond, C. 209
Han, H. 210
Harris, T. O. 19
Horwitz, A. V. 18

Jackson, M. L. 210
Jenkins, R. 17
Junge, M. 210

Kalodner-Martin, C. R. 118, 119
Kittleson, M. 22
Kraepelin, E. 59
Krasek 311

Larson, R. 203
Lazarus, R. S. 308
Lee, M. 203

Magalhães, P. 208
Mark 312
McGinty, E. E. 210
Meaklim, H. 210

Nathanson, D. 134
Nelson, L. 134
Nelson-Becker, H. 216

Olmsted, M. P. 119, 120
Ozawa, M. N. 301

Peplau, L. 198, 203, 204
Perlman, D. 198, 204
Phelps, L. 134
Polivy, J. 119
Presskreischer, R. 210

Rodin, J. 118
Rook, K. S. 203

Sapia, J. 134
Scarano, G. M. 118, 119
Scheid, T. L. 18
Shapiro, F. 291
Siegrist, J. 312
Silberstein, L. 118
Simoes, R. 208
Smith 312
Striegel-Moore, R. 118

Van Tilburg, T. G. 198
Varma, P. 210
Victor, C. 208, 216
Viola, L. 208

Weiss, R. S. 198

Yang, K. 208

내용

1인 가구 222
4차 산업혁명 307
CISD 287
DCS 모델 311
DRIVE 모델 312
DSM 17, 59

DSM의 이력 60
DSM-5 61
DSM-5의 구성 62
EDI-2 120
ERI 모델 312
ICD의 역사 57
ICD-10 57
ICD-11 58
JD-R 모델 312
KCD-7 61
Kodokushi 217
MMPI 77
M자형 306
purging 124, 134
SCL-90검사 77
SNS 215
SUDs 292, 294

가사 분담 305
가정폭력 146
감정 68
감정노동 104
강점 관점 34
개인적 성취감 결여 314
건강보험심사평가원 70
게임사용장애 180
결혼 205
경계성 성격장애 78
고독 203
고독사 216
고령화 306
고용 형태 299
고용의 질 306
공감 44
공황장애 106
과각성 281
과도한 운동 134
국제질병분류 사망률 및 사망률 통계에 대한 ICD-11 58
근로빈곤층 308
근로자 299
근로자건강센터 319
근로자지원프로그램(EAP) 319
금단 증상 172
급성 스트레스 장애 279
기분 68
기분장애의 유형과 증상 69
긱(Gig)경제 307

나쁜 죽음 216
내부수용적 인식 120
내성 172
노동 300
노동시장의 유연화 305
노동환경 299
노인 우울 111
노인학대 110
노출기법 290

다이어트 118
단기개입 185
단식 134
대인관계에서의 불신 120
대인관계에서의 적대감 208
대처방법 316
도박 177

도박문제관리센터 190
도박 중독 177
동거 유형 206
동기강화상담 44
동기증진치료 185
디스트레스 310
디지털 성폭력 150

마르고 싶은 욕구 120
마약 180
마찰적 실업 305
면역기능 208
무연고사망 216
무의식 37
문제 음주 316
물질남용 277
물질사용장애 283
미국정신의학회(APA) 59

반의사불벌죄 166
방임 145
보상 부족 314
보상 불균형 모델 312
보호요인 20
복합 애도 293
복합재난 274
부가급여 301
부모로부터 학대 128
부모지위 206
부부 및 가족상담 185
부정 188
부정적인 인지 · 감정 280
분리불안장애 96
불공정성 318
불신과 고립감 277
불안 132, 276
불안장애 318
불안정한 일자리 305
불연속적 모델 13
불일치감 44
비의도성 재난 274
비인간화 314
비자살적 자해 238
비정규직 306
비혼 205
비효과성 120
빈 둥지 증후군 105, 106
빈곤화 306

사행 177
사회기술 186
사회문화적인 압력 131
사회보장 307
사회적 고립 201
사회적 관계 200
사회적 미소 90
산업안전보건법 317
산후우울증 93
생산성 313
생심리사회적 172
생애발달단계 89
성격장애 75
성숙에 대한 두려움 120
성적 학대 145
성차 130
세계보건기구(WHO) 180

세계보건총회(WHA) 57
세계화 305
소득보장 301
소진 314
수면의 질 207
수면장애 283, 318
스토킹 148
스트레서 311
스트레스 299
스트레스 예방훈련 289
식이장애 117
식이장애 연속적 모델 관점 117
식이장애 증상의 비연속성 모델 119
식이장애에 대한 연속성 가설 118
식이태도검사-26 120
신경성 거식증 124
신경성 폭식증 124
신자유주의 306
신체 불만족 120
신체 증상 277
신체적 학대 144
실업 305

안구운동 둔감화 및 재처리 요법(EMDR) 291
안정화 288
알코올 132
알코올 남용 175
알코올 의존 128, 129, 175
알코올 중독 175
애도 반응과 우울 276
애도 치료 293
애착과 분리불안 94
약물 중독 180
약물치료 74
양극성 장애 68, 69, 72
양극성 정서장애 21
양립 303
양성증상 65
어머니와의 애착 128
업무상 재해 318
업무상 질병 318
여성 가구 306
여성근로자 306
역기능적 인지 도식 43
역할모호성 316
연속적 모델 12
완벽주의 120
완화제 134
외로운 죽음 197
외로움 197
외모에 대한 관심 131
외모에 대한 친구로부터의 비판 132
외상 후 스트레스 장애(PTSD) 154, 280, 318
우울 106, 132, 207, 314
우울증 68
원초아 37
위기개입 286
위기상황 스트레스 디브리핑 287
위협 및 폭력 318
유스트레스 310
은둔형 외톨이 104
음성증상 65
음주 315
음주거절훈련 186

의도성 재난 274
의료모델 13
의식 37
이웃 220
인간중심치료 39
인적 재난 274
인지능력의 변화 277
인지적 오류 43
인지행동적 개입 289
인지행동치료 42, 185
인터넷 중독 101, 178
일 207, 299, 300
일 · 가정 303
일 · 가정 갈등 309
일과 삶의 균형 309
일의 기능 302
임금불평등 308
임상 양상 72

자가처방 가설 172
자기 40
자기 효능감 45
자기실현 경향성 40
자동적 사고 43
자살 234, 318
자살생각 236
자살시도 237
자살완료 238
자살행동 235
자아 37
자연 재난 273
자조집단 187
자존감 132, 208
작업환경(작업관리)상담 319
재난 272
재난정신건강 대응체계 284
저임금 305
저출산 306
저항 38, 45
적응장애 281, 318
전의식 37
전이 38
정보제공자 221
정서적 고갈 315
정서적 외로움 213
정서적 탈진 314
정서적 학대 145
정신건강 11, 55, 299
정신건강문제 17
정신건강복지센터 16
정신건강전문요원 192
정신건강증진센터 16
정신보건 16
정신보건센터 16
정신분석치료 36
정신생물학 81
정신장애 16, 56
정신적으로 건강한 사람 11
정신질환 11
조울증 68
조현병 63, 65
좋은 죽음 112
죄책감 276
주관적인 건강 상태 208
주요 우울증 21
주요우울장애 281

주의력결핍 과잉행동장애(ADHD) 97
중년기 208
중독 171
중독 행동 171
중독관리통합지원센터 190
직무 압박 316
직무만족도 316
직무스트레스 299, 310
직무요구 315, 316
직무요구-자원 모델 312
직무요구통제 모델 311
직무자원 315
직무자율성 316
직장 내 괴롭힘 318
진단적 도구 303

청년 208
청년 실업 104
청소년 자살 보호요인 250
청소년 자살 위험요인 248
청소년기 우울, 불안 100
초자아 37
치매 110
친구 220
친구와의 외모에 관한 대화 132
친밀한 관계에서의 폭력(IPV) 147
침습 증상 280

태아알코올증후군 92
트라우마 기반 실천 159
특수고용직 308
틱장애 97

편집성 척도 77
편집성(망상성) 성격장애 76
폭식 118
폭식증 120
폭음 316
플랫폼 노동 307

하위임상적 식이장애 117
하제 134
학교폭력 100
학령기 95
항정신성 약물치료 65
해리 277, 282
혼란스러운 식이 117
혼란스러운 식이 예방 프로그램 135
홀로 있음 202
홍수기법 290
황혼 이혼 111
회복 관점 46
회피 280
회피성 성격장애 79
효과적인 대처기술 127
후기 성인기에 발병하는 조현병 63
흡연 132

저자 소개

김혜련(Kim, Hae Ryun)

서울여자대학교 식품과학과 졸업

미국 워싱턴대학교(Washington University in St. Louis) 사회사업학 석사

서울대학교 대학원 사회복지학 박사

현 서울여자대학교 사회복지학과 교수

김혜성(Kim, Hae Sung)

성균관대학교 불문학과 졸업

연세대학교 대학원 사회복지학 석사

미국 올버니 뉴욕주립대학교(State University of New York at Albany) 사회복지학 박사

현 강남대학교 사회복지학부 교수

김희주(Kim, Hee Joo)

미국 뉴욕대학교(New York University) 동아시아학과 졸업

미국 컬럼비아대학교(Columbia University) 사회복지학 석사

서울대학교 대학원 사회복지학 박사

현 협성대학교 사회복지학과 교수

박수경(Park, Soo Kyung)

연세대학교 사회사업학과 졸업

연세대학교 대학원 사회복지학 석사

연세대학교 대학원 사회복지학 박사

현 연세대학교 사회복지대학원 교수

서홍란(Seo, Hong Lan)

서울여자대학교 사회사업학과 졸업

미국 덴버대학교(University of Denver) 사회사업학 석사

미국 덴버대학교(University of Denver) 사회사업학 박사

현 서울여자대학교 사회복지학과 교수

성정현(Sung, Jung Hyeun)

연세대학교 사회사업학과 졸업

서울대학교 대학원 사회복지학 석사

서울대학교 대학원 사회복지학 박사

현 협성대학교 사회복지학과 교수

장수미(Jang, Soo Mi)

이화여자대학교 사회사업학과 졸업

이화여자대학교 대학원 사회복지학 석사

이화여자대학교 대학원 사회복지학 박사

현 청주대학교 사회복지학전공 교수

정소연(Jung, So Yon)

서울여자대학교 사회사업학과 졸업

연세대학교 대학원 사회복지학 석사

미국 워싱턴대학교(Washington University in St. Louis) 사회사업학 석사

미국 텍사스주립대학교(University of Texas at Austin) 사회사업학 박사

현 서울여자대학교 사회복지학과 교수

최정숙(Choi, Jung Sook)

연세대학교 신학과/사회사업학과 졸업

이화여자대학교 대학원 사회복지학 석사

이화여자대학교 대학원 사회복지학 박사

현 단국대학교 행정법무대학원 사회복지학과 교수

정신건강론

Mental Health

2021년 8월 30일 1판 1쇄 발행
2022년 2월 10일 1판 2쇄 발행

지은이 • 김혜련 · 김혜성 · 김희주 · 박수경 · 서홍란
성정현 · 장수미 · 정소연 · 최정숙

펴낸이 • 김 진 환

펴낸곳 • (주) 학지사
04031 서울특별시 마포구 양화로 15길 20 마인드월드빌딩 5층

대표전화 • 02) 330-5114 팩스 • 02) 324-2345

등록번호 • 제313-2006-000265호

홈페이지 • http://www.hakjisa.co.kr
페이스북 • https://www.facebook.com/hakjisabook

ISBN 978-89-997-2479-4 93330

정가 19,000원